Kohlhammer
Urban-
Taschenbücher
T-Reihe

W0368927

Band 639

Luise Schottroff
Wolfgang Stegemann

Jesus von Nazareth – Hoffnung der Armen

Verlag W. Kohlhammer
Stuttgart Berlin Köln Mainz

CIP-Kurztitelaufnahme der Deutschen Bibliothek

Schottroff, Luise:

Jesus von Nazareth, Hoffnung der Armen / Luise Schottroff; Wolfgang Stegemann.
Stuttgart, Berlin, Köln, Mainz: Kohlhammer, 1978.
(Urban-Taschenbücher; Bd. 639: T-Reihe)
ISBN 3-17-004895-3

NE: Stegemann, Wolfgang:

Alle Rechte vorbehalten
© 1978 Verlag W. Kohlhammer GmbH
Stuttgart Berlin Köln Mainz
Verlagsort: Stuttgart
Umschlag: hace
Gesamtherstellung: W. Kohlhammer GmbH
Grafischer Großbetrieb Stuttgart
Printed in Germany

Inhalt

Kapitel 1
Den Armen wird das Evangelium gepredigt
Die älteste Tradition über Jesus von Nazareth

I. Historischer Jesus oder älteste Jesustradition
Zugleich eine Einführung in dieses Buch

1. Was kann man über den historischen Jesus sagen?

Einerseits kann man sehr wenig über den historischen Jesus sagen, vor allem wenn man auf möglichst wortgetreue Zitate (verba ipsissima) und gesicherte historische Details aus ist. Das historisch sicherste und eindeutigste Geschehen, das uns von Jesus überliefert ist, ist sein Tod am Kreuz. Auch ein skeptischer Historiker wird nicht daran zweifeln, daß Jesus, ein Jude in dem damals von Römern beherrschten Israel, eine religiöse Bewegung um sich sammelte und dann durch die Römer am Kreuz hingerichtet wurde, wohl auch auf Betreiben einiger mächtiger Führer des jüdischen Volkes. Dieser Tod ist – als bloßes Faktum – durchaus ein eindeutiges Geschehen. Jesus wurde als politische Gefahr empfunden. Das Kreuz war für die Römer ein Instrument der politischen Disziplinierung der unruhigen jüdischen Bevölkerung. Gekreuzigt wurden z. B. politisch aktive Einzelpersonen, Kriegsgefangene und Flüchtlinge, die aus der eingeschlossenen, verhungernden Stadt Jerusalem herauszukommen versuchten.[1] R. Bultmann formulierte, Jesus sei gekreuzigt worden »auf Grund eines Mißverständnisses seines Wirkens als eines politischen«.[2] Bultmann formulierte dies so, weil er zu Recht annahm, daß die Jesusbewegung keine expliziten politischen Ziele und Aktivitäten in Angriff nahm. Seine Formulierung ist jedoch insofern unzutreffend, als eine Bewegung wie die der Nachfolger Jesu für die politischen Führer dieses Landes als politische Gefahr wirken mußte. Ein Mißverständnis war sein Tod wohl nicht.

Abgesehen vom Kreuzestod Jesu sind kaum gesicherte historische Details über den historischen Jesus aussagbar. Vor allem ist es nahezu vergeblich, für einzelne *Worte* Jesu in der Tradition der Evangelien den Nachweis historischer »Echtheit« führen zu wollen. Vergeblich, weil die synoptischen Evangelien vom geglaubten Jesus reden, nicht aber vom »historischen« Jesus in einem modernen Sinn.

Einerseits sind also kaum historisch gesicherte *Details* über Jesus feststellbar. *Andererseits kann man jedoch viel historisch Zuverlässiges über Jesus aussagen*, wenn man ihn nicht mehr isoliert von den Menschen, die sich zuerst als seine Nachfolger begriffen haben, von seinen Jüngern zu seinen Lebzeiten und auch in der ersten Zeit nach seinem Tode. Wenn man Jesus im Zusammenhang der ältesten Jesusbewegung begreift, lassen sich auch über ihn eine Menge historischer Rückschlüsse begründen. Historisch betrachtet läßt sich Jesus von seinen Nachfolgern nicht isolieren – und theologisch ist das nur gut. Die Alternative echt = historischer Jesus – unecht = Gemeindebildung, die lange Zeit die Evangelienforschung bestimmt hat – und der wir wesentliche Fortschritte der Evangelienforschung verdanken –, sollte den Umgang mit den Quellen nicht mehr bestimmen. Auch aus theologischen Gründen: Denn diese Alternative versucht Jesus auszugrenzen, ihn abzuheben von seinen Nachfolgern, ihn abzuheben vom Judentum, bis er auf dem einsamen Podest des genialen Heros steht, dessen Genialität um so deutlicher wird, je weniger er mit den Menschen seiner Umgebung gemein hat. Jesus ist grundsätzlich nicht abgrenzbar gegen bestimmte Gruppen im jüdischen Volk und er ist vor allem nicht abgrenzbar gegen seine ersten Nachfolger. Er war einer von diesen Juden, die in der ersten Hälfte des ersten Jahrhunderts anfingen, auf eine ganz besondere und folgenreiche Weise die Königsherrschaft Gottes zu verkünden. Statt vom historischen Jesus sollte man also in Zusammenhängen, in denen es um *historische* Sachverhalte geht, besser von der ältesten Jesusbewegung reden und – im Blick auf die Quellen – von der ältesten Jesustradition. In *theologischen* Zusammenhängen kann man getrost die abgekürzte Redeweise »Jesus« beibehalten.

Was kann man also unter dieser Voraussetzung über den historischen Jesus sagen? Er war vermutlich der Initiator einer Sammlungsbewegung von armen Juden, deren Lebensmöglichkeiten und Überlebenschancen gering waren, wenn man ihre reale Situation betrachtet. Jesus aber war – wohl von Anfang an – selbst nicht nur der Verkünder der nahen Königsherrschaft Gottes, sondern auch Symbol der Hoffnung, Verkündiger und Verkündigter zugleich. Der historische Jesus und der geglaubte Jesus (der historische Jesus und der kerygmatische Christus) lassen sich nicht voneinander trennen. Jesusworte der ältesten Jesustradition sind zugleich auch schon immer Worte *über Jesus*. Man kann sich das an einem Beispiel klarmachen: »Selig sind die Armen.« Dieser Satz begegnet im Munde Jesu und beschreibt seine Zuwendung zu den Armen. Gleichzeitig sagt er aber auch etwas *über* Jesus aus: Die Verheißung Jesajas (Jes 61,1 ff.) ist durch Jesu Kommen erfüllt. Schon die älteste Jesustradition ist also auch christologische Jesustradition.

2. Die historische und theologische Aufgabe

a) Sinn und Möglichkeit historischer Rekonstruktion

Jesusbilder – als Bilder des historischen Jesus – haben oft durch ihre Variabilität je nach Standort des Betrachters zu einer Art historischen Zynismus geführt. Dies kann zur Folge haben, daß man den Umgang mit der historischen Vergangenheit für sinnlos und vergeblich hält. Das in der Kirche verbreitete Desinteresse an der Bibelwissenschaft ist sicher auch von Bibelwissenschaftlern verschuldet, aber das ist nicht das entscheidende Problem. Entscheidend ist, daß der Umgang mit der biblischen Tradition für etwas Sekundäres gehalten wird. Ob man nun bestimmte humanitäre Ziele hat und diese nachträglich in der Bibel wiederfindet, oder ob man ein bestimmtes Bild vom Glauben hat und seine entsprechenden religiösen Interessen aus der Bibel rechtfertigt, beidemal kommt der Bibel nur eine sekundäre Bedeutung zu, beidemal nimmt man zunächst nur sich ernst, um dann auch noch die Bibel für seine Anliegen einzuspannen.

Die Resignation gegenüber historischer Arbeit und gegenüber der Bedeutung der biblischen Inhalte für heute ist falsch, vorschnell, unbegründet, letztlich ist sie gottlos, weil man durch diese Resignation anderen Menschen nichts mehr zutraut: Den Menschen z. B. der ältesten Jesusbewegung, von deren Hoffnung wir heute lernen könnten, wenn wir uns nur auf sie einlassen würden.

So wie wir Menschen in der Gegenwart die Ehre antun, sie so genau, konkret und ernsthaft wie möglich verstehen zu wollen, so sollten wir auch Menschen der näheren oder ferneren Vergangenheit begegnen. Und dazu ist historische Arbeit erforderlich. Also behaupten wir: Es bedürfe der Bibelwissenschaft, um die Nachfolge Jesu heute leben zu können? – Das wäre absurd. Aber wir behaupten, daß die Nachfolge Jesu heute nicht zu lösen ist vom Hören auf die Worte über Jesus und die Jesusnachfolger damals. Und daraus ergibt sich zwangsläufig ein historisches Interesse. Denn wer will nicht wissen, wie es wirklich damals war, wenn er sieht, daß die Evangelien (z. B.) uns etwas zu sagen haben, das wir nicht schon immer wissen?

Natürlich ist nicht zu leugnen, daß der gegenwärtige Standort des Auslegers den Dialog mit der Geschichte beeinflußt. Aber es gibt nicht beliebig viele Interpretationen, beliebig manipulierbare Tradition – sondern es gibt auch die historische Evidenz einer Interpretation – wohl um so mehr, je deutlicher auch die Voraussetzungen, die der Interpret mitbringt, benannt werden.

b) Die Methode des Umgangs mit den Evangelien

Wie wir dazu gekommen sind, die Evangelien als Dokumente des Jesusglaubens zu begreifen, denen man nicht gerecht wird, wenn man aus ihnen einen historischen Jesus herauszufiltern versucht, sollten wir in den wichtigsten Etappen benennen. Natürlich hätte man das schon bei M. Kähler[3] lesen können und hat es auch gelesen, aber nicht akzeptiert. Denn die exegetische Wissenschaft hat in ihrer »formgeschichtlichen« Epoche zwar die Rekonstruktion des *Lebens* Jesu als unmöglich erwiesen, freilich in ihren wichtigsten Vertretern sich nicht gescheut, bestimmte Logien Jesu für authentisch zu halten. Die Frage nach dem historischen Jesus hielten wir mit E. Käsemann[4] für möglich und theologisch für unerläßlich, um nicht auf eine »theologia gloriae« zuzugehen, die das Menschsein Jesu unwichtig findet. Jedoch – je mehr die redaktionsgeschichtliche Arbeit an den Evangelien zunahm, um so deutlicher wurde, daß die Evangelien nicht aus Sammlungen von Worten des historischen Jesus entstanden sind, sondern als Darstellungen von *Erfahrungen in der Nachfolge Jesu* in verschiedenen historischen Etappen des frühen Christentums. Die Konturen der Evangelisten (Mk, Lk, Mt) wurden immer deutlicher, auch als »Verfasser« von Jesustradition kamen sie für einzelne Passagen in Frage. Die theologische Kontur der Logienquelle und die christologischen Implikationen auch der ältesten Jesustradition wurden immer klarer. Dadurch wurde der Versuch, »Echtheit« zu beweisen, geradezu zu einem Laokoonkampf, und die Inhalte der synoptischen Tradition wurden dabei immer unsichtbarer. Hinzu kam eine theologische Veränderung: Wir lernten Jesus als Mensch unter Menschen zu begreifen, als Bruder Jesus. Dies half uns mehr, christlichen Glauben für uns als wahrhaftige Lebensmöglichkeit anzusehen, als wenn wir Jesus als fernen Gott, Messias, Gottessohn bekennen, zu dem man aufschaut und von dem man nichts lernt, es sei denn, den ungeheuren Abstand zwischen ihm und uns. Besonders anschaulich sieht man das an den Forderungen seiner Bergpredigt: Je göttlicher er ist, desto unerfüllbarer werden sie für uns Sünder. Es sind also zwei Voraussetzungen, die zur hier beschriebenen Art des Umgangs mit den Evangelien geführt haben:

(1) Die Einsicht, daß die Evangelien in allen ihren Bestandteilen von der Nachfolge Jesu reden, nicht aber vom *historischen* Jesus in einem modernen Sinne.

(2) Auch Jesus als Symbol christlichen Glaubens, als Hoffnungssymbol, ist ein Mensch unter Menschen, der Bruder – nicht ein metaphysisches Wesen.
Methodisch heißt das: Man erfaßt die Evangelien als Produkt einer Geschichte der *Jesusbewegung*. Man geht dabei nicht vom Echten zum Unechten, sondern von älteren zu jüngeren Bestandteilen. Für das Vorgehen am Einzeltext empfiehlt sich sogar die umgekehrte Reihenfolge: Von der jüngsten Schicht rückwärts zu gehen. Also z. B. zu überlegen: Was ist auf der Ebene des Lukasevangeliums der Sinn dieses oder jenes Wortes Jesu, läßt sich das Wort in ältere Tradition zurückverfolgen, läßt sich dort sein literarischer und gesellschaftlicher Kontext ermitteln? Die wichtigsten historischen Etappen der Jesusbewegung, die hinter den Evangelien steht, sind literarisch faßbar als:

a) Die älteste Jesustradition[5]
b) Die Logienquelle (Q)
c) Das Markusevangelium
d) Das Lukasevangelium
e) Das Matthäusevangelium.

Sie repräsentieren fünf verschiedene theologische Entwürfe, aber auch fünf sehr unterschiedliche historische Situationen. Zweifellos ließe sich dieses Bild auch noch wieder weiter differenzieren, aber diese fünf Schichten sind wohl die wichtigsten Etappen in der Geschichte der Jesusbewegung. Entgegen lange geübten kirchlichen und zum Teil auch wissenschaftlichen Gewohnheiten haben wir inzwischen damit angefangen, die Evangelien als literarische Gesamtwerke zu lesen, also z. B. das gesamte Lukasevangelium zu lesen. Vergleichbares gilt für die älteste Jesustradition wie für die Logienquelle. Auf diese Weise bekommen wir das theologische Anliegen einer solchen Schicht bzw. eines Evangeliums insgesamt in den Blick.

c) *Die sozialgeschichtliche Frage*

Doch um die Nachfolge Jesu in den verschiedenen historischen Stadien zu verstehen, muß man auch die Welt kennen, in der sie sich abspielt. Dazu gehört: Die religiöse Umwelt, die politische Situation – aber auch die soziale Situation der entsprechenden Gesellschaft. Während für den religionsgeschichtlichen Vergleich und für die politische Einordnung in den meisten Fällen ausgezeichnete Hilfsmittel zur Verfügung stehen, ist die Kenntnis der sozialen Verhältnisse in vieler Hinsicht ein offenes Problem. In diesen Fragen sind noch so viele Aufgaben zu bewältigen, daß man nur hoffen kann, daß sich immer mehr Menschen für diese Arbeit begeistern. Aber auch hier kann man an Forschungstradition anknüpfen, allerdings vor allem an Forschungen aus der Zeit Ende des 19. Jahrhunderts bis Anfang des 20. Jahrhunderts. L. Friedländer und A. v. Harnack [6] sind hier als Beispiele zu nennen.

Aus der Forschung der letzten Jahrzehnte sind vor allem die Arbeiten von J. Jeremias von großer Bedeutung.[7] Entscheidende Hilfsmittel bietet die neuere Forschung außerhalb der Theologie: Z.B. von Althistorikern und Rechtshistorikern. Methodisch kann man an die Formgeschichte anknüpfen. Allerdings ist auch in der älteren Formgeschichte bis auf wenige Ausnahmen die Frage nach dem »Sitz im Leben« zu sehr auf das »Leben« im Zusammenhang religiöser und literarischer Institutionen eingeschränkt worden (Kult- und Pflegeort der Überlieferung im gottesdienstlichen Leben usw.). Bei der Suche nach dem »Sitz im Leben« muß man aber auch das Leben in seinen wirtschaftlichen und sozialen Bedingungen berücksichtigen.

Die sozialgeschichtliche Fragestellung hat nicht nur das Ziel, das Bild der Vergangenheit bunter zu machen. Ihr eigentlicher Grund ist ein theologischer. Jesusnachfolge ist ein Weg, der Menschen zusammengeführt hat, die in Not waren. Diese Not ist damals wie heute auch die Not, die Unterdrückung, Haß, Gewalt und Ausbeutung erzeugen. Wer Jesusnachfolge auf ein Geschehen in den Herzen, den Köpfen und in den privaten zwischenmenschlichen Bezügen konzentriert, *beschränkt* die Jesusnachfolge, verharmlost Jesus. F. Belo[8] hat ein anschauliches Bild für die Nachfolge Jesu gebraucht: Sie sei eine Praxis der Hände, der Füße und der Augen. Die Praxis der Hände ist die tätige Liebe, sie nimmt die ökonomische Situation der Menschen und ihre Ursachen ernst. Die Praxis der Füße ist die Brüderlichkeit, sie drückt die politische Dimension der Hoffnung aus. Die Brüderlichkeit erträgt es nicht, wenn Menschen unfrei gehalten werden. Die Praxis der Augen ist die Kritikfähigkeit und Hellsichtigkeit des Glaubens, die die vielfältigen Lügen der Ideologien der Macht durchschaut.

Wir verstehen dieses Buch als einen notwendigerweise unvollständigen Versuch, die sozialgeschichtliche Dimension der Nachfolge Jesu genauer in den Blick zu bekommen. Man mag dieses Buch in jeder Hinsicht kritisieren, unsere Absicht ist erreicht, wenn andere, die die Mängel dieses Buches beklagen, sich nicht auf Klagen beschränken, sondern weiterarbeiten an der sozialgeschichtlichen Aufgabe. Diese Aufgabe entsteht, sobald die Jesusnachfolge praktisch wird. Da ist man dankbar für Informationen, wie denn wohl unsere Brüder in den Anfängen des Christentums konkret ihren Weg gegangen sind.

Begründung der Auswahl unserer Fragestellungen: Wir befragen vor allem Texte, die zu sozialen Problemen Stellung beziehen, weil sie sowohl in der ältesten Tradition als auch in der Logienquelle und im Lukasevangelium von der dort vertretenen Sache her den Schwerpunkt bilden. Natürlich muß diese Tradition im Blick auf den theologischen Gesamtentwurf des jeweiligen Kontextes behandelt werden. Doch wird hier nicht jeweils eine Gesamtdarstellung (älteste Tradition, Q, Lk) angestrebt.[9]

II. Zöllner, Sünder, Dirnen, Bettler und Krüppel

Vor allem für die älteste Jesustradition aber auch für ihre Aufnahme und Fortführung in den späteren Stadien der Jesusnachfolge (hier also: Q und Lk) ist es sinnvoll, sozialgeschichtliche Informationen zu sammeln über Personengruppen, die in der Jesusbewegung eine wichtige Rolle als Anhänger Jesu spielen. Das sind in besonderer Weise: Zöllner, Sünder, Dirnen, Arme, Bettler und Krüppel.

Die Notwendigkeit, diese Personengruppen sozialgeschichtlich so konkret wie möglich zu erfassen, ergibt sich auch bei einem Durchdenken der exegetischen Tradition, an die wir anknüpfen. Wenn man die Armen, die Jesus selig preist, für Arme im ökonomischen Sinne[10] hält, dann kann es nicht gleichgültig sein, was Armut in der Welt der ersten Jesusnachfolger bedeutete. Sind die Armen ein paar Bettler, Randfiguren in einer im übrigen einigermaßen versorgten Bevölkerung? Oder ist Armut die Not eines wesentlichen Teiles der Bevölkerung? Was hat man unter Armut zu verstehen?

Auch die Nähe Jesu zu Zöllnern und Sündern muß historisch so konkret wie möglich vorstellbar werden, ehe man theologische Konsequenzen ziehen kann. Verbreitet ist die Vorstellung, die Zöllner seien wohlhabend und betrügerisch. Wegen ihrer Kooperation mit der römischen Verwaltung – also als Kollaborateure – und wegen ihrer Betrügereien würden sie von der Bevölkerung verachtet. In Jesu Zuwendung in Wort und Tat werde die Liebe Gottes Ereignis.[11] Deklassierte Menschen seien nun nicht mehr verachtet.[12] Die Pharisäer bzw. die jüdische Bevölkerung greifen Jesus wegen seines Umgangs mit Zöllnern und Sündern an, »weil er tut, was Gott selbst vorbehalten ist«.[13] Etwas anders stellt sich H. Braun den Angriff der Pharisäer vor: Sie verbieten Jesus den Umgang mit Zöllnern und Sündern, die in ihren Augen religiös und moralisch disqualifiziert sind.[14]

Versucht man sich die Situation realistisch auszumalen, entstehen offene Fragen. Wer ist Jesus eigentlich in den Augen seiner Geg-

ner? Wie soll man sich erklären, daß ein einfacher Mann aus dem Volke – Jesus – mit seinem religiösen Anspruch bzw. seiner Mißachtung religiöser und gesellschaftlicher (Vor)Urteile Protest hervorruft? Ist er in den Augen seiner Gegner ein religiös und gesellschaftlich bedeutender Mann? Die zweite Schwierigkeit entsteht bei der Überlegung, was es denn genau bedeutete, ein Zöllner zu sein. Vor allem bei den theologischen Konsequenzen wird diese Problematik oft sichtbar. Ist das Schicksal der Zöllner dem der Juden im Dritten Reich vergleichbar,[15] oder sind sie »Nonkonformisten« (H. Braun)?
Im folgenden soll also zunächst versucht werden, historische Informationen über die Menschengruppen in der Jesusbewegung zu sammeln.

1. Zöllner

In Mk 2,15 wird erzählt, Jesus und seine Jünger seien zum Gastmahl im Hause des Zöllners Levi eingekehrt und an diesem Mahl hätten »viele Zöllner und Sünder« teilgenommen. Auch wenn die Erzählung Mk 2,13-17 insgesamt kein historisches Protokoll ist und man die Details nicht alle als historisch korrekt ansehen kann, sind folgende Grundvoraussetzungen historisch vermutlich zutreffend:
– daß die Jesusbewegung Zulauf von Zöllnern hatte;
– daß es viele Zöllner in Palästina gab;
– daß dabei vor allem an Leute zu denken ist, die in Zollstationen sitzen (Mk 2,14) und das »portorium« kassieren;[16]
– daß die Jesusbewegung angegriffen wird wegen ihrer Freundschaft mit Zöllnern.
Die Rolle der Zöllner bedarf einer differenzierten Betrachtungsweise. Man muß – wie noch gezeigt wird – in vieler Hinsicht zwischen Zollunternehmern und Zollbediensteten unterscheiden. Auch bei den Problemen der Zöllnerverachtung, die anschließend besprochen werden, wird sich die Notwendigkeit einer Differenzierung insofern ergeben, als nicht die *gesamte* Bevölkerung dieselben (Vor)Urteile hat.

Die Zollunternehmer. Im römisch beherrschten Israel im 1. Jahrhundert nach Christus gab es mehr Zöllner und Zollbedienstete als in vielen anderen Teilen des römischen Reiches. Die Römer haben in dieser Zeit hier das schon vorrömisch bewährte und einträgliche System der Zolleintreibung übernommen. Viele kleinere Unternehmer aus der heimischen Bevölkerung schlossen mit der römischen

Verwaltung Verträge über die Eintreibung der »Zölle« ab. Gelegentlich gab es auch Verträge mit Städten, die noch lokale Zollrechte hatten. Sie mußten die Pacht im voraus bezahlen und dann im Laufe des Pachtjahres versuchen, einen Gewinn zu erwirtschaften. Daß dieses Geschäft recht risikoreich war, ist schon deshalb zu vermuten, weil immer wieder von Betrügereien der Zöllner berichtet wird[17] und man daraus wohl auch auf einen wirtschaftlichen Druck auf die Zöllner schließen kann. Man muß annehmen, daß das Corpus iuris civilis des Kaisers Justinian (veröffentlicht ab 529 n. Chr.) in dieser Frage Verhältnisse erkennen läßt, die ähnlich für Palästina im 1. Jahrhundert gegolten haben werden: »Eine Verpachtung der Zölle, welche die Hitze des Meistbietenden über den Betrag des gewöhnlichen Pachts hinaufgetrieben hat, ist lediglich alsdann zu genehmigen, wenn Derjenige, welcher in der Versteigerung die Oberhand behielt, zuverlässige Bürgen und Sicherheit zu stellen bereit ist ... Diejenigen Staatspächter, welche sich mit ihrem Pachtgelde noch im Rückstande befinden, dürfen zur Erneuerung des Pachts nicht zugelassen werden, bevor sie nicht [ihrer Verpflichtung aus] dem früheren Pachte Genüge leisten.«[18] Einzelne Zollunternehmer mögen zu Ansehen und Reichtum gekommen sein. Josephus berichtet von einem jüdischen Zöllner Johannes in Caesarea, der zu den Mächtigen der Stadt gehört.[19] Auch Lk spricht von dem reichen »Oberzöllner« Zakchäus in Jericho. Und die in verschiedenen Versionen überlieferte jüdische Legende vom Zöllner Ma'jan[20] berichtet von einem wohlhabenden, wenn auch bei den Vornehmen der Stadt nicht angesehenen Zöllner. Anzunehmen, daß jeder Zollunternehmer zu Reichtum kam, ist jedoch unbegründet. Das oft umlaufende Bild vom Reichtum der Zöllner ist durch Lk 19 bzw. dadurch entstanden, daß man Verhältnisse aus der Zeit der römischen Republik versehentlich auf die Kaiserzeit übertrug. In der Zeit der Republik war das ganze Steuer- und Zollsystem anders geregelt. Es gab immens kapitalkräftige Zollgesellschaften, die so mächtig waren, daß sie zum politischen Problem wurden. Die Kleinpächter der Kaiserzeit mußten zwar auch kapitalkräftig sein, um einen Pachtvertrag abschließen zu können; ob allerdings ihr Geschäft sich rentierte, war durchaus offen.

Die Zollbediensteten. Der Zollunternehmer ließ die eigentliche Zollarbeit durch Sklaven und sonstige Bedienstete versehen. Lk hat sicher eine gute Kenntnis römischer Zollverhältnisse, wenn er einen »Oberzöllner« und einen »Zöllner« unterscheidet, also einen Hauptpächter und einen normalen Zöllner, wohl einen Zollangestellten, Unterzöllner o. ä.[21] Auch in dieser Frage wird man die

»Digesten« des Corpus iuris civilis als Anschauungsmaterial benutzen können. Dort wird damit gerechnet, daß der »publicanus« eigene Sklaven beschäftigt, aber auch »herumstreifende und flüchtige Sklaven« und Freie, die sich als Sklaven bei dem Zöllner verdingen (39,4,12). Die »telōnai« in der synoptischen Tradition, die faktisch am Zoll sitzen – wie Levi Mk 2,14 –, sind vermutlich mehrheitlich die Unterzöllner, die im Publikumsverkehr in Erscheinung treten, *nicht* die Zollunternehmer selbst. Sie dürften, wenn man die Verhältnisse, die die »Digesten« voraussetzen, auch für Palästina im 1. Jahrhundert annimmt, eine stark fluktuierende, sozial ungeschützte Personengruppe sein; Menschen, die keine andere Arbeit finden und froh sein müssen für diese undankbare Arbeit; Bedienstete, die leicht zum Betrug anzustiften sind, von dem sie selbst noch nicht einmal den Gewinn haben. In den »Digesten« (39,4) wird deutlich, daß diese im Zoll beschäftigten Menschen oft gar nicht mehr an der Zollstation zu ermitteln sind, wenn es zu Klagen wegen Zöllnervergehen kommt. Der Unternehmer hat sie schon wieder entlassen oder behauptet es wenigstens. Deshalb wird in den »Digesten« die besondere Haftung der publicani ausführlich erörtert: »Es mag aber der Sclave verkauft, oder freigelassen, oder flüchtig geworden sein, so kann Derjenige, welcher ein so schlechtes Gesinde gehalten hat, wegen des Sclaven belangt werden« (39,4,13). Der »Zoll«, der von den Zöllnern kassiert wird, ist vor allem das »portorium«, unter dem man sich nicht »Zoll« im modernen Sinne vorstellen darf. Es handelt sich um Grenzzölle, aber auch um Binnenzölle: »Das Portorium entspricht dem alten Begriff der ›Maut‹ und umfaßt sowohl Ausfuhrzölle, die die Waren beim Verlassen des Zollgebietes treffen, wie Einfuhrzölle, die die Güter beim Eintritt in einen Zollbezirk belasten, wie Durchfuhrzölle, die für die Erlaubnis der Durchquerung einer Zolleinheit erhoben werden, und auch Passierzölle (Straßengelder, Brückenmauten, Fährgelder, Torgelder u. a.) und Marktzölle.«[22]
Über einen rigide kassierten Marktzoll in Jerusalem, der von Herodes eingeführt wurde, und einem ähnlichen Zoll in Jerusalem, der von Vitellius 36 n. Chr. aufgehoben wurde, spricht Josephus (Ant 17,205; 18,90). Der sogenannte »Tarif« von Palmyra (einer Karawanenstadt in der syrischen Wüste), ein Zollgesetz, das der Rat von Palmyra 137 n. Chr. erließ, kann in vieler Hinsicht als Illustration auch für judäische Verhältnisse benutzt werden. Er verdeutlicht, daß nicht nur Außenhandelsimporte an Luxusgütern mit Zöllen belegt werden, sondern alle nur denkbaren Handelswaren, Schaffelle, gesalzene Fische, Weizen, Wein, Stroh. »Was Kräuter anlangt, so wurde beschlossen, sie sollten zollpflichtig sein, weil

Handel mit ihnen stattfindet.«[23] Sklaven, die den Zoll passieren, müssen verzollt werden. Auch die Dirnen der Stadt müssen Zoll bezahlen: »Auch erhebe der Steuereinnehmer von einem Frauenzimmer, von einer, welche einen Denar oder mehr nimmt, einen Denar vom Frauenzimmer, und von einer, welche acht As nimmt, erhebe er acht As . . .« Die kleinen Handwerker und Händler in der Stadt bleiben auch nicht ungeschoren: Der Schuhmacher muß einen Denar pro Monat bezahlen.[24] Ein Denar ist übrigens um diese Zeit mindestens um die Hälfte weniger wert als der Denar in Mt 20,1 ff. Die Zöllner waren bei jedem Handel und jedem Warentransport anscheinend allgegenwärtig, sie waren die Geißel vor allem der Händler. Der Tarif von Palmyra spricht ausdrücklich von den häufigen Streitigkeiten zwischen Händlern und Zöllnern.
Die direkten Steuern (Abgabe vom Bodenertrag, Kopfsteuer), die die Römer verlangten, wurden nicht durch die Zöllner kassiert, sondern durch die jüdischen Behörden unter Aufsicht des römischen Prokurators. Politische Konflikte mit römischen Behörden scheint es vor allem wegen der direkten Steuern gegeben zu haben, weniger wegen der »Zölle«.

Zöllnervergehen scheinen an der Tagesordnung gewesen zu sein. Zwar nahmen in der Kaiserzeit die staatlichen Maßnahmen zu, die Zöllnervergehen verhindern sollten. Ganz erfolgreich können sie jedoch nicht gewesen sein. Die Zöllner wurden durch staatliche oder städtische Beauftragte kontrolliert. Seit Nero mußte an der Zollstation der gültige Zolltarif ausgehängt werden.[25] Auch der »Tarif« von Palmyra ist eine Maßnahme zur besseren Kontrolle der Zöllner: »Weil man in früheren Zeiten im Zollgesetz viele zollpflichtige Gegenstände nicht aufführte, sondern diese nach Herkommen verzollt wurden nach der Bestimmung, welche in den Pachtvertrag mit dem Zöllner geschrieben war . . .« – deshalb wurde nun ein detaillierterer Tarif in Stein geschlagen und aufgestellt. Trotz dieser Maßnahmen blieben genug Betrugsmöglichkeiten, mehr zu nehmen als Rechtens war (Lk 3,13; bSanh 25b), z. B. durch zu hohe Schätzung des Warenwertes. – Im allgemeinen mußten Prozente vom Warenwert als Zoll bezahlt werden. Das »sykophantein« /erpressen, dessen sich Zakchäus Lk 19,8 beschuldigt, ist ein etwas weitläufiger Begriff. In jedem Fall handelt es sich um zu Unrecht am Zoll kassiertes Geld. Z. B. könnte man vermuten, daß der Zöllner Zakchäus mit dem Aufsichtsbeamten unter einer Decke steckte und einen Zollkunden zu Unrecht der Zollhinterziehung beschuldigte.[26] Zöllnervergehen wurden bestraft. Der Zöllner wurde zu mehrfachem Wertersatz verurteilt. Nach römischem Recht hätte er u. U. wegen Diebstahls zu vierfachem Schadenersatz verurteilt werden können (Dig. 39,4) oder auch nur zu doppeltem Schadenersatz – letztere ist die in Dig. 39,4 angenommene normale Bestrafung des Zöllners wegen einer finanziellen Schädigung der Zollkunden. Anders als bei Diebstahl hat der Zöllner die Möglichkeit, *von sich aus* den Schaden zu ersetzen (Dig. 39,4.1.4). Die Umkehr des Zakchäus hält sich also an Normen des römischen und wohl allgemein antiken Rechtes einer vierfachen Erstattung bei Diebstahl;[27] daß er sich dabei freiwillig als Dieb einstuft, obwohl er es nicht nötig gehabt hätte, könnte man unter Hinweis auf Dig. 39,4 behaupten. Es müßte aber eigentlich in Lk 19,8 deutlich gemacht worden sein, wenn der antike Leser eine besondere Geste darin hätte erkennen sollen. Der antike Leser kann wohl Lk 19,8 nur so hören: Der diebische Zöllner tut, wozu er rechtlich verpflichtet ist, er erstattet den Schaden nach gesetzlichen Vorschriften. Daß er die Hälfte seines Besitzes den Armen gibt, ist allerdings kein vom Recht verlangter Akt.

Die Händler und Reisenden blieben den Zöllnern gegenüber aber auch nicht untätig. Sie konnten sich gegen eine ungerechtfertigte Doppelverzollung durch Quittungen zu schützen versuchen – diesen Fall setzt bSab 78b voraus. Verbreitet war jedoch die Methode, falsche Zollerklärungen abzugeben. Z. B. indem man von dem Sklaven, den man bei sich hatte, behauptete, er sei der Sohn (bBB 127b). Die härteste Aussage über Zollhinterziehung steht in der Mischna: »Man darf Mördern, Räubern und Zöllnern geloben, daß es Hebe ist, auch wenn es keine Hebe ist, daß es königliches Gut ist, auch wenn es kein königliches Gut ist« (Ned. 3,4). Im babylonischen Talmud wird dann diese Mischnastelle differenziert kommentiert: »Semuel sagte ja aber, das Gesetz der Regierung sei Gesetz!? R. Ḥenana erwiderte ... Dies gilt von einem Zöllner ohne Begrenzung. In der Schule R. Jannajs erklärten sie: Von einem Freibeute-Zöllner« (bNed 28a; cf. bBQ 113a). Hier ist also Zollhinterziehung nur gerechtfertigt, wenn der Zöllner keinen Tarif hat oder überhaupt gar kein echter Zöllner ist, sondern ein Gauner, der sich als Zöllner ausgibt. Die Mischnastelle besagt u. U., daß in dieser Zeit der Abscheu gegen den Zoll auch nationale und politische Ursachen hatte, denn die Rechtfertigung von Zollhinterziehung in dieser Weise ist entweder anarchisch oder ein Akt politischen Widerstandes gegen fremde Zollherren. Im 1. Jahrhundert jedoch scheint der Zoll weniger als politisches Problem verhandelt worden zu sein (s. o.).

Die Verachtung der Zöllner ist ein in der Antike verbreitetes Phänomen, das allerdings einer differenzierten Betrachtung bedarf. Diese Differenzierung soll hier an einigen typischen Beispielen von Texten über die Minderwertigkeit der Zöllner vorgenommen werden. Eine These vorweg: Die Moralisten und die Juristen differenzieren bei ihren Urteilen zwischen ehrbaren und betrügerischen Zöllnern; die Gebildeten und Vornehmen verachten die Zöllner pauschal – und die Händler streiten sich auf jeden Fall mit den Zöllnern, ob sie nun betrogen wurden oder nicht. Für die juristische und moralische Differenzierung kann einerseits der oben genannte Text aus dem babylonischen Talmud[28] als Beispiel dienen, andererseits die Rubrizierung, die ein spätantiker Lexikograph, Pollux, vornimmt. Will man einen Zöllner beschimpfen, so bietet er eine reiche Auswahl passender Schimpfwörter an, die den Zöllner moralisch disqualifizieren, von »Unmensch«, »gewinnsüchtiger, frecher Kerl« bis hin zu »Räuber«. – Die Liste lobender Wörter für einen Zöllner ist kürzer, aber qualifiziert ihn nachdrücklich in seiner Ehrbarkeit: Gesetzestreu, gastlich, gerecht usw. (das Lob soll keine Ironie sein).[29] Daß der Zöllner bei den Händlern unbeliebt ist, ohne daß er eine besondere Gaunerei begangen hat, liegt auf der Hand. Plutarch beschreibt, als wie unangenehm auch der korrekte Zöllner empfunden wird: »Leute, die sich in fremde Angelegenheiten mischen und neugierig sind, werden zu Recht gehaßt. Z. B. sind wir über die Zöllner aufgebracht und erbittert – nicht, wenn sie die sichtbar eingeführten Gegenstände verzollen – sondern, wenn sie die verborgenen in fremdem Gepäck und Warenladungen suchen und alles durchwühlen. Und doch erlaubt ihnen das Gesetz, so zu verfahren und sie würden sich schaden, wenn sie es nicht täten.«[30] Gebildete und vornehme Leute verachten die Zöllner pauschal und halten sie prinzipiell für kriminell, dumm und unappetitlich. Philostrat erzählt, der Philosoph Apollonius sei beim Grenzübergang nach Mesopotamien in Zeugma (=Flußübergang) vom Zöllner gefragt worden, was er mit über die Grenze nähme. Apollonius habe geantwortet: »Die Besonnenheit, die Gerechtigkeit, die Tugend, die Enthaltsamkeit, die Tapferkeit, die Disziplin« und so zählte er noch weitere weibliche Begriffe auf. Der Zöllner sah schon seinen Gewinn und sagte: »Trage bitte schriftlich deine Sklavinnen ins Register ein.« »Das geht nicht«, sagte Apollonius, »sie sind nicht Sklavinnen, die ich mit hinausnehme, sondern Herrinnen.«[31] Aus dieser Geschichte spricht die ganze Verachtung des Gebildeten über den Ungebildeten – vergleichbar manchen Polizistenwitzen, die bei uns erzählt werden. In diese Rubrik gehören auch die zahlreichen antiken Aufzählungen, in denen Zöllner neben kriminellen oder moralisch und ästhetisch anrüchigen Personengruppen genannt werden. Die Listen verachteter Berufe sind die wichtigsten Belege für solche Verachtung der Zöllner durch gesellschaftlich angesehene Gruppen. Listen verachteter Berufe kann man nicht pauschal als Ausdruck des Volksempfindens bzw. als allgemeines öffentliches Urteil ansehen. Man muß sich immer klarmachen, wer hier eigentlich wen verachtet. Xenophon z. B. schreibt: »Denn gerade die sogenannten handwerklichen Berufe (=›banausikai‹ – schon die Wortwahl enthält Verachtung) sind verrufen und werden aus gutem Grund in den Städten besonders verachtet. Sie schädigen nämlich die Körper der Arbeiter und Aufseher, indem sie diese zwingen, zu sitzen und unter einem Dach zu arbeiten: manche nötigen sogar dazu, den ganzen Tag vor dem Feuer zuzubringen. Sind die Körper aber erst verweichlicht, werden auch die Seelen anfälliger für Krankheiten. Auch gewähren die sogenannten handwerklichen Berufe am wenigsten freie Zeit, sich noch um Freunde oder den Staat zu kümmern, so daß solche Leute unbrauchbar zu sein scheinen für geselligen Umgang und zur Verteidigung des Vaterlandes.«[32] Die Verachtung der Handwerker geschieht hier vom Standpunkt des Großbauern aus, der die staatserhaltende und produktive Kraft seines Betriebes hoch einschätzt und die frische Luft, die er atmet, noch als gerechte Belohnung für seinen Adel empfindet. Dieses Beispiel der Verachtung von Handwerkern sollte uns klarmachen, welches Unrecht diese Listen verachteter Berufe sind. Bei Zöllnern und Dirnen ist man eher geneigt, antike gesellschaftliche Urteile zu übernehmen, bei Handwerkern fällt uns das schwer. Die Rückfrage also, wer denn nun wen verachtet, ist im Blick auf die Jesustradition und ihre Erzählungen vom Zöllnerfreund Jesus deshalb wichtig, weil so die Fronten klarer werden. Wogegen steht der Zöllnerfreund Jesus auf: Gegen eine allgemeine und berechtigte Antipathie gegen Zöllner – oder sehr viel spezifischer gegen den Hochmut der feinen Leute, die dem flüchtigen Sklaven noch seinen Schmutz und seine Kriminalität vorhalten?

Die Listen verachteter Berufe, in denen Zöllner vorkommen, sind ein Lehrstück für solchen gesellschaftlichen Hochmut: »Schweinehirt, Kleinhändler, Obstpächter, Obstverkäufer, Zöllner – der den Zehnten kassiert, der das Zwanzigstel kassiert, der das Fünfzigstel kassiert – Hafenzöllner, öffentlicher Ausrufer, Matrose, Gastwirt, Fährmann, Kuppler, Diener, Gerber, Knoblauchverkäufer.«[33] Es sind schlecht verdienende Dienstleistungsberufe, die von armen Leuten ausgeübt werden. Die besseren Leute bedienen sich dieser Menschen und verachten sie.

Die Texte, die nun speziell von der Rolle der Zöllner in der jüdischen Gesellschaft reden, ergeben ein recht differenziertes Bild.[34] In der Mischna wird nicht der Zöllner disqualifiziert, sondern (nur) das Geld in seinem Kasten. Man soll sich mit diesem Geld nicht Geld wechseln lassen und davon kein Almosen nehmen (BQ 10,1.2). Wie die schon oben genannte Mischnastelle (Ned. 3,4) deutet dieser Text wohl darauf hin, daß sich zur Zeit der Mischna anders als im 1. Jahrhundert die Schriftgelehrten gegen die politischen Implikationen des Zolls wehren. Wir hören von einem Zöllner, der von den Ratsherren einer Stadt mißachtet wird, aber umgekehrt auch von einem wohlhabenden Zöllner, der zu den Honoratioren einer Stadt gehört;[35] von frommen Männern wird erzählt, die einem Zöllner kein gutes Werk zutrauen,[36] andererseits läßt sich eine *generelle* Abwertung der Zöllner durch Pharisäer oder gar durch die gesamte jüdische Bevölkerung nicht annehmen. Die schärfste Abwertung der Zöllner findet sich im babylonischen Talmud: bSanh 25b. Anders als in der Mischna sollen nun auch Hirten, Steuereinnehmer und Zöllner als Zeugen oder Richter unzulässig sein. Dies ist in der Tat eine tiefgreifende Entrechtung. Man ist sich dabei aber darüber durchaus im klaren, daß diese Maßnahme erst *später* als die Mischna stattfand und daß sie einer juristischen Begründung bedarf. »Von den Steuereinnehmern und Zöllnern glaubten sie anfangs, sie nehmen nur das, was ihnen gesetzlich festgesetzt ist, als sie aber sahen, daß sie mehr nehmen, erklärten sie sie als unzulässig.«[37] J. Jeremias hat in einem grundlegenden Aufsatz zur Frage der Zöllner und Sünder in den Evangelien aus diesem Text bSanh 25b doch wohl zu weitgehende Folgerungen gezogen, wenn er verallgemeinernd von der Ächtung der Zöllner in der Volksmeinung und uneingeschränkt von ihrer Ächtung »de iure« spricht.[38]
Insgesamt kann man auch für die jüdische Gesellschaft mit der oben genannten These arbeiten: Die Zöllner werden von Juristen und Moralisten nur verurteilt, *wenn* sie sich vergangen haben, von Händlern immer angegriffen und von Gebildeten und Vornehmen pauschal verachtet.

Wenn Lukas (18,9-14) beschreibt, wie der Pharisäer den Zöllner verachtet und ihn in einem Atemzug mit Räubern, Ungerechten und Ehebrechern nennt, dann beschreibt er dabei nicht die reale Lage im Palästina des 1. Jahrhunderts, sondern reflektiert in dem Pharisäer den Hochmut der angesehenen Christen in seiner Gemeinde gegenüber Zöllnern und ähnlich verachteten kriminellen oder auch nicht-kriminellen armseligen Berufen.

Die Armen, die »ptōchoi«, oder auch die Tagelöhner und die

flüchtigen Sklaven – sie brauchten keinen Zoll zu bezahlen, weil sie nichts zu verzollen hatten. Das Gestreite zwischen den Händlern und Zöllnern wird ihnen gleichgültig gewesen sein – sie hatten andere Sorgen. Sie dürften kaum zu denen gehört haben, die die Zöllner verachteten.

2. Die Sünder

Will man begreifen, was in der ältesten Jesustradition unter den »Sündern« (hamartōloi) zu verstehen ist, muß man sich von späteren theologischen Füllungen dieses Begriffes, wie sie etwa schon bei Lk vorliegen, lösen. Daß mit dem Begriff »Sünder« eine besondere, soziologisch zu definierende Personengruppe gemeint ist, wird fast allgemein gesehen. Dieser Schluß ergibt sich schon aus der Begriffsverbindung »Zöllner und Sünder«. Vor allem zwei Füllungen des Begriffs »Sünder« sind diskutiert worden: Es handele sich um den »'am hā'āræṣ« oder um Angehörige verachteter Berufe.

Als 'am hā'āræṣ haben im 1. und 2. Jahrhundert n. Chr. pharisäische Juden nichtpharisäische Juden abqualifiziert. Im 1. Jahrhundert war die Gruppe der Pharisäer noch klein, die Mehrheit des Volkes also in ihren Augen 'am hā'āræṣ. In dieser Zeit scheint diesem Begriff auch kein soziologischer Sachverhalt zu entsprechen. Nichtpharisäisch lebten die aus Armut ungebildeten Menschen, die die Tora nicht studieren konnten, genauso wie reiche Juden, die zwar die Tora vielleicht studierten, aber nicht in dem Sinne der Pharisäer, und die deshalb den Pharisäern als ungebildet, eben als 'am hā'āræṣ galten. Erst als die Pharisäer im 2. Jahrhundert die Führung des jüdischen Volkes übernahmen, wurde dieser pharisäische Kampfbegriff eine Waffe in der Hand von Mächtigen. Die wenigen Juden, die sich dem pharisäischen Führungsanspruch nicht fügten, wurden gesellschaftlich boykottiert und waren dann auch bald sozial disqualifiziert.[39]

Daß die »Sünder« der Jesustradition nicht 'am hā'āræṣ-Leute sind, hat vor allem J. Jeremias mit einer schlagenden Überlegung klar gemacht: »Vor allem will beachtet sein, daß Jesus selbst für die Pharisäer 'Am hâ-'âräç ist ... Daß aber ein 'Am hâ-'âräç bei Seinesgleichen verkehrt, ist nichts Anstößiges.«[40] Man wird also nicht mehr von den »Sündern« als dem 'am hā'āræṣ sprechen können und auch nicht speziell die Pharisäer als die Verächter der »Sünder« annehmen dürfen.

J. Jeremias hat deshalb angenommen, bei den Sündern handele es sich wie bei den Zöllnern um Angehörige verachteter Berufe und die Verachtung bestehe in den Augen des gesamten Volkes. Daneben sei zusätzlich bei den Sündern auch an Menschen zu denken, »deren unmoralischer Lebenswandel bekannt war – wie Ehebrecher, Dirnen, Mörder, Räuber, Betrüger.«[41] Daß die »Sünder« wie die Zöllner Angehörige verachteter Berufe sind, ist kaum anzunehmen. Einmal, weil die Listen verachteter Berufe nicht generell als Wiedergabe von Volksmeinungen anzusehen und überhaupt differenziert zu betrachten sind, wie oben schon gezeigt wurde. Vor allem aber: In den Augen der Jesusanhänger mußten *solche* Ächtungen ja *Unrecht* sein. Sie hätten sich doch wohl mit diesem Urteil »Sünder« nicht identifiziert. Es sieht aber so aus, daß auch in der ältesten Jesustradition der Begriff »Sünder« von den Jesusleuten selbst benutzt worden ist, weil wir nirgends eine Distanzierung von diesem Urteil der Gegner Jesu spüren können. Die wahrscheinlichste Annahme ist also folgende: Die »Sünder« sind Kriminelle, die auch in den Augen der Jesusanhänger schuldig sind. Unter Kriminellen kann man sich konkret Menschen vorstellen, die den verachteten Dienstleistungsberufen angehören, aber nun auch wirklich irgend eines der Vergehen faktisch begangen haben, die man ihnen von berufswegen zutraut. Kriminelle sind z. B. Hirten, die das Vieh auf fremden Grund führen. Ob in der ältesten Jesusbewegung Dirnen und Ehebrecher als »Sünder« bezeichnet worden wären, muß man bezweifeln. Der Begriff »Sünder« steht in ihr *neben* dem der Zöllner und Dirnen (Mt 11,19Q; 21,31; Mk 2,13-17), er ist nicht der Oberbegriff, unter den auch Zöllner und Dirnen fallen. Erst bei Lukas findet sich diese Ausweitung des Begriffs Sünder. Er nennt eine Dirne »Sünderin in der Stadt« (Lk 7,37) und benutzt überhaupt das Wort »Sünder« in einem sehr weiten Sinn. Ihm werden die Zöllner zum Exempel der von den besseren Leuten moralisch und sozial Verachteten (=hamartōloi) und die konkreten »Sünder« zum Exempel der Situation des Menschen vor Gott. Und aus diesem *theologischen* Grunde benutzt er das Wort »Sünder«, die Position der Verächter macht er sich damit nicht zu eigen. Diesen Sinn kann das Wort in der ältesten Tradition noch nicht gehabt haben, weil Jesus hier noch nicht *soteriologisch* verstanden wird. Hier ist er noch nicht als Erlöser aller Menschen, die vor Gott sündig sind, angesehen worden.

3. Dirnen

Sicheren Boden betritt man wieder, wenn es um das Verständnis des Wortes »pornē« /Dirne geht. In Mt 21,31 begegnet die Zusammenstellung »Zöllner und Dirnen«. Vermutlich ist dies ein Wort aus der ältesten Jesustradition. Daß Jesus Zöllner und Dirnen beschützt, formuliert Lk nicht so explizit, aber er kennt diese Tradition auch, weil er die Geschichten von der großen Sünderin (Lk 7,36-50) und von den Zöllnern (Lk 18,9ff.; 19,1ff.) erzählt. Daß die große Sünderin eine Dirne ist (nicht eine Ehebrecherin), ist wegen 7,47 (sie hat viel geliebt) anzunehmen, obwohl Ehebrecherinnen und Dirnen in antikem Verständnis kaum unterschieden werden. In manchen Gegenden wurden Ehebrecherinnen durch Zwangsprostitution bestraft.[42] Die große Sünderin benutzt ein teures, parfümiertes Öl. An der Stadtgrenze von Palmyra werden eben diese Fläschchen relativ hoch mit Zoll belegt: 25 Denare für eine Kamelslast dieser Ware.[43] Lukas denkt wohl an eine gepflegte »bessere« Dirne, die das teuerste Parfümöl benutzen kann. Die große Menge der Dirnen vor allem in den Städten des römischen Reiches, auch in den Städten Palästinas,[44] war jedoch ein armseliges Volk. Im allgemeinen wurden sie von Kupplern in Bordellen feilgeboten. Diese Kuppler waren oft aber gar nicht die Besitzer des Bordells, sondern Sklaven oder Freigelassene des eigentlichen Besitzers, der in der Öffentlichkeit als Ehrenmann gelten wollte.[45] Die Dirnen waren meist Sklavinnen, die der Kuppler einkaufte für sein Bordell. Wenn sie nicht schon von Geburt unfrei gewesen waren, waren sie durch wirtschaftliche Not zur Dirne geworden: Eltern verkauften oder vermieteten ihre Töchter als Dirnen.[46] Die ausgesetzten neugeborenen Mädchen, kriegsgefangene Frauen – Reservoir für die Geschäftemacher mit der käuflichen Liebe.[47]

4. Bettler, Arme und Krüppel

Zur Bezeichnung der Armen in den Evangelien dient durchweg das griechische Wort ptōchos, nicht das Wort penēs. In der griechischen Sprache ist der ptōchos der Bettelarme, der penēs im Unterschied dazu der Arme, der durch eigene angestrengte Arbeit seinen Lebensunterhalt verdienen muß. Für die gebildete athenische Oberschicht war »arm«, wer arbeiten mußte und keine Muße zu Körperkultur und Bildung hatte.[48] Während in dem Athen der Blütezeit der Bettler eine seltene Ausnahmeerscheinung war, ist im Römischen Reich des 1. Jahrhunderts n. Chr. die Bettelarmut die Situation eines wesentlichen Teiles der Bevölkerung, sowohl auf dem Lande als auch in den großen Städten. Die Wortwahl der Evangelien (ptōchos) trifft zweifellos die sozialen Verhältnisse. Daß in den synoptischen Evangelien, wenn sie von den Armen = ptōchoi reden, tatsächlich an äußerste Not gedacht ist, oft sogar an Bettelarmut, sieht man auf allen Ebenen der Jesustradition. Die »Armen« werden als Almosenempfänger genannt (Mk 10,21 parr.), der arme Lazarus ist ein kranker Bettler (vorlukanisch Lk 16,19ff.), und die Bettler, die zum großen Gastmahl geholt werden, sind sowohl die ortsansässigen Armen und Kranken als auch die außerhalb des Ortes herumlungernden nichtseßhaften Bettler[49] (Lk 14,21.23). Wenn in der ältesten Tradition über Jesus »Arme« und Kranke in einem Atem genannt werden (Mt 11,2-5 par. Q/älter als Q) und Armut synonym ist mit Hunger und Klage (Lk 6,20f.; cf. Lk 1,46ff.), so muß damit nicht unbedingt der wirtschaftlich völlig auf fremde Hilfe Angewiesene – ein regelrechter Bettler – gemeint sein, sondern es kann sich auch um hungernde Personengruppen »oberhalb« der Bettler handeln: arbeitslose Tagelöhner, flüchtige Sklaven oder aus wirtschaftlichen Gründen heimatlose Menschen, Kleinbauern, die durch Steuerlasten, Mißernten oder Verschuldung in wirtschaftliche Not geraten. Solche Armut gibt es in beträchtlichem Ausmaß allenthalben im Imperium Romanum; sogar im kaiserlichen Rom gibt es trotz der gut organisierten öffentlichen Getreideausteilung viele bettelarme Menschen.[50] In Palästina im ersten Jahrhundert scheint die wirtschaftliche Lage der Bevölkerung insgesamt schlecht gewesen zu sein. Wichtigstes Indiz dafür ist der immer wieder virulente Bürgerkrieg und die Aufstandsversuche gegen Rom. Wirtschaftliche, politische und religiöse Not hingen zusammen. Aufständische fanden immer Mengen von »aporoi», wie Josephus sie nennt, von Menschen in aussichtsloser wirtschaftlicher Lage, die sich am Aufruhr beteiligten. Viel beachtet wurde in diesem Zusammenhang der Bericht des Josephus Bell 2,425ff.: Die Aufständischen zündeten bei Beginn des Krieges 66 n. Chr. das Stadtarchiv in Jerusalem an und vernichteten die Schuldverschreibungen der Gläubiger, »um so die Eintreibung der Schulden unmöglich zu machen und die Menge der Schuldner auf ihre Seite zu ziehen, sowie die Armen (aporoi), ohne daß [sie] noch etwas zu fürchten brauchten, gegen die Reichen (euporoi) aufzuwiegeln«.[51] Bei der Eroberung von Tarichea (in Galiläa im Jahre 67 n. Chr. durch Vespasian werden die Einheimischen verschont, aber die Massen von Heimatlosen (Josephus nennt Zahlen bis zu 40000 Menschen), Flüchtlinge, Aufständische und Kriminelle werden getötet, gefangen oder verkauft, da Vespasian sie für ein politisches Unruhepotential hält (Bell 3,532-542).[52] Das Massensterben verhungernder Menschen im eroberten Jerusalem beschreibt Josephus in grauenvollen Details,[53] ungeheure Mengen von Leichen der Armen habe man vor die Stadt geschleppt und, als das nicht mehr zu schaffen war, in geräumigen Häusern aufgestapelt (Bell 5,567ff.). Aber auch schon über die ersten Jahrzehnte des ersten Jahrhunderts liegen Notizen vor, die auf Armut größerer Bevölkerungsgruppen schließen lassen: Herodes Antipas (4 v. Chr.—39 n .Chr.) baut sich eine Stadt – Tiberias – und besiedelt sie zwangsweise z.T. mit Bettlern, die im ganzen Land eingesammelt werden (Josephus Ant 18,36ff.). Aus der Regierungszeit Herodes des Großen wird der schroffe Gegensatz zwischen Prachtbauten und großen Festen einerseits und dem wirtschaftlichen Abstieg der Bevölkerung andererseits berichtet. »Anstatt des überkommenen Wohlstandes und der Gesetze der Väter habe er das Volk mit Armut und höchster Ungerechtigkeit erfüllt« (Bell 2,84ff. cf. Ant 15,267ff.; 17,304ff.). Die großen Hungersnöte unter Herodes 25 v. Chr. (Ant 15,299ff.), in Jerusalem 46/48 n. Chr. (Ant 20,52.101) scheinen nicht durch Zufälle entstanden zu sein, sondern strukturell verursacht zu sein. Von Saatgutmangel, Getreidemangel, Hungertoten und Seuchen wird berichtet. Die Dürre vor Beginn der Hungersnot unter Herodes war der auslösende Anlaß, aber kaum die eigentliche Ursache der Hungersnot. Die langfristigen Folgen solcher Hungersnöte (z. B. Ruin von kleineren Bauern) kann man vermuten.

Wenn die Jesustradition von »Armen« redet, ist zwar im Einzelfall nicht zu klären, ob nun an Bettler, an verarmte Landbevölkerung, arbeitslose Tagelöhner, sonstige nicht mehr seßhafte Bevölkerungsgruppen, die sich auf der »Flucht aus sozialen Gründen«[54] befinden, zu denken ist. Es handelt sich, soweit die Tradition in Palästina entstand, jedoch zweifellos um die auch von Josephus in verschiedenen Zusammenhängen notierte Armut. Nimmt man die wichtigsten Angaben der synoptischen Evangelien zusammen, so zeigt sich, daß sie zuverlässige Information über die soziale Situation der Menschen vermitteln: Z. B. in der Austauschbarkeit der Worte Armut und Hunger (für Athen gehörten dagegen Armut und Arbeit zusammen) und durch die Ausmalung der Armut durch Bettlerszenen und durch die Verbindung von Armut und Krankheit. Die Szene, die Lk in Apg 3,1-11 beschreibt, ist zweifellos kein historischer Bericht, und doch dürfte sie die historische Wirklichkeit zutreffend schildern: Der gelähmte Bettler sitzt vor dem Tempel in Jerusalem, die Jesusjünger können ihm kein Geld geben, weil sie selbst keins haben. Sie heilen ihn – auch dies könnte historisch zutreffen (wenn auch nicht in irgendeinem dogmatisch belastbaren supranaturalen Sinne). Ob Lk diese Geschichte überliefert bekam oder sie intuitiv richtig erzählt, ist ohne Belang. Er, der Palästina nicht kannte, konnte sich das vorstellen, weil in seiner Heimat die Situation der Armen nicht viel besser war als damals in der Zeit Jesu in Palästina.

III. Jesus. Hoffnung der Armen

1. Überlegungen zur Methode

Bevor nun auf der Grundlage der bisher gegebenen sozialgeschichtlichen Information eine Interpretation der *ältesten Tradition* über Jesus von Nazareth gegeben werden kann, muß zunächst die Methode der Ermittlung dieser Traditionsschicht skizziert werden. Dabei ist zu beachten, daß diese älteste Tradition in den uns literarisch faßbaren Zusammenhängen (Q; Mk; Mt; Lk) selbst schon aufgenommen und verarbeitet worden ist. Der erste Schritt, um hinter diese literarisch deutlich in sich geschlossenen Zusammenhänge zurückzukommen, muß die redaktionsgeschichtliche Arbeit sein. Man muß die Konzeption der Evangelisten bzw. der Logienquelle unterscheiden können von der inhaltlichen Aussage eines Einzelwortes, eines Textstückes oder Textzusammenhangs. Nur so läßt sich einigermaßen evident von vorlukanischer, vormatthäischer, vormarkinischer Tradition reden, die sekundär in den Evangelien aufgenommen wurde. Auch für die Logienquelle ist dieser traditionsgeschichtliche Weg zur Ermittlung der ältesten Tradition über Jesus gangbar. Auf diese Weise gerät man für Einzeltexte oder literarisch verwandte Textgruppen an die *relativ* älteste Traditionsstufe, doch hat man natürlich damit noch keinerlei Möglichkeit, diese relativ älteste Traditionsstufe historisch einzuordnen. Vormarkinische Tradition z. B. muß ja noch nicht *älteste* Tradition über Jesus sein. Die Suche nach ältester Tradition muß darum ergänzt werden um die nach einem »Sitz im Leben« der in Frage kommenden Texte. Es ist zu fragen, ob es religionsgeschichtliche, geistesgeschichtliche, sozialgeschichtliche Hinweise gibt, die eine Einordnung der Texte in die früheste Jesusbewegung in Palästina erlauben. »Sitz im Leben« muß also im weitesten Sinne verstanden werden als Sitz im Leben der Gesellschaft. Sobald man wenigstens ausschnitthaft eine gewisse Anschauung von der ältesten Jesusbewegung gewonnen hat, lassen sich dieser Traditionsschicht dann auch Texte zuordnen, die die genannten Voraussetzungen erfüllen und inhaltlich in das bereits ermittelte Bild passen.

Natürlich kann man Überlegungen anstellen, die dieses Ergebnis in Frage stellen: Z. B. warum sollte nicht inhaltlich verwandte Tradition wie in der ältesten Jesusbewegung auch in einer judenchristlichen Gruppe um 70 n. Chr. entstanden sein? Kritische Überlegungen dieser Art sind reichlich möglich. Mehr Evidenz als die oben genannte ist nicht zu erreichen. Beweise, auf die man mit dem Hammer schlagen kann, lassen sich nicht finden. Kriterien für älteste Jesustradition – oder, wenn man diese Frage für möglich hält, für die Worte des historischen Jesus – sind *immer* ein Produkt methodischer Vorentscheidungen, nicht nur im Falle des Weges, der in dieser Arbeit eingeschlagen wurde. Hier wird einerseits traditionsgeschichtlich gefragt, andererseits nach dem Sitz im Leben im Sinne einer sozialgeschichtlich erweiterten Formgeschichte gesucht.[55]

Trotz des hypothetischen Charakters der Rekonstruktion der ältesten Jesustradition läßt sich so zu einem zweifellos fragmentarischen, aber doch prägnanten Bild der ältesten Jesusbewegung kommen. Konkret sehen die wichtigsten Schritte folgendermaßen aus: Es läßt sich zeigen, daß Lk 6,20f. bereits in der Logienquelle sekundär verwendet wird. Auch Mt 11,2-5Q ist älter als die Logienquelle.[56] Beide Texte verstehen Jesu Gegenwart als Heilszuwendung an die Armen, beide Texte sind geprägt von der Erwartung der Königsherrschaft Gottes. Es lassen sich noch weitere Gemeinsamkeiten aufzählen. Schon diese beiden Texte erlauben Rückschlüsse auf die Existenz einer Jesusbewegung innerhalb des Judentums lange vor der Zerstörung Jerusalems 70 n. Chr.; schon diese beiden Texte lassen eine prägnante und eigenartige Vorstellungswelt erkennen. Diesen wichtigen Texten lassen sich andere zuordnen, die inhaltlich vergleichbar sind und die entsprechenden traditionsgeschichtlichen Voraussetzungen bieten. Im folgenden soll es nicht darum gehen, ein möglichst vollständiges Bild der ältesten Jesustradition zu entwerfen, sondern darum, *den Sinn der zentralen Texte der ältesten Jesustradition* zu erfassen.[57] Zwei Themen stehen in ihr im Vordergrund: Die Umkehrung des elenden Geschickes der Armen in der Königsherrschaft Gottes und die Freundschaft Jesu zu Zöllnern und Sündern. Zunächst soll es um die Texte gehen, die von der Hoffnung der Armen reden.

2. Die Seligpreisung der Armen

Der wichtigste Text der ältesten Jesustradition ist die Seligpreisung der Armen. Man kann annehmen, daß die lukanische Fassung Lk 6,20f. weitgehend die Textgestalt der ältesten Jesustradition bewahrt hat und folgende Rekonstruktion gewinnen:

> »Selig die Armen,
> denn ihnen gehört die Königsherrschaft Gottes.
> Selig die Hungernden,
> denn sie werden gesättigt werden.
> Selig die Weinenden,
> denn [sie werden lachen]«.

Begründung der Rekonstruktion: Letzte Sicherheit, ob die Anredeform (Lk »*euch* gehört die Königsherrschaft« usw. oder die Aussageform Mt »*ihnen* gehört die Königsherrschaft«) für die älteste Tradition anzunehmen ist, läßt sich nicht erreichen. Es hängt jedoch für den inhaltlichen Sinn des Textes von der Entscheidung nichts ab; auch in der Aussageform können die Armen angeredet sein. Für die Aussageform spricht wohl auch Mk 10,14: »laßt die Kinder zu mir kommen, hindert sie nicht; denn ihnen gehört die Königsherrschaft Gottes« – ebenfalls ein Jesuswort, das man für die älteste Jesustradition wird in Anspruch nehmen können. Bereits in der Logienquelle war an die Seligpreisungen Lk 6,20f. die Seligpreisung der verfolgten Jünger Lk 6,22f.Q angefügt. Dadurch gewann der Gesamtkomplex der Seligpreisungen in Q einen veränderten Sinn: Jetzt wurden nicht mehr die Armen, sondern die armen verfolgten Jünger Jesu seliggepriesen. Die Besonderheiten der Seligpreisungen bei Mt (5,3-12), besonders auch die Zufügung von »tō pneumati« (»die Armen im Geiste«), zeigen spätere Umgestaltungen der Seligpreisungen, die z.T. sogar auf Mt selbst zurückgehen. Alles dies kann hier außer Betracht bleiben.

Die Seligpreisungen in der ältesten Jesustradition setzen voraus, daß Jesus der endzeitliche Messias ist, durch dessen Gegenwart Weissagungen der Bibel erfüllt werden und die Königsherrschaft Gottes anbricht. Jes 61,1: »Er hat mich gesandt, den Armen frohe Botschaft zu bringen« – wird jetzt als Weissagung verstanden, die nun im Sprechen Jesu erfüllt ist. Indem Jesus spricht: »Selig sind die Armen« (makarios . . .), wird die frohe Botschaft (euangelizesthai . . .) Wirklichkeit. In Mt 11,5 antwortet Jesus auf die Frage des Täufers: »Bist du der Kommende oder sollen wir auf einen anderen warten?« – »Sagt Johannes, was ihr seht und hört. Die Blinden sehen. Die Lahmen gehen. Die Aussätzigen werden rein. Die Tauben hören. Die Toten stehen auf und den Armen wird die frohe Botschaft verkündet.« Auch dieser Text gehört in die älteste Jesustradition und sagt inhaltlich dasselbe wie die Seligpreisung der Armen. Jesu Gegenwart bringt jetzt schon den Beginn der Herrschaft Gottes. Die Armen hören die Botschaft von der Herrschaft Gottes und damit ist ihre Situation schon verändert, so wie die des Blinden, der durch Jesu Wunder geheilt wird. Die Seligpreisungen der Armen setzen voraus, daß an Jesus geglaubt wird. Sein Kommen ist der Beginn der Herrschaft Gottes. Zwar wäre es theoretisch denkbar, daß der historische Mensch Jesus sich als Messias in diesem Sinn *selbst* verstanden hat, doch entzieht sich solch ein Sachverhalt der historischen Rekonstruktion.
Die Herrschaft Gottes wird als zukünftig erwartet (die Hungernden *werden* gesättigt werden), aber sie ist auch schon Gegenwart. Denn man kann mit ihr schon Erfahrungen machen. Versuchen wir uns die Situation der Jesusanhänger, von der wir in dieser ältesten

Tradition hören, auszumalen. Arme Juden in Palästina vielleicht schon zu Lebzeiten Jesu – vielleicht auch danach – fanden sich als Anhänger Jesu zusammen. Sie begriffen ihre eigene Situation der Armut,[58] für die Hunger und Weinen und wohl auch Krankheit Kennzeichen waren, als Skandal vor Gottes Augen. Dieses elende Leben kommt nicht aus der Hand Gottes. Gott macht demnächst Schluß mit dieser Unordnung. Er wird herrschen, dann sind der Hunger und das Leiden an der Armut vorbei. Die Jesusanhänger waren sicher selbst arm und sie brachten die frohe Botschaft zu den anderen Armen. Die Gegenwart dieser Verheißung veränderte schon so vieles. Es geschehen Wunder. Wir zweifeln nicht daran, daß in der Jesusbewegung Menschen geheilt worden sind und daß sie die Wunder als Beginn der Endzeit begriffen haben.

Die Königsherrschaft Gottes wird in Lk 6,20f. erwartet, was das jedoch heißt, muß noch genauer gefragt werden. Wie stellen diese Jesusanhänger sich das Heil, auf das sie hoffen, vor? Gesättigtwerden und Lachen – hier laufen im Bilde vom Heil verschiedene Vorstellungen zusammen: Sattsein und Lachen – das ist der Zustand, der im Umkreis dieser Texte als typisch für das Leben der Reichen gilt (s. z. B. Lk 16,19; Lk 6,25). Sattsein und Lachen – auch in religiösen Heilsvorstellungen der Antike begegnet dieses Bild: Erfahrungen der Gottesbegegnung werden als Freude beschrieben,[59] das Heil wird als Mahl in der Königsherrschaft gedacht.[60] Entscheidendes Gewicht für die Hoffnungsinhalte hat aber die gegenwärtige Erfahrung von Armut, Hunger und Weinen. Erhofft wird nicht nur, daß diese Not ein Ende haben wird, sondern viel mehr: volle Wiedergutmachung, voller Ausgleich des Mangels. Das gegenwärtige Elend wird nicht vom Ende her als vorläufig, vordergründig oder unwichtig gedacht, sondern es wird in der Heilshoffnung noch ernstgenommen. Das Elend ist nicht eines Tages als sei es nicht geschehen, – es wird ein so strahlendes Glück kommen, wie die Not jetzt finster ist. Diese Fähigkeit, Utopien zu denken, ist eine schöpferische Kraft. Aus unserer theologischen Tradition heraus ist man viel zu schnell bereit, die Farbe aus diesem Hoffnungsbild zu entfernen. Die Königsherrschaft Gottes als Zukunft, in der man satt ist und lachen kann, darunter haben sich diese Menschen ganz konkrete Dinge vorgestellt. Vielleicht sahen sie schon die wunderbaren Speisen auf den Tischen stehen: Das feine Brot aus Mehl und Öl, Eiern, Honig und Wein, das zum Festessen gehört.

3. Die Befremdlichkeit und Bedeutung der ältesten Jesustradition

Das für uns Befremdliche an dieser Bewegung darf man nicht zudecken, sonst kommt man zu keiner wirklichen Auseinandersetzung mit dem, was die Gestalt Jesu bedeutet hat und bedeutet. Befremdlich für uns ist: Daß Menschen die Herrschaft Gottes als totale Veränderung der Welt und der Geschichte erwarten. Befremdlich ist die Erwartung der Armen, daß ihr Schicksal umgekehrt wird. Aus Weinen wird Lachen, aus Hunger Sattsein. Diese Hoffnung weckt nicht nur weltanschauliche Distanz (wir erwarten die Herrschaft Gottes nicht wie sie), sondern auch inhaltliche Kritik: Ist diese Hoffnung nicht Verdummung oder Vertröstung der Armen, die sie passiv macht – oder wir üben inhaltliche Kritik aus eher theologischen Gründen: Wird Gott da nicht zum Instrument des Ressentiments gemacht, zum Erfüller aller unerfüllten Wünsche? Es ist psychologisch verständlich, daß Hungernde auf solche Ideen kommen – mehr aber auch nicht. Befremdlich sind die Wunder. Wir können uns vorstellen, daß arme kranke Menschen von der Hoffnung wieder aktiv und stark gemacht werden, aber ein Wunder im supranaturalen Sinne wie für sie ist das für uns nicht.

Der Sinn der Jesusnachfolge kann nicht sein, die befremdlichen Vorstellungen möglichst genau nachzuvollziehen und die Anstrengung, die man dabei empfindet, für Glauben zu halten. Damit würde aus Lebensvollzügen damals ein lebensfernes Dogma heute. Vielmehr: – auch wenn dieses Buch ein Versuch ist, die historische Vergangenheit zu verstehen, nicht ein Buch über Glauben heute – beides läßt sich nicht säuberlich voneinander trennen, und es muß gestattet sein, an diesem zentralen Text der ältesten Jesustradition die Linien einmal explizit – wenn auch nur in knappen Sätzen – auszuziehen.

Wir können versuchen, die Hoffnungen und die Praxis dieser Jesusnachfolge auch bei uns lebendig zu machen – in unserer Sprache, in unseren Vorstellungen auszudrücken und in Handlungen, die unserer Situation entsprechen. Wir können das und müssen es sogar, denn dieser Weg (ob er sich nun als Nachfolge Jesu versteht oder nicht) ist der einzige Weg, der wegführt von dem Zynismus der Ohnmacht, mit dem man der brutalen Macht die Entscheidungen über das Leben der Menschen heute und morgen überläßt. Das könnte so aussehen: Wir hoffen darauf, daß es eine Zukunft gibt, in der der Mächtige sich nicht durchsetzt gegen den Schwachen. Daß es in alle Ewigkeit unrecht sein wird, Menschen zu gefährden, zu töten, ums Leben zu betrügen. Das nennen wir die Hoffnung auf die Herrschaft Gottes, daß man angesichts der

eigenen Ohnmacht nicht hoffnungslos zu werden braucht. – Wir glauben, daß die Armen und Ohnmächtigen sich untereinander große Wunder tun können.
Von gewissen theologischen Voraussetzungen her gibt es gegen diese »Übersetzung« der Nachfolge Jesu den Einwand, das sei »zu wenig«. »Zu wenig« in dem Sinne, daß Nachfolge Jesu hier auf nur innerweltliche, soziale, gar politische Aussagen beschränkt wird. Dies mag ja sein. Doch darf das Mehr, das diesen Aussagen hinzugefügt werden kann, diese nun seinerseits nicht verdrängen. Denn jedenfalls haben die Evangelien, die ja Nachfolge Jesu beschreiben, an den Taten der Nachfolger ein dezidiertes Interesse. Sie spielen gerade nicht christologische Aussagen über Jesus gegen konkrete Verhaltensweisen der Jesusnachfolger in dem Sinne aus, daß diese nun zu einer quantité negligeable würden. Das Gericht nach den *Taten* der Menschen ist eine zentrale Vorstellung des Neuen Testaments, die allerdings in unserer theologischen Tradition zu einem vergessenen Thema geworden ist.
In unseren Ohren klingen schließlich auch die Wehesprüche gegen die Reichen (Lk 6,24-26) befremdlich. Ob sie schon Bestandteil der ältesten Jesustradition waren, läßt sich nicht mehr mit Sicherheit feststellen. Das theologische Problem jedoch, das sie aufgeben, entsteht in jedem Fall schon für die älteste Jesustradition: Wie wird in ihr mit den Reichen umgegangen, erträumt man sich Rache, wünscht man ihnen Strafe? Schon implizit ist diese Frage mit Lk 6,20f. gegeben. Die Armen werden die Königsherrschaft Gottes erben – sie allein? Man hört der Seligpreisung der Armen an, daß die Wehesprüche gegen die Reichen, auch wenn sie erst nachträglich hinzugekommen sein sollten, doch von der Sache her zutreffende Konsequenzen ausziehen. Auf diese Frage wird noch zurückzukommen sein, wenn das gesamte Material zur eschatologischen Umkehrung von Armut und Reichtum überblickt werden kann.

4. Der Kamelspruch

Die Seligpreisung der Armen in der ältesten Jesustradition ist nicht ein isolierter Gedankensplitter, sondern wohl die zentrale Botschaft der Jesusanhänger. Es finden sich in den Evangelien noch Sachparallelen, die inhaltlich so nah neben den Seligpreisungen stehen, daß man sie der ältesten Tradition zurechen kann, zumal die traditionsgeschichtlichen Voraussetzungen für solche Zuordnung in allen Fällen gegeben sind. Es handelt sich um den »Kamelspruch« Mk 10,25, den mehrfach überlieferten Spruch von den Ersten und den Letzten, das Magnificat Lk 1,46-55 und (wahrscheinlich) um die Geschichte vom Reichen und dem armen Lazarus (Lk 16,19-26).

Mk 10,25: »Es ist leichter, daß ein Kamel durch ein Nadelöhr geht, als daß ein Reicher in die Königsherrschaft Gottes eingeht«. Markus überliefert diesen harten Spruch im Verlauf des Gespräches Jesu mit seinen Jüngern über die Probleme mit den Reichen, nachdem der sogenannte reiche Jüngling die Nachfolge Jesu ausgeschlagen hat. Man muß es Mk hoch anrechnen, daß er diesen Spruch überliefert hat, obwohl er selbst und seine Gemeinde sich mit diesem Wort nicht identifizieren können, es sogar als beängstigend empfinden. Das zeigt besonders Mk 10,26, wo das Erschrekken der Jünger ausdrücklich genannt wird. Die Markusgemeinde lebt in einer gegenüber der ältesten Jesustradition völlig veränderten sozialen Situation. Zu ihr gehören auch reiche Christen. In diesem Zusammenhang kann auf Mk 10,17-31 und die markinische Beurteilung des Besitzverzichtes nicht eingegangen werden,[61] da es hier nur auf Mk 10,25 ankommt. Dieser Vers ist sogar in der vorliegenden Textgestalt vormarkinisch. Man hat gelegentlich erwogen, daß der Spruch ursprünglich nicht vom *Reichen* redete, sondern davon, daß der *Mensch* überhaupt unendlich schwer in die Königsherrschaft Gottes eingehen kann oder von sich aus überhaupt nicht.[62] Erst Markus habe nachträglich die harte Aussage über den Reichen aus dem Jesuswort gemacht. Diese Annahme scheitert daran, daß gerade Markus an einer Verschärfung der Haltung gegenüber den Reichen nichts gelegen ist. Der gesamte Kontext des Gespräches Jesu mit den Jüngern (Mk 10,23-31) im Anschluß an die Erzählung vom reichen Jüngling zeigt in jedem Satz, daß die Position des Markus gerade eine andere ist als die von Mk 10,25. Diese Versuche, einen ursprünglichen Text von Mk 10,25 ohne die Verurteilung der Reichen zu rekonstruieren, spiegeln noch einmal die Schwierigkeiten, die Christen heute wie schon damals zur Zeit des Markus angesichts dieses Wortes empfinden: Es kann doch wohl nicht im Namen Jesu gesagt werden, daß es ausgeschlossen ist, daß ein Reicher in die Königsherrschaft Gottes eingeht – denn das paradoxe Bild vom riesigen Kamel und winzigen Nadelöhr sagt: Es ist unmöglich (nicht: Es ist schwer, wie Mk 10,23 abzumildern versucht). So radikal war nicht einmal die Position der Geschichte vom reichen Jüngling, die wohl auch schon vormarkinisch ist. Sie erzählt zwar von einem Scheitern der Besitzverzichtsforderung, will aber doch insgesamt den Reichen Mut machen, in die Nachfolge einzutreten und auf ihren Besitz zu verzichten. Mk 10,25 vertritt eine andere Haltung. Es geht nicht um Besitzverzicht. Der Satz ist auch keine Drohung, sondern eschatologische Weissagung wie das »Wehe« gegen die Reichen in Lk 6,24. Der Satz fordert nichts von den Reichen, nicht Buße, nicht Besitzverzicht. Er sagt die Zukunft der Reichen voraus. Er ist die komplementäre Ergänzung der Seligpreisung der Armen und gehört wohl schon in die älteste Jesustradition. Die Begründung der Ankündigung wird man sich wohl mit Lk 6,24 ausmalen können: Die Reichen bleiben draußen, weil sie schon alles in ihrem Leben gehabt haben, was es dort geben wird. Der Satz ist in seiner Kühle, die auf jede Ankündigung von Strafe oder Rache verzichtet, auffallend. Ein Vergleich kann dies deutlich machen: Im aeth. Henoch wird jetzt Mächtigen von jetzt Unterlegenen das Gericht Gottes angekündigt: »Wisset, daß ihr in die Hände der Gerechten gegeben werdet; sie werden euch die Hälse abschneiden und euch erbarmungslos töten« (98,12). Dieser Vergleich soll hier nur dazu dienen, die Eigenart von Mk 10,25 deutlich zu machen – nicht dazu, das frühe Christentum als die überlegene Religion herauszustreichen, neben der sich andere Religionen als finsterer »Hintergrund« ausnehmen. Die Drohung gegen die Reichen im aeth. Henoch müßte ebenfalls im Zusammenhang ihrer konkreten Situation verstanden werden. Doch darum geht es hier nicht.

5. Die Letzten werden die Ersten sein

»Die Letzten werden die Ersten sein und die Ersten die Letzten« – das Logion, das hier in der Fassung Mt 20,16 zitiert wird, ist viermal überliefert: Mk 10,31; Mt 19,30; Mt 20,16; Lk 13,30.

Der Kontext, in dem es in den Evangelien auftaucht, ist jeweils von den Evangelisten hergestellt: Von Mk 10,31[63] und damit auch Mt 19,30. Mt nimmt es dann in Mt 20,16 noch einmal auf, lukanisch ist die Einordnung des Logions in Lk 13,30. Lk droht mit diesem Wort den christlichen Übeltätern, die selbstgerecht und geldgierig sind. Das Logion ist in jedem Fall älter als die jetzigen Kontexte und sein Sinn ist nicht aus den jetzigen Kontexten zu erheben.
Der Wortlaut des alten Logions ist am ehesten der oben zitierte aus Mt 20,16. Die eingeschränkten Fassungen (»*viele* Erste werden . . .« Mk 10,31; Mt 19,30; auch Lk 13,30 bietet eine eingeschränkte Fassung mit der Formulierung »siehe, es gibt Letzte, die . . .«) sind als nachträgliche Reflexion über ein ursprünglich massiv-pauschales Logion erklärbar.

Der Sinn des alten Logions scheint auf den ersten Blick schwer faßbar, das Wort scheint vieldeutig. Man hat darum schon vermutet, es sei die Variante eines antiken Sprichwortes und habe dann folgenden Sinn: »Wie wandelt sich menschliches Geschick!«[64]

U. W. ist es als Sprichwort jedoch nicht belegt, das Futur wäre in einem Sprichwort dieses Sinnes auch auffällig. Die Eigenart dieses Futurs tritt besonders scharf ins Licht, wenn man Motivparallelen zur Umkehrung menschlicher Geschicke, die in der Antike zahlreich zu finden sind, heranzieht. Die am ehesten analogisierbaren Motivparallelen sollen hier diskutiert werden, weil sich gerade ihnen gegenüber zeigen wird, daß dieses Logion vielleicht ein frühchristliches »Wanderlogion« war, aber kein antikes Sprichwort oder eine Redensart. Zur Redensart ist es erst in der christlichen *Nach*geschichte der Evangelien geworden. Häufig trifft man in antiken Texten die Aussage, daß die Gottheit die Macht hat, Niedrige zu erhöhen und Hohe zu erniedrigen. Der Hinweis auf diese Macht der Gottheit dient oft der Mahnung an Mächtige, ihre Macht nicht zu mißbrauchen.[65] Weit verbreitet ist das Motiv der Umkehrung sozialer Geschicke in Texten, die ein zukünftiges Chaos, die Revolution, fürchten. Die Umkehrung der sozialen Ordnung von oben und unten ist Inhalt von Zukunftsangst: »Und die, die nichts waren, werden sich der Herrschaft bemächtigen über die Mächtigen; und die Armen werden den Vorzug haben vor den Reichen, und die Frevler werden sich erheben über die Helden . . .« (syr Bar 70,4).[66] Diese teils sogar apokalyptischen Revolutions- und Chaosängste sind gewiß nur Motivparallelen, mit denen in unserem Zusammenhang nichts anzufangen ist. Als ernsthafte Parallelen kann man nur die wenigen Texte diskutieren, in denen die soziale Umkehrung *Hoffnungs*inhalt ist, denn im Kontext des frühen Christentums ist der Spruch von den Ersten und den Letzten in jedem Fall ursprünglich ein Hoffnungssatz, nicht ein Satz der Furcht oder Drohung. Als Drohung oder Warnung wird er nur bei Lukas verwendet. Die Götter können Große schnell klein machen und, wenn sie wollen, die Kleinen retten – so macht Xenophon den zahlenmäßig unterlegenen Griechen Mut, sich gegen die militärische Übermacht der Perser zu wehren (Xen. Anab III 2,10). Oder Lysistrate bei Aristophanes: Ein Orakel, das verheißt, die Not werde ein Ende haben, der weitdonnernde Zeus werde das Oberste zu Unterst bringen, soll den Frauen Mut machen zur Einigkeit und zum Sieg über die kriegswütigen Männer. Aristophanes macht sich allerdings über diese Hoffnung der Frauen auf die ordinärste Weise lustig (Aristophanes, Lysistrate 772f.). Die Diskussion der Motivparallelen zeigt, daß der für heutiges kulturelles Bewußtsein so selbstverständliche Gedanke, das Logion von den Ersten und den Letzten sei ein Sprichwort oder ein mehrdeutiges Wanderlogion, völlig abwegig ist. Der Spruch ist im Kontext des frühen Christentums eine eschatologische Weissagung, die in den spezifischen

Kontext der ältesten Jesustradition gehört und auf seine Weise noch einmal dasselbe sagt wie Lk 6,20f. Die beiden Parallelen bei Xenophon und Aristophanes jedoch begründen ein gewünschtes Verhalten (Mut zum Krieg bzw. Einigkeit der Frauen) mit der Hoffnung auf die Unterstützung der Gottheit. *Inhaltliche* Analogien zu diesem Wort – wie überhaupt zur Vorstellung von der eschatologischen Umkehrung der sozialen Geschicke – haben sich in der antiken Literatur nicht finden lassen trotz der zahlreichen *Motiv*parallelen.

Die Letzten werden die Ersten sein. Die Begriffe »Erste« und »Letzte« bezeichnen soziale Standorte, oben und unten im sozialen Sinn.[67]

Die heute die Letzten sind, werden in der Königsherrschaft die Ersten sein, und die heute mächtig sind, die Ersten in der Gesellschaft, werden in der Königsherrschaft unten sitzen. Auch hier werden anschauliche Vorstellungen mitzudenken sein, z. B. die Vorstellung, daß die Armen, die heute krank und hungernd auf den Straßen Palästinas dahinvegetieren, dann gesund und sauber auf den Ehrenplätzen am Tisch sitzen werden.

6. Der reiche Mann und der arme Lazarus

Die Erzählung vom reichen Mann und armen Lazarus wird ebenfalls in den Zusammenhang der ältesten Jesustradition gehören. Die wichtigsten Argumente seien aufgezählt:

a) Lk 16,19-26 ist vorlukanisch, denn Lk 16,27-31 ist eine nachträgliche lukanische Umdeutung des Stoffes durch die Fortführung der Erzählung, aber mit anderem inhaltlichen Schwerpunkt: Die Umkehr der Reichen. Dieses Thema ist in Lk 16,19-26 *nicht*, auch nicht implizit, behandelt, weil die Erzählung *nicht* ein falsches Verhalten des Reichen darstellen will – z. B. daß er Lazarus kein Almosen gibt –, sondern die *Folgen* seines guten Lebens, wie 16,25 explizit formuliert: »Kind, gedenke, daß du dein Gutes in deinem Leben empfangen hast, und Lazarus entsprechend das Böse; jetzt wird er hier getröstet, und du mußt Pein leiden.« Man sollte dem Duktus der Erzählung folgen, sie steuert auf 16,25 zu. Wenn sie ein Fehlverhalten des Reichen darstellen wollte, würde sie das sagen. Sie stellt sein gutes Leben dar und die unabänderlichen schrecklichen Folgen. Die Kluft im Jenseits verdeutlicht, wie unabänderlich dieses Zukunftsgeschick ist.

b) Trotz zahlreicher *Motiv*parallelen vor allem in einem ägyptisch-hellenistischen Märchen ist zu Lk 16,19-26 keine *inhaltliche* Analogie bekannt.

Das von Gressmann[68] zur Erklärung von Lk 16,19-31 herangezogene ägyptisch-hellenistische Märchen von der Hadesfahrt des Setom Chaemwese mit seinem Sohn Si-Osire[69] erzählt eine soziale Umkehrung im Jenseits.
Ein gestorbener Armer wird ohne Geleit nur in einer Matte eingeschlagen aus Memphis in die Wüste getragen. Ein Reicher wird unter lautem Klagegeschrei mit großen Ehren und reichen Grabbeigaben in die Wüstennekropole hinausgetragen. Der Vater und sein Sohn sehen zu. Der Vater sagt: Wieviel besser geht es doch den Reichen als den Armen. Der Sohn, der wunderbares Wissen hat, sagt seinem Vater jedoch: »Möge es dir im Totenreich ebenso ergehen, wie es diesem Armen im Totenreich ergehen wird« (Brunner-Traut S. 194). Zum Beweis führt der Sohn den Vater durch das Totenreich. Dort sehen sie den Armen, der nun die Grabausstattung des Reichen erhalten hat, in ein Gewand von Byssos gekleidet in einer hohen Rangstellung, »nahe dem Orte, wo Osiris war«. Der Reiche jedoch leidet Qualen. Die Türangel vom Tore des Totenreiches ist in sein rechtes Auge eingelassen und sein Mund steht in lautem Wehgeschrei offen (Brunner-Traut S. 196). Beider Taten sind im Totenreich gewogen worden. Die guten Taten des Armen waren zahlreicher als seine bösen und die bösen Taten des Reichen waren zahlreicher als seine guten. Darum wird ihr Geschick im Totenreich vertauscht. Worin die bösen Taten des Reichen und die guten Taten des Armen bestanden, wird nicht erzählt. Die Geschichte will sagen: Das Totengericht wägt die Taten ohne Ansehen der Person.
»Da gibt es keinen Unterschied zwischen reich und arm, nur der gilt, der ohne Fehl befunden ist«.[70] Die Geschichte will die Vorstellung kritisieren (s. Gressmann S. 55), nach der das Ergehen im Totenreich im Prinzip eine Fortsetzung des Ergehens zu Lebzeiten ist; also die Vorstellung, die innerhalb der Erzählung der Vater vertritt, als er entrüstet ist über seines Sohnes Spruch angesichts der Bestattung des Reichen und des Armen (»möge es Dir im Totenreich ebenso ergehen, wie es dem Armen im Totenreich ergehen wird«). Er kann diesen Wunsch nur als bösen Wunsch auffassen. Das Märchen will also klarmachen, daß das Totengericht sich *nach den Taten während des Lebens richtet.* Inhaltlich ist diese Geschichte also eine Parallele zur Verwendung des Motivs der sozialen Umkehrung als Begründung ethischer Mahnungen, nur daß die Vergeltung für schlechte Taten nun anders als in den oben behandelten Texten ausschließlich jenseits des Todes stattfindet. Dieses Märchen und Lk 16,19-26 lassen sich nur insofern vergleichen, als verwandte Erzählmotive begegnen. Inhalt, Absicht und Funktion der jeweiligen Erzählung sind grundverschieden. Das Märchen will sagen: Es gibt ein Gericht nach den Taten, unabhängig von der sozialen Stellung des Menschen. Lk 16 will sagen: Es wird einen Ausgleich geben für das Elend der Armen.

Auch hier zeigt sich wieder die geistes- und religionsgeschichtliche *Singularität* der Vorstellung einer eschatologischen Umkehrung der sozialen Geschicke.

c) Die inhaltlichen Probleme, die Lk 16,19-26 im Kontext der ältesten Jesustradition aufgibt, müssen bedacht werden, sie sind aber lösbar. Problematisch ist einerseits, daß hier die Königsherrschaft Gottes keine Rolle zu spielen scheint und stattdessen die Zukunft der Menschen im Schoß Abrahams bzw. im Hades *nach dem individuellen Tod* im Mittelpunkt steht. – Beide Vorstellungen (Hades und Königsherrschaft Gottes) haben nichts miteinander zu tun, sind nicht miteinander auszugleichen. Das zweite Problem ist, daß in Lk 16,19-26 nicht zu übersehen ist, daß der Reiche bestraft wird. Er leidet *Qualen* als Folge seines Wohllebens. Dieser Gedanke an die Bestrafung der Reichen läßt sich sonst in der ältesten Tradition nicht in dieser Schärfe finden (s. dazu noch unten). Die Disparatheit der Eschatologie ist aber lösbar. Im Kontext der ältesten Jesusbewegung mußte diese Erzählung als *Gleichnis* verstanden werden; auch Lk versteht im übrigen die Erzählung als Gleichnis, auch wenn er es nicht explizit so einführt. Das Gleichnis will die eschatologische Umkehrung der sozialen Geschicke in der Königsherrschaft Gottes darlegen am Geschick *eines* reichen Mannes und *eines* armen Mannes nach dem *Tode.*

Die Gründe, die für eine Einordnung von Lk 16,19-26 in die älteste Tradition sprechen, sind gravierend. Es bleibt ein offenes Problem: Die Qualen des Reichen, denn in dieser Geschichte wird die Zukunft des Reichen als qualvoll beschrieben. Deshalb ist zu fragen, welchen Inhalt und welche Funktion diese Erzählung hat. Diese Frage ist nur aus 16,19-26 zu beantworten – unabhängig vom Kontext des Jesusglaubens und – wie sich aus dem Bisherigen ergab – auch unabhängig vom literarischen Kontext (Lk 16,27-31; Lukasevangelium insgesamt) und von religionsgeschichtlichen Parallelen. Die vorliegenden Funktions- und Inhaltsbestimmungen hängen meist entscheidend davon ab, welchen Trägerkreis und vor allem welchen Adressatenkreis man sich vorstellt. Percy vermutet, der Text sei von Jesus als *Drohung* an die Reichen gerichtet.[71] H. Bolkestein deutet anders: »Es ist klar, daß diese Form des Vergeltungsdenkens nur in den Kreisen der Armen als Befriedigung eines sublimierten Rachebedürfnisses entstehen und Anhang finden konnte«.[72] Ähnliches hat Gressmann im Sinn, wenn er den Text 16,19-25 als isolierten Text »untersittlich«[73] nennt. Andere vermuten, der Text solle die mißvergnügten Jünger Jesu anreden, die über das Wohlergehen der Gottlosen und das Leid der Frommen ärgerlich sind und sie dazu bringen, mit ihrem Schicksal *zufrieden* zu sein.[74] Drohung, Befriedigung des Rachebedürfnisses, Trost – eine sehr disparate Palette von Inhaltsbestimmungen. Es ist jedoch möglich, ohne hypothetische Annahmen zu Trägerkreis und

Adressaten aus den Formulierungen selbst Funktion und Inhalt eindeutig zu bestimmen.

Lk 16, 19-26 ist keine Warnung an die Reichen, weil die Rolle des Lazarus durch diese Deutung nicht wirklich erklärt wird und weil keine Alternative eines möglichen anderen Verhaltens für den Reichen genannt wird. Lk 16,19-26 ist auch keine Anklage der Reichen, denn ihr Verhalten wird nicht als Schuld dargestellt. Der Reiche ist Lazarus gegenüber *nicht* als schuldig dargestellt. Lk 16, 19-26 enthält auch keine Rachegelüste gegenüber den Reichen. Der Reiche leidet zwar Qualen, aber Lazarus weidet sich nicht an seiner Not – und V. 26 hat sogar die Aufgabe klarzustellen, daß er ihm nicht helfen könnte, auch wenn er wollte.

Lk 16,19-26 ist am Kontrast orientiert: Der Luxus des Reichen steht im Kontrast zu seiner jenseitigen Qual – beides soll als extrem empfunden werden. Auch die Not des Armen wird scharf ausgemalt und sein jenseitiges Glück deutlich dargestellt. Diese Kontraste finden dann noch einen bildhaften Ausdruck in der Vorstellung der großen unüberschreitbaren Kluft im Jenseits zwischen dem Hades und dem Schoß Abrahams (V. 26). Durch den Kontext ist der Sinn dieser Kluft klar: Sie ist die jenseitige Verdoppelung der Kluft zwischen reich und arm im Diesseits, auch sie ist groß und unüberschreitbar. Die Schärfe der Kontraste in dieser Erzählung reflektiert die Schärfe eben dieser Kluft im Diesseits. Ihre Unüberschreitbarkeit und die extreme Gegenüberstellung von reich und arm stehen auch noch Pate für die Darstellung der jenseitigen Qual des Reichen. Die Geschichte will die Hoffnung der Armen benennen – ohne daß die Schuld der Reichen angeklagt wird, ohne daß ihre jenseitige Zukunft mit Rachegelüsten dargestellt wird. Die Geschichte drückt die Hoffnung der Armen auf den gerechten Gott aus – Abraham spricht als Vertreter Gottes. Diese Hoffnung ist verbunden mit dem Leiden an der Aussichtslosigkeit, die Kluft zwischen reich und arm zu überschreiten.

7. Das Magnificat (Lk 1,46-54)

Auch das Magnificat wird man in den Kontext der ältesten Jesustradition stellen müssen. Es ist ein vorlukanischer Text, sogar – bis auf kleinere Stilkorrekturen – in der vorliegenden Gestalt.[75] Noch ausgeprägter als in Lk 6,20f. und Mt 11,5 par. bedient man sich hier der Bibel. Sie hat damals den Armen als Sprachhilfe gedient. Mit Hilfe der Bibel drücken sie ihre Hoffnungen aus und machen sich und anderen deutlich, daß ihr Leben – so wie es ist – Unordnung in Gottes Augen ist. Mit Hilfe der Bibel geben sie ihren Hoffnungen den maximalen religiösen Anspruch, der in ihrer Umwelt überhaupt denkbar ist. Sie ziehen aus der Vorstellung, daß Gott der Herr Israels ist, Konsequenzen, die bisher niemand gezogen hatte und die den einflußreichen Gruppen im damaligen Judentum nicht passen konnten. Es geht ihnen nicht um die nationale Zukunft Israels, sondern um das Zurechtrücken sozialen Elends.

Die Mutter des Messias Jesus ist die niedrige Gottesdienerin, in deren Geschick das Geschick aller Niedrigen symbolisiert wird. Die Niedrigkeit (tapeinōsis) hat ohne Frage den Doppelsinn der sozialen Niedrigkeit und der Demut vor Gott. Alle zukünftigen Geschlechter werden Maria preisen. Ihre Erhöhung repräsentiert die Erhöhung aller Niedrigen. Mit der Geburt des Messias Jesus hat die große Veränderung schon begonnen. Gottes Handeln wird nun den umfassenden, endgültigen Ausgleich bringen. Der Psalmist redet davon, als sei er schon geschehen. Die Mächtigen, die auch die Hochmütigen sind, sie werden vom Thron gestürzt; die Reichen verlieren ihren Reichtum und die Hungernden, die Armen werden mit Gütern angefüllt. Hier wird den Mächtigen und Reichen nur Macht und Reichtum genommen. Gestraft werden sie nicht. Es ist eben restlos vorbei mit ihrer Macht und ihrem Wohlleben und ihrem Hochmut.

Das Magnificat läßt darauf schließen, daß auch die Geburt Jesu schon sehr früh in der Jesusbewegung als Heilshandeln Gottes an Israel verstanden wurde. Es zeigt, wie früh schon eine ausgeprägte Christologie anzunehmen ist. Jesus war für die älteste Jesusbewegung schon nicht mehr Gleicher unter Gleichen, sondern ein Mensch, der die Welt verändert hat: Gottes Messias, der Israel gegenüber – und zwar *ganz* Israel (s. vor allem Lk 1,54f.) – die Verheißung Gottes erfüllt. Jetzt fängt die Herrschaft Gottes über Israel an, mit Jesu Geburt, mit seinen Worten. Ob sein Tod in diesem Zusammenhang auch schon eine Rolle spielt, ist nicht zu klären. In der späteren palästinischen Jesusbewegung, die wir in der Logienquelle kennenlernen, ist sein Tod von Bedeutung, wenn auch nicht als Heilsereignis (s. u.). Es ist nicht auszuschließen, daß Jesus schon zu Lebzeiten als Messias verehrt worden ist (und sich vielleicht auch selbst so verstanden hat) – aber als Messias der *Armen*, deren Schicksal er teilte, denn es gibt keinen Grund daran zu zweifeln, daß Jesus ebenfalls aus der Schicht der Armen kommt, die die frühe Jesusbewegung tragen. Ein Messias, der nicht die Herrschaft Israels und seines Gottes über die restliche Welt bringt (dazu s. auch unten S. 75), sondern ein Messias, der die Herrschaft Gottes *über Israel* bringt.

Will man diese Bewegung in ihren religiösen Lebensäußerungen verstehen, muß man ihre Hoffnung, ihre Erwartung der Herrschaft Gottes, in ihrer zentralen Bedeutung sehen. Hier treten arme Juden auf und behaupten, jetzt seien Gottes Verheißungen an Israel erfüllt und das Elend der Gegenwart – die Not der Armut – sei zu Ende. Sie sind nun nicht mehr die verhungernden kranken Krüppel, sondern eine Gemeinschaft von Menschen, die im Miteinander schon erfährt, was demnächst vollends geschieht: Glück, Gesundheit, Mut, Hoffnung. Daß sie ihr weniges Essen miteinander geteilt haben, kann man vermuten; Textbelege gibt es nicht, wenn man nicht Lk 3,11 dafür in Anspruch nehmen will: »Wer zwei Röcke hat, gebe dem ab, der keinen hat; und wer Speise hat, tue ebenso!« (Zu Lk 3,11 s. auch u. S. 138f.).

8. Analogien zur Hoffnung auf eine eschatologische Umkehrung der sozialen Geschicke außerhalb des Neuen Testaments?

Man hat immer wieder vermutet, daß die Vorstellung einer eschatologischen Umkehrung, wenn sie überhaupt für das frühe Christentum anzunehmen sei, so doch nichts spezifisch Christliches sei.[76] Wir hatten bereits gezeigt, daß die von Gressmann zu Lk 16,19ff. angeführte Analogie keine inhaltliche Analogie ist und nur verwandte Erzählmotive benutzt. Wir hatten auch gezeigt, daß die gängige antike Rede von der Macht Gottes, die Große klein machen kann und Kleine groß, trotz ihrer vielseitigen Verwendung keine inhaltlich der Jesustradition vergleichbaren Ausprägungen erkennen läßt.

Es sollen jetzt noch Analogien diskutiert werden, die am ehesten überhaupt als Vergleichsmaterial zur *eschatologischen* Hoffnung der Armen in der ältesten Jesustradition in Frage kommen. Es gibt in der Tat einige wenige Texte, die vielleicht als eschatologische Hoffnung der Armen auf die Umkehrung ihres Geschickes verstanden werden könnten.

Heranziehen läßt sich folgendes Material:

a) In den Testamenten der zwölf Patriarchen Juda 25,4b findet sich in einem Teil der Überlieferung eine Zusatznotiz

Kai hoi en peinē chortasthēsontai

– die im Hunger sind, werden gesättigt werden.

Kai hoi en astheneia ischysousin

– die in Schwäche (Krankheit) sind, werden stark werden.

Es spricht jedoch vieles dafür, daß dieser Zusatz eine christliche Interpolation ist.[77]

b) Der Alphabet-Midrasch des R. Akiba bietet eine nahe Parallele zu Lk 6,20f. (und den neutestamentlichen Parallelen): »Der Heilige ... blickt in jedem Augenblick nur auf den Armen ... Und angenehmer vor mir ist die Stimme ihrer Worte als die aller Menschenkinder, die unter dem Himmel sind ... Der Heilige ... macht sein Erbarmen über sie rege und erhebt sie aus dem Staube, läßt sie neben die Edlen sich setzen und sie erben den Thron der Herrlichkeit, wie es heißt (1 Sam 2,8)«. Dann wird 1 Sam 2,8 ausgelegt. U. a. heißt es: »Unter kābôd ›Herrlichkeit‹ ist nur die Welt, die da kommt, zu verstehen ...«.[78] Hier wird die eschatologische Erhöhung der Armen angenommen, die Armut ist dabei ausschließlich als soziale Notlage verstanden. Die Fortsetzung des Textes vertritt dann eine andere Position. Das Motiv der eschatologischen Umkehrung wird jetzt auf die Gesetzesbefolgung bezogen: »jeder, der in dieser Welt arm ist, (ist) reich in der Welt, die da kommt ... wie z. B. die Israeliten, weil sie sich mit den Geboten beschäftigen. Wer aber in dieser Welt reich ist, ist in der Welt, die da kommt, arm, wie z. B. die Völker der Welt und die Frevler, welche sich nicht mit den Geboten beschäftigen«.[79] Aber auch die Gleichsetzung von *Israel* mit den Armen wird nicht durchgehalten, sondern überlegt, wie es mit einem reichen Israeliten gehen kann: Wenn er sich richtig verhält, also u. a. »den Armen Almosen gibt und den Reichen Liebeserweisungen in Darlehen«, dann genießt er die »Früchte in dieser Welt, und der Grundstock verbleibt für die Welt, die da kommt.« Soviel ist deutlich, daß dieser Text zum Stichwort Armut u. a. *auch* eine solche Tradition kennt, die den Armen die zukünftige Erhöhung in jener Welt zuspricht, ohne daß der Kontext eine genaue historische Einordnung dieser Tradition erlaubt. Es scheint eine (frühmittelalterliche?) Tradition zu sein, die inhaltlich herausfällt aus den sonst im rabbinischen Judentum[80] vertretenen Meinungen über Armut.

c) Als Analogie vor allem zu Lk 6,24-26 wird häufig der aeth. Henoch 94-104 herangezogen. Die Verfluchung der gottlosen Reichen im aeth. Henoch 94-104 ist jedoch weder als Parallele zu Lk 6,24 ff. noch zu Lk 6,20 f. besonders ergiebig. Denn dieser Text hat nicht die apokalyptische Umkehr der sozialen Geschicke zum Inhalt.[81] Der Text setzt einen Konflikt voraus, der aus der Optik der Unterlegenen beschrieben wird. Ihre Notlage ist vor allem ihr Scheitern in diesem Konflikt (s. z. B. 103,9-15); daß sie dabei auch sozial schlechter gestellt sind als die Gegner, ist daraus zu entnehmen, daß die Gegner als Reiche (die ihren Reichtum durch Unrecht erworben haben 97,8-10 u. ö.) charakterisiert werden und daß von den Unterlegenen gesagt wird, sie seien zu Lebzeiten nicht ihrem Wert entsprechend ausgestattet gewesen (102,5) und hätten sich mit mühseliger Arbeit geplagt (103,9). Die Unterlegenen hoffen auf

Lohn im Himmel und das Endgericht (z. B. 104,5), das die jetzt Mächtigen den jetzt Unterlegenen überantwortet: »Wisset, daß ihr in die Hände der Gerechten gegeben werdet; sie werden euch die Hälse abschneiden und euch erbarmungslos töten« (98,12). Der Text hat vor allem die Aufgabe, die »Gerechten« = Unterlegenen zu ermutigen und ermahnen: »Hofft und gebt eure Hoffnung nicht auf« 104,4; »Verzagt nun nicht . . . werdet ihnen nicht gleich und habt keine Gemeinschaft mit ihnen« 104,6. In dem Konflikt spielen auch theologische Differenzen eine Rolle (z. B. 97,4). Ob er überhaupt als sozialer Konflikt angesehen werden kann, ist sehr zu fragen: Die Notlage der Unterlegenen wird eben nicht als soziale Not, sondern als politische Niederlage beschrieben. Und die Hoffnungen richten sich nicht auf sozialen Ausgleich, sondern auf Sieg über die Gegner (trotz 98,3; 104,2, die am ehesten im Sinne der eschatologischen Umkehr der sozialen Geschicke verstanden werden könnten).

Betrachtet man dieses unter a-c diskutierte Parallelmaterial, so ergibt sich die Folgerung, daß Lk 6,20f. (und die verwandten Stoffe der Jesustradition) nicht Produkt einer literarischen, religiösen oder sonst irgendwie geistesgeschichtlichen Tradition sind. Zwar wird eine religiöse Tradition vorausgesetzt – das zeigt der Bezug auf Jes 61,1ff. –, aber völlig originell verstanden. Aus einem religiösen (oder sonst geistesgeschichtlich verstandenen) Kontext ist Lk 6,20f. nicht ableitbar.

Die Diskussion der Redeform (makarios-Spruch) ist ausführlich geführt worden, kann in diesem Zusammenhang aber unberücksichtigt bleiben. Es ist klar, daß Lk 6,20f. nicht ein ethischer (weisheitlicher) Makarismus[82] ist, sondern ein apokalyptischer Makarismus vermutlich im Munde von Propheten.[83] Die Feststellung der Redeform erlaubt aber noch keine Rückschlüsse auf einen bestimmten Sitz im Leben (gegen Koch a. a. O. S. 37.55); erst die inhaltliche Füllung des apokalyptischen Makarismus erlaubt diese Rückschlüsse, und zwar nicht auf einen Sitz im Leben *der Gemeinde*, sondern auf einen Sitz der Gemeinde im Leben der Gesellschaft.

9. Das theologische Unbehagen gegenüber der Vorstellung einer eschatologischen Umkehrung

Die Vorstellung, daß die frühe Jesusbewegung die Hoffnung gehabt haben könnte, daß die Königsherrschaft Gottes die Armen reich machen wird und die Reichen arm, hat immer wieder Unbehagen hervorgerufen. Gressmann nannte Lk 16,19-26 »untersittlich« und »primitiv« und hielt das Stück für vorchristlich (a. a. O.

S. 57); R. Bultmann formulierte sein Unbehagen gegenüber Lk 6,20f.; 6,24ff. so: Diese Texte könnten auch in den letzten Kapiteln des aeth. Henoch stehen.[84] Die Umdeutungen dieser Texte in theologischen Interpretationen sind zahlreich. Immer noch verbreitet ist die Ethisierung des Begriffs »arm« in der Seligpreisung (= demütig) oder eine Umdeutung im Sinne der iustificatio impii: Armsein vor Gott. Man hat gezweifelt, ob der Wortlaut von Mk 10,25 korrekt sei (s.o.), man hat Mt 20,16 für ein Sprichwort gehalten, – die Liste ließe sich fortsetzen.

Mag sein, daß es primitive Hoffnungen sind, es waren ja schließlich auch sehr arme Leute, die sich da mit Jesus oder in seinem Namen zusammengefunden haben. Aber in dieser Hoffnung steckt eine solche Vision von dem, wozu der Mensch erschaffen ist, daß wir diese Jesusanhänger um ihre Hoffnung und die Veränderung ihres Lebens beneiden können. Man kann unmöglich einwenden: Aber sie sind ja doch verhungert. – Das wird stimmen. Aber dies ist kein Einwand gegen die Vision dieser Menschen, es sei denn man tut so, als hätten sie sich mit ihrer Hoffnung auf die Königsherrschaft Gottes den Weg zur neuen Gesellschaft verbaut – der Einwand setzt Möglichkeiten voraus, die ohnmächtige, arme Menschen nicht haben; der Einwand ist grausam und illusionär.

Trotz Lk 6,24f. und Lk 16,19-26 ist diese Hoffnung kein Rachegesang. Die positive Perspektive erübrigte es, die Reichen und Mächtigen grausam zu demütigen. Ihre Portion Glück war nur verbraucht. Racheträume sehen anders aus, man denke nur an das aeth. Henochbuch. Angesichts des Elends gibt es viele Möglichkeiten, den Skandal zu leugnen. Sogar mit Gleichheitsutopien kann man noch leidenden Menschen Unrecht tun. Lucian erzählt, daß im Totenreich alle Menschen gleich sein werden, der Arme und der Reiche gleich, gleich nackt.

»Sag (den Reichen) . . .: Ihr Narren, wofür hütet ihr euer Geld? Was plagt ihr euch mit Ausrechnung eurer Zinsen, und wozu häuft ihr Tausende auf Tausende an, da ihr doch in kurzem mit einem einzigen Obolus im Munde ins Reich der Toten wandern müßt?«

»Und den Armen, unter denen so viele sich gar nicht dareinfinden können und immer über ihre Dürftigkeit wehklagen, sage, sie sollen dem Winseln und Heulen ein Ende machen, und erzähle ihnen, wie hier alle gleiches Standes sind, und sie würden sehen, daß die dortigen Reichen bei uns hier keine Vorzüge haben.«[85]

Lucian kann mit seiner Menschenverachtung vielleicht diejenigen, deren Mißtrauen gegen die Hoffnung der Armen in der ältesten Jesustradition noch nicht überwunden ist, vollends überzeugen. Lucian nimmt einen Standpunkt außerhalb der sozialen Gegebenheiten reich/arm ein. In seinen »Totengesprächen« reflektiert sich in der Vorstellung von der Gleichheit aller Menschen nach dem Tod die Vergeblichkeit irdischen Bemühens. An einem Ausgleich der Geschicke von Reichen und Armen liegt ihm nichts. Sie werden angesichts des großen Gleichmachers Tod völlig nebensächlich. So kann nur jemand denken, der selbst nicht zu den Armen gehört. Jesus dagegen war die Hoffnung der Armen. Ihr Leben im Elend wird nicht unwichtig angesichts der großen Perspektive: Königsherrschaft Gottes, vielmehr gerade ernstgenommen. Genauso ernst und so real, wie die Armen der ältesten Jesustradition ihr künftiges – in Jesus schon angebrochenes – Geschick denken können, genauso real und konsequent vertrauen sie auf die Macht Gottes. Beides gehört für sie unmittelbar zusammen.

IV. Der Freund der Zöllner und Sünder

Um den Sinn der Freundschaft Jesu zu Zöllnern und Sündern in der *ältesten* Jesustradition zu verstehen, darf man sich nicht von der intensiven Ausgestaltung dieser Freundschaft durch das Lukasevangelium den Blick verstellen lassen. Für Lukas steht das Thema der Umkehr/metanoia der Zöllner und Sünder im Mittelpunkt seines Evangeliums. Deutliches Kennzeichen ist die Veränderung Lk 5,32 gegenüber Mk 2,17: Jesus ist – nach Lukas – gekommen, die Sünder *zur Umkehr* zu rufen. Die Buße der Zöllner und Sünder ist für Lk das zentrale *theologische* Thema für die Haltung des Menschen vor Gott – allerdings enthält die Vorstellung der Annahme der Sünder für Lukas *auch* immer die soziale Konkretion: Sünder im sozialen Sinne sind bei Gott gut aufgehoben und zugleich kann man daran sehen, daß Gott sich *jedes* Sünders annimmt.[86] Die theologische Deutung der Nähe Jesu zu Zöllnern und Sündern als Umkehr der Sünder ist eine Besonderheit des Lukasevangeliums. Wenn in der ältesten Jesusbewegung Umkehr gepredigt worden sein sollte, dann hat sich die Umkehrforderung kaum an die Armen, die Zöllner und Sünder gerichtet, deren »Sünde« eher Elend ist als Verbrechen. Die Umkehrforderung der ältesten Jesusbewegung wird sich an Mächtige in Israel gerichtet haben. Doch über diesen Aspekt ihrer Verkündigung sind nur Vermutungen möglich. Eine weitere Eigenart der lukanischen Gestaltung der Freundschaft Jesu zu Zöllnern und Sündern dürfte die Vorstellung sein, daß unter den Zöllnern und Sündern auch wohlhabende Menschen sind: Der Zöllner Zakchäus (Lk 19,1 ff.) ist reich, aber auch der Zöllner Levi ist als wohlhabender Mann vorzustellen, da er ein Haus hat, in dem er ein »großes Gastmahl« veranstalten kann (so verdeutlicht Lk 5,29 die Mk-Parallele, in der nicht deutlich ist, wer denn nun der Gastgeber ist). Auch die Dirne Lk 7,36ff. gehört nicht unbedingt in das Milieu wirtschaftlichen Elends.[87]

Man darf die lukanische Deutung der Freundschaft Jesu zu Zöllnern und Sündern nicht auf die Texte der ältesten Jesustradition projizieren, da man sonst ihre Eigenart gar nicht in den Blick bekommt.[88]

Als Rudimente der ältesten Jesustradition sind in diesem Zusammenhang drei Texte anzusehen: Mt 11,19Q; Mt 21,31 und Mk 2,(13)14-17. Dafür sprechen traditionsgeschichtliche Gründe und die inhaltliche Kongruenz dieser Texte. Zunächst zu den traditionsgeschichtlichen Gründen: Der Vorwurf gegen Jesus, er sei ein Freund der Zöllner und Sünder, ist schon älter als die Logienquelle,[89] für die dieser Vorwurf die Ablehnung Jesu durch das böse Geschlecht dokumentiert. Eine positive Perspektive verbindet die Logienquelle mit diesem Thema nicht.

Auch in Mt 21,31f. steckt ältere Tradition. Für Mt ist das Thema der Zöllner und Dirnen ein Mittel, das Verhältnis des Heidenchristentums zum Judentum darzustellen. Ursprünglich war der Messias zu den Juden gekommen, sie versagten und töteten Jesus. Daraufhin wird ihnen die Herrschaft Gottes weggenommen und denen gegeben, die den Willen des Vaters tun (s. nur 21,43). Die Zöllner und Dirnen sind Exempel für die Heidenchristen: Von ihnen konnte man nicht erwarten, daß sie den Willen des Vaters tun, und doch haben sie ihn getan und sind nun den Juden gegenüber bevorzugt. Da die Zusammenstellung Zöllner und Dirnen für Mt offensichtlich keinen konkreten sozialen Sinn mehr hat, kann man für Mt 21,31 mit vormatthäischer Herkunft rechnen. Vor allem aber die Erzählung vom Zöllner-Gastmahl Mk 2,14-17 kann man für die älteste Tradition über Jesus in Anspruch nehmen, nicht als historisches Protokoll, sondern als »ideale Szene«, die im wesentlichen die historische Situation richtig erfaßt. Mk selbst hat an ihr nur ein abgeleitetes Interesse: Einerseits will er die Entstehung der tödlichen Feindschaft der Pharisäer zeigen, s. 3,6, andererseits die Vollmacht des Menschensohnes, den Sündern die Sünde zu vergeben, s. 2,10. In 2,14-17 (vormarkinisch) sind die Pharisäer jedoch nicht unversöhnliche Feinde Jesu und die Zöllner und Sünder nicht Exempel *aller* Sünder, sondern eine besondere Menschengruppe in einer besonderen sozialen Position. Traditionsgeschichtlich ist Mk 2,14-17 ähnlich zu beurteilen wie Mk 2,23-27; die Erzählung vom Ährenraufen am Sabbat ist ebenfalls vormarkinisch.

Nimmt man die hier aufgezählten Rudimente der ältesten Jesustradition zusammen, so zeigen sie eine markante inhaltliche Kongruenz. In allen drei Texten spiegelt sich ein Konflikt zwischen der Jesusbewegung und irgendwelchen anderen Juden wegen der Zöllner und Sünder. In Mt 21,31 liegt ein scharfer Angriff vor: »Die Zöllner und Dirnen werden euch vorangehen in die Königsherrschaft Gottes«. Man kann nicht mit Sicherheit sagen, ob das nun heißen soll: Sie kommen zuerst in die Königsherrschaft – *dann* ihr, oder: Sie kommen in die Königsherrschaft und ihr *nicht*. Sprachlich ist beides möglich. Der exklusive Sinn wäre sprachlich zwar unwahrscheinlich, aber doch immerhin denkbar.[90] Für die Deutung ist diese Frage jedoch nicht entscheidend. In jedem Fall liegt ein scharfer Angriff vor. Die Vorstellung, wie es den Angeredeten in Zukunft ergehen wird, darf man sich wohl aus der Tradition über die eschatologische Umkehrung der sozialen Geschicke im Analogieschluß holen. Auch dort wird nicht streng logisch das Geschick der Reichen in der Königsherrschaft durchdacht: Sie werden die »Letzten« sein, sie werden hungern, sie werden leer ausgehen, ja sogar: Es ist unmöglich, daß sie in die Königsherrschaft kommen (Mk 10,25). Gemeint ist, daß sie schon hier ihre Portion Glück restlos verbraucht haben. Man sieht, es ist keine wirkliche Alternative darin zu sehen, ob Mt 21,31 exkludierend oder temporal gemeint ist. Es ist in jedem Fall gemeint, daß die Gegner kein Recht mehr haben, Ansprüche zu stellen. Man kann vermuten, daß die Angeredeten eben gerade solche Juden sind, die den Zöllnern und Dirnen das Recht absprechen, auf Gott hoffen zu dürfen. Man sollte allerdings nicht ohne weiteres behaupten, diese Gegner seien Pharisäer. Die Nähe der Pharisäer im 1. Jahrhundert zum einfachen Volk und die Dürftigkeit der Traditionen über eine spezifische Feindschaft der Pharisäer[91] gegen die Zöllner erlauben einen solchen Schluß nicht. Die Zusammenstellung von Zöllnern und Dirnen ist so konkret, daß es ausgeschlossen ist, den Satz Mt 21,31 in irgendeiner Weise in einem übertragenen Sinn zu verstehen, also z. B. ihn als Aussage über den vor Gott sündigen Menschen in einem theologisch reflektierten Sinne anzusehen. Die Elendsgestalten der Dirnen und Zollbediensteten, die jeder gebildete und vornehme Mensch verachtet, werden gerade ihren Verächtern von Gott vorgezogen. Man darf das ruhig auch drastisch ausdrücken: Sie werden euch vor die Nase gesetzt. Der Satz Mt 21,31 ist von bemerkenswerter Deutlichkeit.

Auch Mk 2,14-17 läßt die Konfliktträchtigkeit des Umgangs der Jesusleute mit Zöllnern und Sündern erkennen. Auch Mk 2,14-17 sollte aber nicht so verstanden werden, daß nun gerade Pharisäer

die Gegner der Zöllner, Sünder und ihrer Freunde sind. In Mk 2,14-17 erscheinen die Pharisäer nämlich in einer viel ernsthafteren und nachdenklicheren Haltung. Sie fragen, warum Jesus sich nicht von den Zöllnern und Sündern distanziert und Jesus gibt ihnen eine ernsthafte theologische Antwort, die den Pharisäern den Sinn der Sünderfreundschaft plausibel machen kann: »Nicht die Gesunden brauchen den Arzt, sondern die Kranken. Ich bin nicht gekommen Gerechte zu rufen, sondern Sünder« (Mk 2,17). Jesus ist hier schon derjenige, der zum Mahl in der Herrschaft Gottes einlädt (nicht ein gewöhnlicher Gastgeber) – diese Bedeutung Jesu findet sich allenthalben in der ältesten Jesustradition. Hier wird nun über Zöllner und Sünder gesagt, sie seien »krank« und »Sünder«, d. h. Sünder nicht nur in den Augen der Menschen, sondern auch vor Gott. Für diesen theologischen Sinn spricht die Gegenüberstellung von »gerecht« und »Sünder«. Es wird in theologischen Kategorien geredet. Daß Gott sich über die Sünder erbarmt, ist ein großes Thema auch pharisäischer Theologie[92] und darauf werden die Pharisäer hier angesprochen. Ihr sagt doch selbst, daß Gott gerecht *und* barmherzig ist. Er erbarmt sich über die Sünder. Nur daß *diese Zöllner* und *Kriminellen* die »Sünder« sein sollen, wird ihnen überraschend gewesen sein.
Die Pharisäer würden auf der Ebene theologischer Reflexion den Satz Mk 2,17 – abgesehen von seinen christologischen Implikationen – akzeptieren, nicht aber dessen konkrete Interpretation durch die Jesusbewegung. Weil sie wie Theologen meist von Gott her gedacht haben, vor dem kein Mensch sagen kann, daß er kein Sünder ist. Wie in Mk 2,27 werden hier die Pharisäer auf ihre eigene Theologie angesprochen.[93] Sie werden mit ihrer Frage nicht abgewiesen, es wird um sie geworben. In der ältesten Jesusbewegung sind die Pharisäer noch nicht die Repräsentanten des christenfeindlichen Judentums, sie sind nicht *die Gegner* Jesu. Sie sind Gesprächspartner im Judentum, mit denen die Jesusleute ernsthaft sprechen können und von denen sie offensichtlich annehmen, daß sie ihren Weg verstehen und ihren religiösen Anspruch vielleicht sogar billigen können. Dieses Bild vom Verhältnis der ältesten Jesusbewegung zum Pharisäismus ergibt sich auch aus Mk 2,23-27. Es hat alle historische Wahrscheinlichkeit für sich: Die Pharisäer waren noch nicht die Führer des Judentums und sie versuchten wie die Jesusbewegung, wenn auch auf andere Weise, die Not der Gegenwart Israels theologisch zu bewältigen. Dieses Bild hat auch deshalb historische Wahrscheinlichkeit, weil sich zeigen läßt, daß die Schärfe der Pharisäerpolemik erst in die späten Schichten der synoptischen Tradition gehört.[94] Man sollte dieses dann nicht mehr

reale negative Pharisäerbild nicht nach Palästina und in die älteste Jesusbewegung rückprojizieren. Die älteste Jesusbewegung beruft sich auf das Gesetz (s. Mk 2,25) und spricht die Pharisäer *positiv* auf ihren Glauben an (Mk 2,27.17).

Daß Jesus als »Freund« der Zöllner und Sünder bezeichnet wird (Mt 11,19Q), bestätigt das Bild. Dieser Vorwurf bestätigt die Solidarisierung der Jesusleute mit Zöllnern und Sündern, deren eindeutiger Ausdruck in dieser Gesellschaft die Mahlgemeinschaft ist. Er bestätigt auch den Konflikt wegen dieser Solidarisierung.

Wie soll man sich die Vorgänge in der ältesten Nachfolge Jesu historisch vorstellen? Die Träger dieser Bewegung waren arme Juden. Unter ihnen befanden sich auch Zöllner, Sünder und Dirnen. Die Solidarität dieser Menschen, die Jesus symbolisiert und wohl auch verursacht hat, hörte nicht auf, wenn jemand auf seinem Elendsweg schon schuldig geworden war. Man muß sich die Freundschaft mit Zöllnern und Sündern nicht als demonstrativen Akt nach außen vorstellen, mit dem Jesus und seine Nachfolger den Mächtigen (oder gar den Pharisäern) einmal zeigen wollen, was sie für Unrecht tun. Zunächst jedenfalls geht es nicht um eine Demonstration. Davon hätten sich die Zöllner und Sünder auch nichts versprochen. Die Jesusleute konnten sie ja nicht durch die eigene soziale Stellung aufwerten. Solche gesellschaftliche Aufwertung hätte an dem Elend eines Zollbediensteten auch nichts geändert.[95] Es geht nicht um eine Demonstration, sondern um eine Gemeinschaft von Menschen, die ihren Lebensbedingungen nach in einer aussichtslosen Situation waren – ganz gleich ob *nur* arm oder *auch* noch Zöllner. Sie bewältigen in Gemeinsamkeit ihr Leben und sind voller Hoffnung auf Gott, in dessen Augen sie nicht die »Letzten« sind, sondern »die Ersten«. Die Jesusbewegung erhebt damit einen ungeheuren religiösen Anspruch. Sie behauptet, daß Gott auf der Seite derer ist, denen es in ihrem Leben am elendsten geht. Sie behauptet, daß er für die Armen und die Zöllner ist, nur weil sie arm sind, verkommen und verachtet. Sie behauptet damit, daß der Gott Israels seine von vielen Juden damals so sehnlich erwartete Herrschaft nun anfangen läßt – ausgerechnet bei diesen Menschen. Damit war ein religiöser Anspruch erhoben, der im Umkreis der jüdischen Religion nicht zu überbieten war. Dieser Anspruch wird die Ursache von Angriffen gegen die Jesusbewegung gewesen sein.

Man griff die Jesusleute an, weil sie Zöllner und Sünder bei sich hatten und nannte Jesus verächtlich einen Freund der Zöllner und Sünder, versuchte ihn damit zu desavouieren – und zwar religiös. – Denn in gesellschaftlichen Kategorien konnte man diese Gruppe

von Armen und Zöllnern kaum desavouieren, sie waren ja schon ganz unten im Elendsquartier. Man konnte aber ihren enormen religiösen Anspruch unglaubwürdig machen.
In der *Folge* dieses Konfliktes erhielt die Solidarität mit Zöllnern und Sündern dann wohl auch einen demonstrativen Charakter nach außen, als nämlich die Jesusleute sich nicht von den Zöllnern und Sündern distanzierten. Warum haben die Jesusnachfolger in ihre Gemeinschaft auch Zöllner und Sünder aufgenommen, warum haben sie sich nicht distanziert?
Diese Frage der Pharisäer Mk 2,16 ist genau die Frage, die man stellen muß. Wo gibt es eine religiöse Bewegung, eine Gruppe mit religiösem Anspruch, die nicht Bedingungen stellt? Daß man z. B. ein bestimmtes Bekenntnis haben muß oder ein bestimmtes Verhalten. Wo gibt es eine durch religiöse Erwartung definierte Gruppe, die sich nicht exklusiv versteht, – als heiliger Rest z. B., der in der verlorenen Masse der Gottlosen das Fähnlein der Wahrheit hoch hält? Offensichtlich haben diese Leute solche Exklusivität – wie immer sie auch vorgestellt und vollzogen wird – abgelehnt und sind deshalb angegriffen worden. Eben diese Nicht-Exklusivität zeigt die Tradition von Jesu Nähe zu Zöllnern und Sündern.[96] Sie behaupten einerseits, die Herrschaft Gottes beginne. Sie behaupten, daß die Armen dort nicht mehr zu kurz kommen werden – und sie versuchen nicht, ihren hohen religiösen Anspruch durch Exklusivität zu sichern. Das ist eine Eigenart der Jesusbewegung, die übrigens große Kontinuität bewahrt hat, da das Verständnis der Feindesliebe in der Logienquelle eine ähnliche Struktur zeigt.
Warum waren die Jesusleute gegen die Sicherung religiöser Ansprüche durch Exklusivität? Auch wenn dazu eine explizite Antwort in den Texten nicht vorliegt, die Frage läßt sich beantworten: Es liegt an ihrer Erwartung der Königsherrschaft Gottes, es liegt an ihrer Gottesvorstellung. Daß Gott herrscht, diese Vorstellung hat einen – für Israel – universalen Charakter. Ganz Israel hat es mit diesem Gott zu tun. Er hat Verheißungen für Israel gesprochen und angesichts des grauenhaften Elends um die Mitte des 1. Jahrhunderts haben sich Arme mit Zöllnern und Sündern in Israel zusammengefunden und dieses Israel bei seinem Gott behaftet. Den Armen wird das Evangelium verkündigt – Gottes Verheißung wird jetzt wahr. Wenn es etwas bedeutet, daß Gott der Gott *ganz* Israels ist, dann heißt das, daß *jetzt* die Armen den Vorrang haben. Der universale Anspruch der Herrschaft Gottes wird nicht explizit formuliert, er ist mit den Worten »Gott herrscht« schon gegeben. Die Jesusbewegung ist nur zu verstehen und zu erklären aus dem Gottesverständnis des Alten Testaments und des Judentums.

Gott ist dabei auch der Gott der jüdischen Gegner der Jesusleute – auch und gerade in ihren Augen; Gott ist auch der Gott der Reichen – auch in den Augen der Armen. Aber wenn es wahr ist, daß Gott der Herr aller ist, dann wird seine Verheißung zuerst an denen wahrgemacht, deren faktisches Leben der Verheißung Gottes auf unversehrtes Leben am fernsten ist: Selig sind die Armen. Die Zöllner und Sünder werden euch vorangehen in die Königsherrschaft Gottes.
In den folgenden zwei Kapiteln wollen wir die Frage zu beantworten versuchen: Wie ist es mit der Jesusbewegung weitergegangen? Dabei konzentrieren wir uns auf zwei wichtige Beispiele: Die sogenannte Logienquelle und das Lukasevangelium. Die Frage nach der Kontinuität bzw. Diskontinuität in der Geschichte der Jesusnachfolge darf allerdings bei der Erfassung der historischen Eigenart verschiedener Stadien der Jesusnachfolge nicht vorschnell gestellt werden. Zunächst kommt es darauf an, die historische Besonderheit der Jesusnachfolge an ihrem Ort und zu ihrer Zeit zu analysieren.

Kapitel 2
Schafe unter Wölfen
Die Wanderpropheten der Logienquelle

Die Logienquelle hat eine lange Karriere als Objekt historischer Untersuchungen hinter sich, bisher aber viel zu selten theologisches Interesse gefunden. Die Auseinandersetzung mit ihr bietet eine wichtige Möglichkeit zur Klärung elementarer theologischer Entscheidungen trotz der zunächst ins Auge fallenden Fremdheit des Lebens ihrer Trägergruppe. Die Träger der Logienquelle sind nämlich nichtseßhafte Prediger eines baldigen Weltendes. Aus dem Kontext ihres Lebens und ihrer Jesusbotschaft stammen zentrale Texte zu Fragen des Besitzes: »Wo dein Schatz ist, da ist dein Herz« (Mt 6,19-21Q),[1] »ihr könnt nicht Gott dienen und dem Mammon« (Mt 6,24Q), »gib uns heute unser Brot« (Mt 6,11Q) und vor allem »sorget nicht für eure Seele, was ihr essen sollt . . . « (Mt 6,25-33Q). In der Logienquelle selbst wird der Lebenszusammenhang, in den sie gehört, wie auch der Kontext der Jesusbotschaft dieser Wanderprediger sichtbar. Die sonstigen Inhalte ihrer Jesusbotschaft sind mit der Stellungnahme zum Besitz inhaltlich fest verbunden. Ablehnung des Mammonsdienstes, Feindesliebe, Gerichtspredigt gegen die Zerstörer der Hoffnung und die Vorstellung, daß Gott Vater und Schöpfer ist und daß er durch das Auftreten Jesu die Welt zum Guten geändert hat, gehören hier eng zusammen.

Wie wir gesehen haben, ist die Logienquelle selbst auch schon wieder Überlieferer älterer Jesustradition. Vor allem ist in diesem Zusammenhang an die Seligpreisungen der Armen zu erinnern, die ja ursprünglich in einem älteren Kontext von Jesusnachfolge zu Hause gewesen sind und die die Logienquelle sich aneignet und für sich aktualisiert durch die Seligpreisung der verfolgten Jünger (Mt 5,11f.Q). *Die Jünger* sind nun die von Jesus seliggepriesenen Armen. Ob bei den oben genannten Texten über den Umgang mit Besitz auch schon ältere (Q vorausliegende) Jesustradition vorliegt, ist nicht mehr auszumachen.

Unter »Logienquelle« (»Q«) wird hier folgendes verstanden: Eine schriftliche Sammlung von Verkündigungsworten, die direkt oder indirekt Mt und Lk bekannt war und von ihnen neben Mk benutzt worden ist. Methodisch ist u. E. folgender Weg zuverlässig: Zunächst hat man als Bestandteile der Logienquelle solche Texte anzusehen, die bei Mt und Lk inhaltlich so übereinstimmend überliefert sind, daß sich schon aus den Übereinstimmungen eine klare Aussage ergibt. Stilistische Abweichungen zwischen Mt und Lk und leicht und einwandfrei erkennbare theologische Eingriffe von Mt und Lk kann man in diesen Fällen vernachlässigen. Ein Beispiel für solche relativ unstrittige Q-Rekonstruktion ist Mt 6,25-33Q. Parallelüberlieferungen bei Mt und Lk freilich, die schwerer einen Zugang zu ihrer Gestalt in Q ermöglichen, und vor allem Sonderüberlieferungen bei Mt und Lk, die man für Q in Anspruch nehmen möchte, müssen inhaltlich ihre Zusammengehörigkeit mit der Logienquelle erst erweisen. Z.B. wird die Verurteilung der Reichen Lk 6,24-26, obwohl dieser Text literargeschichtlich und traditionsgeschichtlich in Q gestanden haben könnte, hier nicht für die Rekonstruktion der Q-Predigt in Anspruch genommen, da die Gerichtspredigt gegen die Reichen in Q kaum ihre originale Heimat hatte (so wenig wie die Seligpreisung der Armen). Denn die Vorstellung einer eschatologischen Umkehrung wird in Q nur sekundär verwendet und gehört nicht zu den zentralen Inhalten. Es soll hier also nicht um ein literarisch vollständiges Bild von Q gehen, sondern um die Schwerpunkte der Verkündigung einer bestimmten Gruppe von Jesusnachfolgern, die sich inhaltlich trotz der verwickelten Überlieferungslage zu einem klaren Bild zusammenfügt. Denn eben dieses, – so erstaunlich es klingen mag – ein klares und sehr profiliertes Bild einer Jesusverkündigung ergibt sich aus der Summe der eindeutigen Logienquellentexte. Daß die Logienquelle eine literarische Vorgeschichte und vor allem eine literarische Nachgeschichte (z. B. in Gestalt von »Redaktion«) gehabt hat bis hin zu ihrer Verwendung durch Mt und Lk, ist anzunehmen. Hier soll es jedoch nicht um das literarische Schicksal der Logienquelle gehen, sondern um die Auseinandersetzung mit ihren zentralen Inhalten, die, wie ihre inhaltlichen Beziehungen untereinander zeigen, im wesentlichen in eine einheitliche Entstehungssituation gehören – oder doch, falls sie schon älter sind, in diesem Lebens- und Verkündigungszusammenhang einen prägnanten Sinn erhalten haben.

I. Gottvertrauen als Lebensweise

1. Die Sorgen der kleinen Leute und die Logienquelle

In der Logienquelle werden Sorgen der kleinen Leute ausgedrückt. Dies kann man sich auf zwei Wegen klarmachen. Einmal indem man zunächst versuchsweise den Q-Text über die »Sorgen« in den realen Zusammenhang stellt, der etwa in Mt 20,1-16 sichtbar wird, zum anderen dadurch, daß man aus dem Gedankengang des Textes selbst – also exegetisch – dieses Ergebnis überprüft.

Auf dem Markt einer kleinen Stadt in Galiläa ist es neun Uhr vormittags geworden. Ein Landarbeiter steht in einer Gruppe von Kollegen. Sie warten auf Arbeitsaufträge, obwohl es eigentlich nichts mehr zu erwarten gibt, denn die Bauern holen sich die Hilfsarbeiter für den Tag schon früh am Morgen. Der Landarbeiter grübelt: Was sollen wir essen? Zwar ist Getreide oder gar Bäckerbrot in Jerusalem noch teurer als hier in diesem Städtchen, aber bezahlen können wir es nicht, wenn ich heute nichts verdiene. Was sollen wir trinken? Sogar das Wasser kostet seit einigen Monaten Geld, seit die gute Quelle versiegte! Was sollen wir anziehen? Wir haben ja schon nur noch Lumpen am Leib, aber der Rest von Selbstachtung ist dahin, wenn man sich nicht mal am Sabbat sauber anziehen kann. Kleidung ist ohnehin unsinnig teuer. Wenn es mir in dieser Saison noch dreimal passiert, daß ich für den Tag keine Arbeit finde, dann wird meine Familie in Not geraten. Dann hat der Hunger uns fest in der Hand, aus der es kein Entrinnen mehr gibt. Wer erst unterernährt ist, ist bald so schwach und elend, daß er überhaupt nicht mehr arbeiten kann. Die paar Almosen, die man erwischt, reichen gerade zu einem Leben als halbkranker Vagabund.

Nach allem, was wir über das Leben der zahlreichen Landarbeiter (und Kleinbauern) in Palästina im 1. Jahrhundert wissen, kann diese erfundene Ausmalung der Situation von Mt 20,1-16 als zutreffende Situationsschilderung angesehen werden. Überhaupt können das Gleichnis von den Arbeitern im Weinberg Mt 20,1-16 und das Gleichnis vom Schalksknecht Mt 18,23-25 als Beschreibung der sozialen Realität Palästinas gewertet werden. Der »doulos« von Mt 18,23-35, der 100 Denare schuldet, ist (noch) nicht Sklave im juristischen Sinne, er ist ein abhängiger Bauer, der schon so verschuldet ist, daß nur noch ein kurzer Schritt ihn und seine Familie von der Versklavung trennt. Der »ergatēs« von Mt 20,1-16 ist ein Tagelöhner, der sogar die Sklaven noch beneiden kann. Denn die auf dem Hof ansässigen Sklaven brauchen wenigstens nicht die dauernde Angst um das Brot für den Tag auszustehen; sie sind nicht so kurzfristig mit dem Verlust des Existenzminimums bedroht. Erst wenn sie krank oder alt sind, kann es ihnen passieren, auf die Straße gesetzt zu werden. Mt 20,1-16 und Mt 18,23-35 (d.h. die sogenannten Bildstoffe dieser Gleichnisse) leisten eine Darstellung der sozialen Lage der auf dem Lande arbeitenden

Bevölkerung, und d.h. eines wesentlichen Teiles der Bevölkerung.[2]

Auch die wenigen Großgrundbesitzer und reichen Bauern haben Sorgen, aber in den Sorgen von Mt 6,25-33Q würden sie *ihre* Sorgen kaum angesprochen sehen. Die schlaflose Sorge der Reichen war in der Antike geradezu sprichwörtlich. Sie sorgen sich, Diebe könnten ihr Geld stehlen, die Faulheit der Arbeiter könnte sie ruinieren, ihre Getreidevorräte könnten verderben.[3] Man empfahl den Reichen in Philosophenkreisen, sie sollten die Sorglosigkeit des einfachen Lebens annehmen. Luxuskleider und verfeinerte Speisen seien keine echten Bedürfnisse. Schlichte Kleidung, Getreide, Bohnen und klares Wasser genügten eigentlich zum glücklichen Leben. Nehmt euch ein Beispiel an euren Idealen: Sokrates oder Diogenes v. Sinope und Krates![4]

So mancher reiche Mann war den philosophischen Moralpredigern dankbar. Er versuchte, gelassener mit seinem Besitz und seinen Sorgen umzugehen. Ja, stürmische junge Männer aus wohlhabenden Familien kamen sogar auf die Idee: Sollten wir nicht selbst wie Sokrates und Diogenes leben? In Wirklichkeit, nicht nur im Kopfe, wie der Vater das macht. Aber nach der ersten Nacht im Freien war der heroische Entschluß vergessen. Man konnte sich nun auf einmal vorstellen, daß der hochherzige Entschluß schlimme Folgen haben könnte: Krankheit, Hungertod. Epictet verspottet solche jungen Männer: Du zitterst wohl, Dir könnte das Existenzminimum fehlen? Du weißt doch, im schlimmsten Fall führt der Mangel zum Tod. Nimm Dir ein Beispiel an flüchtigen Sklaven, die ja auch von der Hand in den Mund leben und heimatlos sind. Bist Du feiger als flüchtige Sklaven? »Also Du fürchtest den Hunger, wie Du meinst? In Wirklichkeit fürchtest Du nicht den Hunger, sondern daß Du keinen Koch mehr hast, keinen Sklaven, der Dir die Zukost bereitet, Dir die Schuhe bindet, Dir die Kleider anzieht.«[5] Aber Epictet hat leicht reden, denn er kennt das Leben der flüchtigen Sklaven und der Bettler, über das er in diesem Zusammenhang redet, auch nur von außen. Die jungen Männer, die vor dem einfachen Leben als Ernstfall zurückschreckten, hatten völlig recht. Der Entschluß zum einfachen Leben in freiwilliger Wanderschaft war riskant und ist von wohlhabenden Menschen nur selten vollzogen worden. Viel häufiger schwärmte man nur in den guten Häusern vom einfachen Leben. Das gehörte bei den einigermaßen Gebildeten zum guten Ton.

Wer ein schlechtes Gewissen wegen der Lücke zwischen Theorie und Praxis bekam, der nahm dann schon mal zu Suppe und Nachtlager einen schmutzigen, bärtigen Wanderphilosophen mit.

Auch wenn er sich denken konnte, daß der lauter Lügen erzählte von seinem edlen Besitzverzicht, als er Familie und Heimat verließ. Denn in Wirklichkeit waren zahlreiche Arbeitslose, ehemalige Handwerker und Tagelöhner, die »mit aller ihrer saueren Arbeit kaum das tägliche Brot verdienen«, in die Maske der Wanderphilosophen geschlüpft – in der Hoffnung, auf diese Art bettelnd besser zu leben als vorher.[6]

So bleibt es beim sorgenreichen Leben der Reichen, es sei denn, daß sie es lernen, in Gelassenheit und innerer Distanz mit ihrem Besitz und ihren Sorgen umzugehen und so die Sorglosigkeit des einfachen Lebens wenigstens in der inneren Haltung zu verwirklichen.

Die Sorgen der Tagelöhner (bzw. Kleinbauern) und die Sorgen der Reichen sind nicht dieselben. Denn die Tagelöhner müssen sich um das Existenzminimum sorgen. Gerade von dieser elementaren Sorge redet Mt 6,25-33Q. Die Bedeutung der Sorge um das tägliche Überleben kann für diese Zeit nicht überschätzt werden: Wie das obige Lucian-Zitat zeigt, war nicht nur in Palästina das Existenzminimum gefährdet. Für Palästina hat A. Ben-David errechnet, »daß für das Existenzminimum von 200 Denaren zur Zeit der Mischna 2400 Laib Brot gekauft werden konnten. Der Tagelohn eines Landarbeiters von einem Denar hatte demnach eine Kaufkraft von 12 Broten, und da er bis zu 200 Tagen im Jahr arbeiten konnte, erreichte sein Verdienst gerade das Existenzminimum. Bei einer sechsköpfigen Familie reichte das Minimaleinkommen von 200 Denar zum Erwerb von jährlich 400 Laib Brot pro Kopf der Familie, d. h. von einer täglichen Kalorienmenge von 1400 Kalorien. Eine so niedrige Kalorienmenge liegt an der unteren Grenze menschlichen Nahrungsbedarfs.«[7] Das Bewußtsein, am Rande des Existenzminimums zu leben, spricht auch aus folgendem Rabbinenspruch: »Wer ›heute‹ Brot in seinem Korbe hat, und spricht, was werde ich morgen essen, der ist nichts anderes als ein Kleinmütiger.«[8]

Den Zusammenhang der Logienquelle mit dem Leben der kleinen Leute kann man auch sonst beobachten, nicht nur in Mt 6,25-33Q. Wie weit der Tagelöhner von der Gesellschaft der Reichen entfernt lebte, wird beiläufig in einem Q-Logion deutlich, das über das Verhältnis der jüdischen Bevölkerung zum Täufer spricht: »Was seid ihr hinausgegangen zu sehen? Einen Mann in feine Kleider gekleidet? Siehe, die da feine Kleider tragen, sind in den Häusern der Könige!« (Mt 11,8Q).[9] Schließlich hattet ihr ja nicht die absurde Vorstellung, in der Wüste einen reichen Mann bestaunen zu können, ihr wolltet einen Propheten sehen. Auch die Metaphorik der Logienquelle spiegelt in ihrer Auswahl der Bilder die soziale

Realität des kleinen Mannes: Gott erläßt Schulden (Mt 6,12Q). Und die kleine Szene Mt 5,25 f.Q, deren theologischer Bezug für Q nicht mehr ganz eindeutig ist, schildert Alltagserfahrung der kleinen Leute: »Sei dem, der dich verklagen will, willfährig – schnell – solange du mit ihm noch auf dem Wege bist, auf daß er dich nicht dem Richter überantworte, und der Richter dem Büttel und du ins Gefängnis geworfen werdest. Amen ich sage dir, du kommst von dort nicht heraus, bis du den letzten Heller bezahlt hast« (Übersetzung A. v. Harnack).[10]

Sozialhistoriker beklagen sich gelegentlich zu Recht, daß man aus antiken Quellen so wenig über das Leben und vor allem die Sorgen der Mehrheit der Bevölkerung, der Armen, Sklaven, Landarbeiter und Bauern erfährt.[11] Bedenkt man diese Quellenlage, so wird deutlich, daß gerade die synoptischen Evangelien auch ein *historisches* Dokument von seltenem Wert sind. Denn besonders die aus der Logienquelle und der älteren Jesustradition stammenden Stoffe beziehen sich auf die Alltagserfahrungen der kleinen Leute, die meist in der Geschichtsschreibung vergessen werden.

2. Die Mahnung zu Sorglosigkeit und Furchtlosigkeit Mt 6,25-33Q; 10,28-31Q

Für das Verstehen von Mt 6,25-33Q ist es wichtig, sich unseren sozialen Abstand von diesem Text klarzumachen. Der Wohlstand der Interpreten führt, wie die Auslegungsgeschichte zeigt, oft dazu, Texte der Jesustradition weniger konkret zu nehmen als sie gemeint sind. Die Sorge von Mt 6,25-33Q wird dann unter der Hand zur Sorge in irgendeinem übertragenen Sinn. Zur Sorge z. B., die auch den wohlhabenden europäischen Christen ergreift, wenn er an die eigene Zukunft oder die der Kinder denkt. Auch die existentiale Interpretation im Sinne Bultmanns ist solch ein hermeneutischer Zugang zu dem Text der Jesustradition, der auf dem Wege der Abstraktion die konkreten sozialen Bezüge schon unter der Hand übersetzbar macht. Bultmann versteht die Sorge Mt 6,25-33Q als Meta-Sorge: »Daß sich natürlicher Weise jeder Mensch sorgt für sich, für sein Leben, daß es ihm um sich selbst geht und daß er deshalb immer auf etwas aus ist.«[12] Die Konkretion dieser Abstraktion ist dann nicht mehr unbedingt die nackte Angst ums Existenzminimum.

Daß die Angst der kleinen Leute Thema dieses zentralen Textes der Logienquelle ist, wurde oben bisher vor allem durch das Nebeneinanderstellen der sozialen Realität und des Textes gezeigt. Zum selben Ergebnis kommt man jedoch auch auf exegetischem Wege.

Vor allem wenn man die Mahnung zur Sorglosigkeit in ihrem *literarischen* Kontext, der Logienquelle, beobachtet. Sie gehört eng zusammen mit der Mahnung zur Furchtlosigkeit in der Verfolgung. Beide Texte sind auf vielfältige Weise miteinander verbunden.

Mt 10,28-31Q

»Fürchtet euch nicht vor denen, die den Leib (sōma) töten, die Seele (psychē) aber nicht töten können. Fürchtet vielmehr den, der Seele und Leib in der Geenna vernichten kann. Kauft man nicht zwei Sperlinge für einen Heller? Und nicht einer von ihnen fällt zur Erde ohne unseren Vater. Alle eure Haare auf dem Kopf sind gezählt. Fürchtet euch nicht. Ihr unterscheidet euch von einer Menge Sperlinge.«

Mt 6,25-33Q

»Deshalb sage ich euch: sorgt nicht für eure Seele (psychē), was ihr essen sollt, und nicht für euren Leib (sōma), was ihr anziehen sollt. Ist nicht die Seele mehr als die Ernährung und der Leib mehr als die Kleidung?

Sehet die Vögel des Himmels, sie säen nicht, sie ernten nicht, sie bringen nichts in Scheunen, aber Gott ernährt sie. Unterscheidet ihr euch nicht sehr von ihnen?

Wer von euch kann seiner Lebenslänge durch Sorgen eine Elle zusetzen?

Und warum sorgt ihr euch wegen der Kleidung? Betrachtet die Wiesenblumen, wie sie wachsen. Sie arbeiten nicht und spinnen nicht. Ich sage euch, daß auch Salomo in aller seiner Pracht nicht so angezogen war wie eine von ihnen.

Wenn Gott das Gras auf dem Feld, das heute da ist und morgen verheizt wird, so anzieht – um wieviel mehr euch, ihr Kleingläubigen! Sorgt also nicht, ›was sollen wir essen?‹ oder ›was sollen wir trinken?‹ oder ›was sollen wir anziehen?‹ Dieses alles erstreben die Heidenvölker. Euer Vater weiß, daß ihr dieses alles braucht. Trachtet nach seiner Königsherrschaft, dann werdet ihr dieses alles als Dreingabe erhalten.«[13]

Beide Mahnungen führen einen Beweis aus der Natur auf den Menschen a minore ad maius (vom Geringeren auf das Größere) für die Fürsorge Gottes.

Sperlinge – die billigsten eßbaren Vögel, der Braten des kleinen Mannes,[14] die Haare auf dem Kopf; die Vögel des Himmels; die Wiesenblumen/das Gras – sie alle beweisen Gottes Fürsorge bis in die letzte Ritze der Natur, mag das Lebewesen noch so klein und vergänglich sein.

Versehentlich wird die Natur hier oft als *Vorbild* für das geforderte *Verhalten* angesehen. Das hängt auch damit zusammen, daß in der moralisch-philosophischen Literatur der Antike oft so argumentiert wird: Z. B. nehmt die Ameisen als Vorbild für Fleiß (Prov 6,6ff.). Überhaupt zeigt sich in diesen Texten, daß literarische Motive antiker Literatur bekannt sind. Allerdings werden sie sehr eigenwillig verwendet, siehe nur zu Mt 6,29f.Q (über Salomos Pracht) die folgende Motivparallele:

»Es erzählten einige, Kroisos habe sich in vollem Schmuck auf seinem Thron niedergelassen und ihn (Solon) gefragt, ob er je ein schöneres Schauspiel erblickt. ›Allerdings‹, erwiderte er, ›Hofhähne, Fasanen und Pfauen, denn sie strahlen im Glanze natürlichen Schmuckes, der tausendmal schöner ist‹.«[15]

In Mt 6,29f.Q soll bewiesen werden, daß Gott für die Menschen sorgt, wo er doch sogar die Blumen so prächtig ausstattet, daß sie Salomos Pracht überlegen sind. In der kleinen Szene mit Kroisos soll gezeigt werden, daß die Natur dem Luxus überlegen ist. Die Urheber der Mahnungen zu Sorglosigkeit und Furchtlosigkeit verfügen zweifellos über eine gewisse literarische Bildung. Allerdings stellen sie diese Bildungstrümmer in den Zusammenhang sehr eigenständiger Gedanken, so daß – wie hier in dem Salomo/Kroisos-Motiv – der Gedanke etwas schief wird. Die Luxuskritik ist in Mt 6,29Q ein eigentlich überflüssiges Beiwerk, das durch das literarische Motiv hervorgerufen wird. Ziel des Gedankens ist V. 30.

In beiden Texten wird mit der Seele/Leib-Anthropologie gearbeitet. Der Gedanke ist jedesmal ganz klar und eigenständig: Die Macht der Menschen, die euch töten können, ist gering gemessen an der Macht Gottes. Die Menschen haben nicht Macht über den *ganzen* Menschen, diese Macht hat nur Gott (Mt 10,28Q). Mt 6,25Q sagt dasselbe wie Mt 4,4Q (Dtn. 8,3b): *»der Mensch lebt nicht vom Brot allein.«* »Sorgt nicht für eure Seele, was ihr essen sollt« soll parallel (in einem synonymen, nicht synthetischen Parallelismus) mit der nächsten Zeile gelesen werden. Seele und Leib bezeichnen beidemal pars pro toto den *ganzen* Menschen. *Der Mensch ist mehr als Essen und Kleidung* – darauf soll der Gedanke hinaus. Gemessen an antiken Verwendungen von Leib/Seele-Anthropologien entsteht geradezu ein Unding: Die Verbindung sōma/Kleidung in Mt 6,25Q und die rätselhafte Inkonsequenz Mt 10,28Q: Ist nun das sōma mit dem Tode tot oder nicht?[16]

Die Mahnungen zur Furchtlosigkeit und Sorglosigkeit gehören eng zusammen, wie man sieht. *Der Mensch im Angesicht Gottes ist mehr als sein Tod und als Hunger und Not.* Sowenig der mögliche Märtyrertod im übertragenen Sinne gemeint ist, sowenig ist dies die Sorge um Essen und Kleidung. Es sind reale Bedrohungen: Die Angeredeten müssen mit dem Märtyrertod rechnen und sie stehen in der Sorge um das Existenzminimum.

Was haben die Mahnungen nun dem Entsetzen und der Not entgegenzuhalten?

Die Mahnungen fordern die Haltung bedingungslosen *Vertrauens zu Gottes Macht und Fürsorge.* Gottesfurcht und Gottvertrauen sind identisch. Er fällt die Entscheidung über die Lebenslänge (Mt 6,27Q); wenn ihr den Märtyrertod sterbt, dann ist es sein Wille (Mt 10,29-31Q), denn nicht mal ein Sperling stirbt ohne seinen Willen. Ihr müßt euch als Menschen verstehen, die vor Gott stehen, und deshalb mehr sind als die Not, die nach ihnen greift. Die Gefahr wird nicht geleugnet. Es wird nicht gesagt: Es wird euch schon

nichts passieren. Die Gefahr ist eine reale Bedrohung. Aber: Laßt euch nicht fertigmachen, werdet nicht zu Objekten der Not, die euch ängstlich und hilflos macht. Die Befreiung von der Not (Märtyrerangst und Sorge um das Existenzminimum) kann nicht radikaler gedacht werden: Der Mensch lebt nicht vom Brot allein; der Mensch ist mehr als sein Tod; der Mensch ist mehr als Essen und Kleidung. Man fragt sich zögernd: War dies aber nur die *gedachte Befreiung?* – die perfekte *Illusion* (ein wenig klingt so manche Deutung danach, z.B. Bultmann ThWNT IV 596: Alles wie bisher tun, nur ohne Sorgen).
Die Jesusnachfolger der Logienquelle haben dieses Gottvertrauen in ihrem Alltag zu leben versucht. Ganz besonders deutlich ist dies für die wandernden Boten Jesu, deren Lebensweise in der Botenrede nach Q deutlich wird. Aber auch seßhafte Jesusnachfolger leben gemäß den Forderungen der Logienquelle, wie noch zu zeigen sein wird.

3. Die Botenrede in der Logienquelle[17]

»Die Ernte ist groß, der Arbeiter (ergatai) aber sind wenige. Bittet also den Herrn der Ernte, daß er Arbeiter in seine Ernte sende« (Mt 9,37f.Q→Lk 10,2b).
Die Ernte ist Metapher für die Königsherrschaft Gottes, die Arbeit der Boten ihre prophetische Aufgabe. Man kann fragen, ob es wohl Zufall ist, daß das Bildmaterial der Metaphorik im Kontrast zur sozialen Realität steht: Da dürften viele Arbeiter (ergatai) arbeitslos geblieben sein und die Ernte selten als groß empfunden worden sein, weil Nahrung so knapp war. In den Ohren der Beteiligten mußte dieser Spruch so klingen: Hier werdet ihr gebraucht.

»Siehe, ich sende euch wie Schafe mitten unter Wölfe« (Mt 10,16aQ →Lk 10,3).
Das soll heißen: Ihr seid gefährdet und wehrlos. Vielleicht ist bei den Urhebern und Adressaten des Spruches auch das Bewußtsein dafür vorhanden, daß die Metapher vom Schaf unter Wölfen sonst gelegentlich die Existenz des kleinen Israel unter den Völkern beschreibt. Und nun sollen auf einmal Israeliten selbst die Wölfe sein,[18] wie die Gerichtspredigt (s.u.) zeigt. Die Wehrlosigkeit ist für die Logienquelle Bestandteil ihrer Feindesliebepraxis (dazu s.u.).

»Tragt kein Geld,
keinen Proviantsack,

keine zwei Gewänder,
keine Schuhe,
keinen Stock.«
(Mt 10,8-10Q→Lk 10,4 cf. 9,3; 22,35; Mk 6,8f.)

Die Boten haben kein Geld, können also kein Essen kaufen. Sie haben keinen Vorratsbeutel, können also keine Nahrungsmittel aufbewahren und stehen jeden Tag von neuem vor der Unsicherheit, wovon sie leben werden. Sie haben kein zweites Untergewand (chitōn = tunica) auf die Wanderung mitgenommen, obwohl selbst der Ärmste noch versucht, ein zweites sauberes Untergewand zu haben. Das Obergewand, das zugleich als Schlafdecke dient, ist ohnehin für arme Leute meist zu teuer.[19] Sie haben keine Schuhe an, was bei den felsigen und dornigen Wegen mühselig und gefährlich ist. Selbst die Bettler versuchen, wenigstens noch zerlumpte Sandalen zu haben. Sogar der Stock, mit dem man sich gegen Tiere wehren kann, fehlt. Diese (Nicht)-Ausrüstung ist nicht mehr zu unterbieten. Mehr kann man nicht mehr weglassen. Der einigermaßen gutsituierte Wanderer, ein *Reisender,* würde gerade alle diese Dinge mitnehmen und ein *Bettler* müßte schon den letzten Willen, sich durchzubeißen, aufgegeben haben, wenn er Stock, Proviantsack und Schuhe wegließe.

Methodisch ist es wichtig, darauf zu achten, daß man sich die Hilfsmittel zur Deutung dieser (Nicht)-Ausrüstung *nicht* durch *motivgeschichtliche* Suche verschafft (z. B. die Barfüßigkeit: Sie signalisiert Bedürfnislosigkeit in Ps Lucians Dialog »Cynicus«. Also eventuell auch hier?).[20] Vielmehr muß die Deutung das Ensemble der Einzelzüge der Ausrüstungsregel treffen und innerhalb der Logienquelle inhaltliche Begründungen finden.

Die (Nicht)-Ausrüstung ist die Verwirklichung der Mahnung, nicht zu sorgen (Mt 6,25-33Q). Weder um Essen noch um Kleidung noch um Trinken wird mehr gekämpft. Zusätzlich hinzugekommen ist hier nur noch der Verzicht darauf, zu sorgen, wo man nachts schlafen soll. Dies ist das spezielle Problem des nichtseßhaften Menschen, das in Mt 6,25-33Q nicht angesprochen war.

Die Ausrüstungsregel besagt, daß diese Menschen sich auf die Sorge um das Existenzminimum nicht mehr einlassen, sich mit leeren Händen (im wörtlichen Sinn) und nackten Füßen Gottes Fürsorge anheimgeben in vollem Bewußtsein der Gefahren, die sie damit auf sich nehmen (s. die Metapher von den Schafen unter Wölfen und das Bewußtsein der Gefahr in Mt 10,28-31Q; Mt 6,25-33Q s.o.).

Um den Sinn dieser Nicht-Ausrüstung wirklich zu verstehen, muß jedoch der Verzicht auf die Sorge um das Existenzminimum in den

Zusammenhang der gesellschaftlichen Realität gestellt werden. Er muß zusammen gesehen werden damit, daß die Mehrheit der Bevölkerung einen Kampf ums Existenzminimum führt, von dem die Menschen wissen, wie leicht er auch verloren wird. Nur um Nuancen unterscheidet sich die Armut der wandernden Jesusboten von der ihrer (noch) seßhaften Freunde und von dem Leben der Nicht-mehr-Seßhaften, Arbeitslosen und Bettler. Sie haben freiwillig den Zustand der letzten Stufe des sozialen Abstiegs herbeigeführt. Soziologisch von außen betrachtet, also unabhängig von der Intention, die die Boten selbst im Auge haben, gehören diese Wanderer in die große Fluchtbewegung aus sozialen Gründen, die sich wohl für fast alle antiken Gesellschaften belegen läßt.[21] Flucht aus sozialen Gründen schildert Lucians Dialog »fugitivi«, aber auch Hiob: »Vom Wege drängen sie den Armen ab; die Dürftigen im Land verbergen alle sich. Wie wilde Esel in der Steppe ziehen sie aus, vom Hunger ihrer Kinder werden sie getrieben; in dürrer Steppe suchen sie nach Beute« (Hiob 24,4f.).
Man sollte diesen Schritt in die Nichtseßhaftigkeit nicht »Besitzverzicht« nennen. Er ist vielmehr der Versuch, die drückende Sorge um das Existenzminimum im Vertrauen auf Gottes Fürsorge abzuschütteln. Die Befreiung von der Sorge ums Existenzminimum war ein mutiger Schritt. Die Boten verstanden diesen Schritt als Alternative zur Versklavung durch die Armut und zogen als lebendige Vertrauensbeweise für Gottes Fürsorge durchs Land. Gott sorgt für Tiere und Pflanzen. Du bist ein Mensch, Gottes Geschöpf, das mehr ist als Hunger und Tod zerstören kann. Wenn du dabei draufgehst, dann hat Gott das gewollt.
Mt 6,25-33Q, die Ausrüstungsregel und die Bedeutung der Sorge um das Existenzminimum für breite Schichten der Bevölkerung müssen also in gegenseitigem Bezug gesehen werden. Mt 6,25-33Q beschreibt nicht die Sonderexistenz der wandernden Jesusboten gegenüber seßhaften Christen; noch ist die Sorge ums Existenzminimum ein Sonderproblem von Christen. Die Nicht-Ausrüstung ist die Verwirklichung von Mt 6,25-33Q, neben der es genauso die Möglichkeit gab, die Sorge als (noch) Seßhafter abzuschütteln.
Die inhaltliche Eigenart dieses Befreiungsversuches kann ein Vergleich mit der Darstellung eines ernsthaften[22] Kynikers vertiefen. Der pseudolucianische Dialog »Cynicus« beschreibt einen Wanderphilosophen, der recht ähnlich wie die Q-Wanderpropheten lebt: Barfuß, in minimaler Kleidung, nicht-seßhaft, wie die Bettler von der Hand in den Mund lebend. Mit seinem Auftreten will er demonstrieren, daß ein bedürfnisloses Leben eine *Alternative zum Leben der Reichen* ist. Die Bedürfnislosigkeit kann sich die Tiere

zum Vorbild nehmen. Die Reichen sind die Adressaten der Botschaft des Cynicus. Sie sind unersättliche Vielfraße, die die größten Schüsseln beim Gastmahl Gottes (dem Leben) zu sich herüberziehen: »Ihr anderen aber gleichet dem unersättlichen Vielfraß, der alle Schüsseln zu sich zieht . . . Dieses so hochgeschätzte Gold und Silber, diese prächtigen Paläste . . . mit wie vieler Gefahr und Mühe muß euch das alles angeschafft werden! Wie viele tausend Menschen büßen darüber ihre Gesundheit, ihre Glieder und selbst ihr Leben ein!«[23]

Daß ihn jemand mit einem echten Bettler verwechseln könnte, beschäftigt ihn nicht. Nur daß er nicht mehr mit den Wohlhabenden verwechselt werden kann, ist ihm wichtig. Er hat dieses Leben selbst gewählt, sich selbst des Wohllebens beraubt.

Hier demonstriert ein ehemals wohlhabender Mann seiner eigenen Klasse die Alternative zum Luxusleben und dem Ausnutzen der Abhängigen, das der Luxus zur Voraussetzung hat. Obwohl der Text wenig Wert auf den Besitzverzicht des Cynicus legt, wird er als selbstverständlicher Schritt eines solchen Kynikers anzunehmen sein. Dieses Schicksal war sicher die Ausnahme, faktisch ein seltener Fall. Aber hier wird auf imposante Weise versucht, eine Alternative zu leben – allerdings eine Alternative zum Leben der Reichen in Luxus. Auch die Q-Propheten versuchen eine alternative Lebensweise – aber zum Leben der kleinen Leute mit seiner drückenden Angst ums tägliche Überleben.

An dieser Stelle wird es notwendig, sich mit den zwei wichtigsten Deutungen der Q-Wanderpropheten – den Deutungen von P. Hoffmann und G. Theißen – auseinanderzusetzen. Es muß geklärt werden, wo Übereinstimmungen zwischen unserer Deutung und denen von Hoffmann und Theißen vorliegen bzw. wo wir meinen, die Dinge anders sehen zu müssen.

Exkurs: Die Deutung des »Wanderradikalismus« durch P. Hoffmann und G. Theißen

Der Deutung der Ausrüstungsregel durch *P. Hoffmann*[24] ist i.w. zuzustimmen. Er sieht zu Recht den Zusammenhang des Auftretens der Boten mit der gesellschaftlichen Realität – Armut und Gewaltanwendung – und versteht den Verzicht auf Ausrüstung und die Mahnung, nicht zu sorgen als Demonstration des Gottvertrauens und Versuch, den Menschen zu zeigen, wie man die Realität von Armut und Gewalt »bewältigen« kann. Allerdings sieht P. Hoffmann nicht, daß die Sorge ums Existenzminimum das

Schicksal vieler Menschen ist und daß Mt 6,25-33Q darauf Bezug nimmt. Darum versteht er das Auftreten der Boten in demonstrativer Armut als Folge von Besitzverzicht und als demonstrative (antizelotisch gemeinte) Wehrlosigkeit.[25] Diese Darstellung der Boten bringt sie eher in die Nähe des »Cynicus«, der eine Alternative zum Leben der Reichen lebt und sich auch an sie mit seiner Botschaft wendet.

Es wird nicht recht deutlich, worin die Alternative zum Leben der kleinen Leute in Armut besteht, wenn die Boten demonstrativ arm auftreten. Sie treten nicht demonstrativ arm auf – arm sind sie und ihre Klienten ohnehin – sondern *sorglos*, nicht mehr gefesselt von der Existenzangst.

Das Bild, das *G. Theißen*[26] vom Wanderradikalismus zeichnet, paßt vor allem auf die Logienquelle. Er stellt sich in seinem Aufsatz Nov. Test. 1977 folgendes vor:

Palästina gerät im 1. Jahrhundert zunehmend in ökonomische und politische Krisen. Die kleinen Leute leben in wechselnder wirtschaftlicher Bedrängnis (S. 193). Es läßt sich »soziale Entwurzelung« in vielfacher Form beobachten: Emigration, Neusiedlungen, Räuberei, Widerstandskampf und eben Wanderradikalismus. Unter sozialer Entwurzelung versteht Theißen das Verlassen des ursprünglichen Wohnsitzes und den Bruch mit vertrauten Normen (»deviantes Verhalten«, S. 161). Soziologisch betrachtet ist also der Wanderradikalismus eine Form von sozialer Entwurzelung als Folge einer Gesellschaftskrise. Die Krise ist umfassend (s. bes. S. 194), der Wanderradikalismus aber eine »marginale« Folge, getragen von Gruppen am Rande einer sozialen Schicht, die vom Abstieg bedroht ist, von Außenseitern und vor allem Jugendlichen (S. 195). Gegen diese soziologische Einordnung wird sich wenig einwenden lassen. Dieses Bild ist auch gegenüber der Darstellung des Wanderradikalismus durch Theißen in ZThK 1973 eine entscheidende Verbesserung. Damals nämlich hatte Theißen praktisch keine soziologischen Zusammenhänge hergestellt und darum erschienen die Wanderprediger als seltsame Außenseiter einer im übrigen »normal« lebenden Gesellschaft (s. z.B. ZThK 1973, S. 262).

Unsere Einwände richten sich jedoch gegen Theißens Bild vom »Ethos« der Wanderradikalen und gegen sein Bild von dem Verhältnis der Wanderradikalen zur Mehrheit der Bevölkerung. Theißen versteht das radikale »Ethos« als Ausdruck der faktischen Existenz ohne Wohnsitz, ohne Besitz, ohne Familie. Also etwa Mt 6,25ff. (»Sorget nicht«) als Reflex der Existenz »wandernder Charismatiker, die ohne Besitz und Arbeit durch die Lande ziehen«

(ZThK 1973, S. 251).[27] Faktisch leben sie wie Bettler, aber sie verstehen sich anders und grenzen sich auch gegen gewöhnliche Bettelei ab (ZThK 1973, S. 259). Wie die Bettler verzichten sie auf Vorsorge, »interpretieren« dieses Verhalten aber als Gottvertrauen (s. bes. Nov. Test. 1977, S. 186), sie »stilisieren« Bettelei, »wandeln« sie »kreativ« ab (a.a.O. S. 189-195). In ZThK 1973 sprach Theißen von »Bettelei höherer Ordnung« (S. 260). Theißen spricht von einer »religiösen Erneuerungsbewegung«, die zwar gescheitert sei, aber doch neue Orientierungen versucht habe (Nov. Test. 1977, S. 195). Es wird allerdings nicht deutlich, worin die positive Leistung der Gruppe bestand, denn Theißen füllt diese Begriffe nicht. Die inhaltlichen Aussagen über das radikale »Ethos« beziehen sich ausschließlich auf Interpretationen der *eigenen* wandernden Existenz durch die Wanderer, mit der die nichtwandernde Mehrheit der Bevölkerung nichts anfangen kann (s. Nov. Test. 1977, S. 185 und die Aussagen über afamiliäres Ethos ZThK 1973, S. 249; Armutsethos Nov. Test. 1977, S. 177f.). Obwohl Theißen 1977 in seiner soziologischen Betrachtung den Zusammenhang des Wanderradikalismus mit der Situation der Mehrheit der Bevölkerung sieht, gelingt es ihm doch nicht, eine Beziehung zwischen den Jesusnachfolgern und dem Leben der jüdischen Normalbürger herzustellen. Die Wanderradikalen haben den Nicht-Wanderradikalen nichts mitzuteilen, was mit ihrer eigenen Existenz zusammenhängt. Ihre Predigt vor den »Sympathisanten« hat jedenfalls nicht das radikale Ethos zum Inhalt (so muß man ZThK 1973 bes. S. 260; Soziol. S. 19 verstehen). Theißen ist in seinem Aufsatz von 1977 noch behindert durch sein Bild von 1973: Er sieht zwar, daß die Mehrheit der Bevölkerung in ökonomischer Bedrängnis lebt, sieht aber nicht, daß die Wanderradikalen ihre eigene Existenz als Teil ihrer Botschaft an *ganz* Israel verstehen, wie an Mt 6,25ff. zur Logienquelle dargestellt wurde. (Die Sorge »Was sollen wir essen« – die Sorge nicht nur von Bettlern und Wanderradikalen, sondern von *allen* »kleinen Leuten«; die Mahnungen zur Sorglosigkeit als Versuch, den Hunger nicht als Herrn zu akzeptieren). Auch soziologische und religionssoziologische Analysen können nicht auf die inhaltliche Auseinandersetzung mit Textaussagen verzichten; Theißen schließt entweder zu direkt vom Text auf die Situation, ohne die *Intention* und die gesellschaftliche *Funktion* des Textes zu bedenken, oder er benutzt mehrdeutige Wörter zur Bezeichnung der Textintention (z.B. »Armutsethos«; »afamiliäres Ethos«; es wird durchaus nicht klar, was hier »Ethos« heißt, s. dazu auch unten S. 106).

Zurück zur Botenrede. In Lk 10,4bQ (?) wird gesagt: »Und grüßt unterwegs niemanden.« Der Sinn dieser Anweisung ist es zu verhindern, daß die (magisch verstandene) Kraft der Boten als Träger des Segens durch den Gruß gemindert wird.[28] Weiterhin heißt es in der Botenregel:

»In dem Haus, in das ihr hineingeht, sprecht zuerst: Friede diesem Haus. Und wenn dort ein Friedensmensch ist, wird sich euer Friede auf ihn niederlassen. Wenn aber nicht, wird er sich auf euch zurückwenden. In diesem Haus bleibt und eßt und trinkt, was die Leute haben. Der Arbeiter hat nämlich ein Recht auf Lohn. Und geht nicht von einem Haus in das nächste« (Mt 10,11-13Q→Lk 10,5-7; cf. Mk 6,10; Lk 9,4).

Offensichtlich ohne eine Auswahl zu versuchen, betreten die Boten ein Haus und liefern den Frieden ab, den sie tragen, und zwar beim pater familias. Wenn der Friede angenommen wird, ist dieses Haus das Standquartier des Jesusboten. Das Essen, das er dort in Empfang nimmt, ist nicht eine milde Gabe, sondern verdienter Lohn. Dazu ist die Praxis von 2 Kön 4,8-10; Apg 16,15; Josephus, Bell 6,307 zu vergleichen: »Noch segnete er die, die ihm Nahrung gaben« heißt es bei Josephus über Jesus ben Ananias – d.h. er hat als Prophet Anspruch auf Unterhalt. Nun hat der Friedensmensch mit seiner Familie aber u.U. selbst nicht genug zu essen und noch einen Esser mehr. Daß bei der Armut der kleinen Leute Palästinas solch ein zusätzlicher Esser ein wirtschaftliches Problem sein konnte, liegt auf der Hand (vgl. bTaan 23b). Die Nötigung, das Quartier zu wechseln, könnte also wirtschaftliche Gründe haben. Man braucht dabei noch nicht einmal an lange Aufenthaltszeiten zu denken. Der Friedensmensch, der Hausvater, der für sein Haus den Frieden angenommen hatte, war damit sicher Jesusnachfolger. Potentieller Wanderprophet auch er, für den wie für die Wanderpropheten galt, daß die Familienbindung zweitrangig zu sein hat gegenüber der Bindung an den Dienst vor Gott und die Jesusnachfolge (Mt 10,37Q – cf. Mt 8,21Q – betrachtet die Lösung von der Familie aus der Optik des erwachsenen Mannes).

»Und heilt die Kranken in ihm (sc. dem Haus) und sagt zu ihnen: Die Königsherrschaft Gottes ist auf Euch gekommen« (Mt 10,7.8aQ→Lk 10,9; cf. 9,2; Mk 6,12).

Die Aufnahme durch den Hausherrn brachte dem ganzen Hause und damit vermutlich der ganzen Ortschaft den Frieden und den Beginn der Königsherrschaft Gottes: Befreiung von der Sorge und den sichtbaren Beginn des Heiles in der Heilung der Kranken.[29] Daß Annahme oder Ablehnung der Boten unmittelbar Folgen für die ganze Stadt hat, zeigt auch der folgende Spruch:

»Und die euch nicht aufnehmen – geht aus jener Stadt hinaus und

schüttelt den Staub von Euren Füßen« (Mt 10,14Q→Lk 9,5; 10,10; Mk 6,11; cf. Apg 13,51; 18,6; 22,23; Lk 9,52f.).
Die Geste des Staubabschüttelns darf man nicht als Fluchgestus verstehen, der die Ablehnenden schädigt. Sie drückt vielmehr aus, daß die Stadt mit der Ablehnung der Boten Gottes Gericht auf sich gezogen hat und die Boten sie nur noch verlassen können. Sie tilgen die Reste der Berührung mit ihr, gleichsam als könne sonst das kollektive Gerichtsgeschehen auch sie mittreffen, wenn sie noch in der Stadt sind oder ihren Staub an sich tragen.[30]
Zwischen Fluch und Gerichtsrede muß genau unterschieden werden. Die Boten verstehen sich nicht als Richter, die darüber entscheiden, ob das Gericht Gottes die Stadt trifft. Das Gericht wird von ihnen angekündigt, ist aber nicht Instrument in ihrer Hand. Zu fluchen und zu richten haben sich diese Jesusnachfolger ohnehin geweigert (s. u. S. 77ff.).
Schließlich mündet die Botenrede in ein Gerichtswort, das hier stellvertretend diese gewichtige Seite der Praxis der Q-Propheten verdeutlicht: »Wahrlich ich sage euch, an jenem Tage wird es Sodom erträglicher ergehen als jener Stadt« (Mt 10,15Q→Lk 10,12).

Für das Verständnis der Logienquelle insgesamt ist die Geschichte von der Rettung Lots aus Sodom (Gen 19,12ff.; 19,24ff.) hilfreich. In der Logienquelle wird explizit auf den Untergang Sodoms verwiesen: Mt 10,15Q; Mt 11,23f.Q. Lk 17,28f. (»Desgleichen wie es war in den Tagen Lots: man aß, trank, kaufte, verkaufte, pflanzte (und) baute; aber an dem Tag, da Lot aus Sodom zog, ›da ließ er Feuer und Schwefel vom Himmel regnen‹ und vernichtete alle«) ist vielleicht in Analogie zum Q-Spruch Mt 24,37-39Q nachträglich (durch Lk) gebildet worden, aber durchaus der Logienquelle kongenial. Sodom ist für Q das Symbol für den schrecklichen *Untergang einer ganzen Stadt* im Gottesgericht. Die *Verfehlung* Sodoms wird dabei nicht mit der *Verfehlung* der Städte in Israel parallelisiert, deren Untergang die Q-Propheten ankündigen. Denn diese Städte weisen die Jesusboten bzw. Jesus ab – das ist nicht die Verletzung des Gastrechts wie in Sodom, sondern die Abweisung der Botschaft Jesu (anders P. Hoffmann, Studien, S. 283 A. 146; S. 302 A. 50). Wie Lot mit Frau und Töchtern fluchtartig die Stadt verläßt, so schütteln die Jesusboten den Staub der dem Untergang geweihten Stadt von ihren Füßen. Keine Berührung mehr, sonst wird man vom Untergang mit ergriffen – wie Lots Frau, als sie sich umsah. »Rette dich! es gilt dein Leben! Sieh nicht hinter dich und bleibe nirgend stehen im ganzen Umkreis!« (Gen 19,17). Sodoms *Untergang in Schwefel und Feuer* ist der zweite Bezug, der in der Logienquelle eine Rolle spielt: Noch schrecklicher wird es den Städten Galiläas ergehen, den Städten, die die Jesusbotschaft ablehnen. Die Jesusboten haben zugleich die Rolle Lots und die der 3 Männer, die das Unheil ankündigen.

Die Sorge um das Existenzminimum macht den Menschen zu ihrem Opfer, ihrem Sklaven, so daß er nur noch das denken, fühlen und tun kann, was diese Sorge ihm befiehlt. Dieser Sorge setzen die Jesusanhänger der Logienquelle ihre Utopie entgegen: Der Mensch ist mehr als Nahrung und Kleidung (Mt 6,25Q). Was der Mensch wirklich ist, das sieht man, wenn man ihn vor Gott sieht. Die Angst vor Verfolgung, Gehässigkeit und vielleicht sogar Tod durch Menschen hat schon manchen Jesusbekenner in die Knie gezwungen. Die Angst hat ihn in die Hand bekommen, so daß er nicht mehr gewagt hat zu sagen, daß er auch zu den Jesusleuten gehört, daß er nicht mehr gewagt hat, für seine Überzeugung einzutreten. Dieser Angst setzen die Jesusleute der Logienquelle ihre Utopie entgegen: Der Mensch vor Gott ist mehr als Menschen töten können. Ihr könnt den Kopf hoch tragen, alle Haare sind von Gott gezählt. Er entscheidet über euch, er ist euer Herr, nicht die Henker (Mt 10,28-31Q). Die Gottesvorstellung und eng damit verbunden die Utopie vom Menschen, wie er in Wahrheit – vor Gott – ist, haben zentrale Bedeutung für die Q-Jesusleute: Sie sind ihre Orientierung. Die Utopie hat hier durchaus nicht die Gestalt, sich eine zukünftige, andere Welt Gottes auszumalen, sondern die Königsherrschaft Gottes als absoluten Anspruch Gottes im vorhandenen Leben zu realisieren und damit ein Menschsein zu leben, das »mehr« ist als Hunger und Tod zerstören können. Natürlich haben diese Menschen die eschatologische (Nah)Erwartung des kommenden Menschensohnes, des Gottesgerichtes und der Königsherrschaft Gottes mit anderen Gruppen des frühen Christentums geteilt, aber man sollte sehen, daß für sie die Königsherrschaft Gottes primär heißt: Gott ist kyrios/Herr und Gott ist patēr/Vater. Und damit ist sowohl der absolute Anspruch Gottes gegenüber den Jesusnachfolgern als auch ein universaler Anspruch Gottes auf die Welt gemeint, wie es Mt 11,25Q gesagt wird: Vater und Herr Himmels und der Erde.

Die Lebenssituationen, in denen für diese Jesusnachfolger Gottes Anspruch und die Utopie vom Menschsein zu Entscheidungen führen, werden deutlich erkennbar: Die Befreiung von dem Würgegriff der Martyriumsangst und Existenzsorge durch das gelebte Gottvertrauen. Gott der Vater und Herr befreit von anderen Herren, die nach den Menschen greifen. Aber auch andere Situationen und Versuchungen werden erkennbar und zeigen, wie sensibel diese Gottesvorstellung die Menschen für Strukturen von Gewalt, Macht und Herrschaft gemacht hat.

Die ausführlichste Begründung für die Ablehnung anderer Herrschaften wird im Zusammenhang der Beurteilung von Besitz und Reichtum gegeben: Mt 6,19-21Q; Mt 6,24Q. »Sammelt euch nicht Schätze auf der Erde, wo Motte und Rost vernichten und Diebe einbrechen und stehlen. Sammelt euch Schätze im Himmel, wo Motte und Rost nicht vernichten und Diebe auch nicht einbrechen und stehlen. Denn wo euer Schatz ist, da ist euer Herz«. »Niemand kann zwei Herren dienen. Entweder wird er den einen hassen und den anderen lieben, oder dem einen anhängen und den anderen verachten. Ihr könnt nicht Gott dienen und dem Mammon«.
Der »Mammon«, aram. Wort für Besitz, Vermögen (an Geld, Grundbesitz, Sklaven), wie die »Schätze« bezeichnen Reichtum. Die Tätigkeit der Reichen stellt man sich vor als Schätze sammeln und dem Mammon dienen. Lk 12,16-21, die Geschichte vom reichen Kornbauer, ist zweifellos eine sachgerechte Illustration dafür. Getreide horten oder auch Kästen mit Gold, Silber und feinen Kleidern füllen, ist in der Tat ein Weg der Reichen dieser Zeit, »Schätze« zu sammeln. Dieses Leben darf man nach Meinung der Jesusboten nicht führen. Die Ablehnung des Reichseins ist scharf. Es ist jedoch undeutlich, was denn eigentlich die Reichen machen sollen, falls sie die Botschaft dieser Logien annehmen. Eine konkrete alternative Verhaltensweise für Reiche, z. B. Besitzverzicht, wird nicht reflektiert. So deutet Lk dann das Schatzlogion. Beide Logien enthalten keine konkrete Paränese. Sie formulieren eine Grundsatzerklärung, nach der die Reichen, solange sie reich sind, auf der falschen Seite stehen. Daß damit der Sinn dieser Logien getroffen ist, zeigen die Begründungen.

Zunächst die pragmatische Begründung: Die Schätze sind gefährdet. Damit wird die sprichwörtliche Sorge der Reichen ins Spiel gebracht. Doch hier mit der Konsequenz, vom Reichtum sollte man die Finger lassen. Diese Konsequenz ist nicht zu verwechseln mit einer inneren Distanz zum Reichtum. Wichtiger aber ist die zweite Begründung, die in beiden Logien sachlich übereinstimmt: Reichtum ist ein Herr über den Reichen, wie ein »kyrios« über einen Sklaven. Der Mensch ist vom Besitz abhängig, total abhängig. Beide Logien sind in der Ausmalung dieser Abhängigkeit sehr dezidiert und anschaulich. Die Abhängigkeit vom Besitz ist die einer Bindung des Herzens, wie Liebe und Anhängen an einen »kyrios«. Wir dürfen diese Worte nicht einengen auf eine isolierte emotionale Beziehung, vielmehr muß die soziale Bindung mit der emotionalen Bindung zusammen gesehen werden. Darum sind Gott und Besitz eine unüberbrückbare Alternative. Der Besitz ist

wie ein Gott. Die Eigenart dieser Stellungnahme zum Besitz kann ein Vergleich mit der ältesten Jesustradition verdeutlichen. Dort wurde ebensowenig an die Reichen appelliert wie hier. Das ist gar nicht im Horizont der Sprecher. In der ältesten Jesustradition wird die eschatologische Umkehrung, der Ausgleich der Geschicke erhofft. Am Leben der Reichen nimmt man den *Lebensgenuß* wahr. Hier in der Logienquelle jedoch steht die *Herrschaft des Besitzes* über den Menschen im Mittelpunkt. Entsprechend wird nicht die eschatologische Konsequenz, sondern die Entfernung der Reichen von Gott sehr dezidiert herausgestellt. Diese Unterschiede zwischen der ältesten Tradition und der Logienquelle in der Stellungnahme zum Reichtum sind von theologischer Bedeutung. Während in der ältesten Jesustradition unter insgesamt gesehen vergleichbaren Lebensbedingungen beider Trägerkreise die Bedeutung der Herrschaft Gottes in einer unmittelbar anschaulichen Umkehrung der sozialen Geschicke ausgedrückt wird, denken die Jesusleute der Logienquelle immer konsequent von Herrschaftsvorstellungen her. Gott herrscht – oder der Mammon. Damit wird die Situation der Reichen theologisch schärfer durchdacht.
Man sollte sich den Zugang zu diesem Denken nicht verbauen, indem man sagt: Die Reichen müssen doch auch Gotteskinder sein dürfen. Wenn ein Reicher die Wahrheit dieser Logien akzeptiert hätte und daraus Konsequenzen gezogen hätte, wäre er eben auch nicht mehr reich gewesen. D. h. aus diesen Logien *könnte* man die Konsequenz Besitzverzicht ziehen. Man muß nur begreifen, daß hier keine Appelle an Reiche in solchem Sinne gemeint sind. Die Schärfe der Einsicht ist ohne außerchristliche Analogie trotz mancher Parallelen z. B. für metaphorischen Gebrauch von thēsauros/ Schatz. In ihrer Veränderung gegenüber der ältesten Jesustradition sind diese Sätze vermutlich eine Folge der Erfahrung in der Jesusnachfolge. Die Reichen in Palästina waren nicht unter den Jesusnachfolgern. Und warum sie nicht dabei waren, das entnehme man der tiefen Einsicht dieser Logien.
Auch die Erzählung von der Versuchung Jesu (Mt 4,1-11Q) muß im Zusammenhang der Gottesvorstellung der Logienquelle verstanden werden. Denn Jesus gibt auf alle drei Versuchungen des Teufels Antworten, die auf den Anspruch Gottes, *allein Herr* zu sein, hinweisen. Die Situation der Jesusnachfolger steht hier in existentiellerer Weise im Mittelpunkt als in der Beurteilung der Reichen.
» . . . Es sagt zu ihm der Teufel: Wenn du der Sohn Gottes bist, so befiehl, daß diese Steine Brot werden. Er aber erwiderte: Es steht geschrieben: ›Nicht von Brot allein lebt der Mensch‹. Der Teufel

nahm ihn in die heilige Stadt und stellte ihn auf die Zinne des Tempels und sprach zu ihm: Wenn du der Sohn Gottes bist, so stürze dich hinab; denn es steht geschrieben: ›Seinen Engeln hat er deinetwegen Befehl gegeben und sie werden dich auf den Händen tragen, damit du deinen Fuß an keinen Stein stoßest‹ (Ps 91,11 f.). Jesus sprach zu ihm: Es steht geschrieben: ›Du sollst den Herrn deinen Gott nicht versuchen‹ (Dtn 6,16). Und der Teufel nahm ihn auf einen sehr hohen Berg und zeigte ihm alle Reiche der Welt und ihre Herrlichkeit und sprach zu ihm: Dies alles will ich dir geben, wenn du mir huldigst. Und Jesus erwiderte ihm: Es steht geschrieben: ›Dem Herrn deinen Gott sollst du huldigen und ihm allein dienen‹ (Dtn 6,13). Da ließ der Teufel von ihm ab«.[31]

Methodisch ist es wichtig, die Versuchungsgeschichte nicht zu isolieren, sie also im Kontext von Q zu interpretieren, da sie sonst vieldeutig wird. Außerdem sollten Motive religionsgeschichtlicher Parallelen nur dann die Interpretation beeinflussen, wenn sie im Text selber erkennbar sind. Z.B. kann man nicht sagen, in der 1. Versuchung werde Bezug genommen auf eine jüdische Erwartung der messianischen Wiederholung des Mannawunders in der Wüste,[32] weil es nicht auf das Mannawunder hinweist, wenn man erwartet, daß Steine zu Brot werden, denn das Manna war Brot, das vom Himmel fiel. Auch sollte die Gestalt des Teufels nicht zum Inhalt der Versuchung gemacht werden. Jesus lehnt die Zumutungen des Teufels nicht ab, weil sie vom Teufel vorgeschlagen werden, sondern weil er den Inhalt der Vorschläge ablehnt. Z.B. wird die Weltherrschaft abgelehnt, weil die Absicht, die Welt zu beherrschen, gegen Gottes Anspruch, allein Herr zu sein, verstößt, nicht nur weil der Teufel für die Weltherrschaft die Teufelsanbetung verlangt. D. h. die Inhalte der Versuchungen sind ernstzunehmende Herausforderungen der Jesusnachfolger, die sich mit Jesus identifizieren. Er repräsentiert in dieser Erzählung seine Nachfolger und die Versuchungen sind Zumutungen, die den Jesusleuten angetragen werden und die sie dem Teufel in den Mund legen, weil sie ihre widergöttliche Qualität deutlich machen wollen.[33]

Die 1. Versuchung, Steine zu Brot werden zu lassen, gehört mit der Mahnung gegen die Existenzsorge Mt 6,25 ff.Q zusammen. Die Jesusboten und Friedenssöhne leben in Gottvertrauen von der Hand in den Mund. Wie oft mag man sie angesprochen haben: Wenn Jesus Gottes Sohn ist, und Gott der Herr der Welt, warum beendet ihr euren Hunger (vielleicht überhaupt allen Hunger) nicht durch ein Wunder? Die Antwort ist in der Sache dieselbe wie in Mt 6,25Q: Damit würde das Brot Herr über uns werden. Natürlich kann Gott, wenn er das will, alle Steine dieser Erde zu Brot

machen. Es geht hier nicht um die Frage, ob Jesus und seine Boten sich überhaupt auf Wunder einlassen sollen oder nicht. Es geht um die Frage, welche Wunder aus inhaltlichen Gründen abzulehnen sind. Wenn sie ein Brotwunder wie dieses wollen und vielleicht sogar selbst inszenieren wollen, orientieren sie sich am Brot und nicht an Gott, und unterwerfen sich damit dem falschen Herrn. Es ist vorstellbar, wie in diesem hungernden Palästina solche Wünsche besprochen worden sind. Die Versuchung, sich wunderbare Zukunftslösungen auszudenken, mag den Jesusnachfolgern durchaus auch existentiell zu schaffen gemacht haben. Je größer die Not, desto eher ist man bereit, sich an Illusionen zu klammern. Denn eine Illusion ist *diese* Wundererwartung auch für die Jesusnachfolger (obwohl sie Wunder nicht grundsätzlich ablehnen). Nur lehnen sie diese Wunderhoffnung nicht ab, weil sie eine Illusion ist, sondern weil sie sie als Mißachtung von Gottes Anspruch über die Menschen ansehen. Sie begreifen den illusionären Charakter viel tiefer: Als gründlichen Zugriff der Existenzsorge. *Sie* diktiert diesen Wunsch und unterwirft sich noch durch die Illusion ihr Opfer.
In der Versuchungsgeschichte geht es nicht isoliert um Versuchungen *Jesu*. So wäre es falsch sich vorzustellen, der Teufel versuche Jesus mit dem Angebot eines Brotwunders, weil Jesus durch seinen Wüstenaufenthalt hungrig ist. Man muß immer die Menschen, die sich diese Geschichte erzählen, mit einbeziehen. Von Jesu Hunger in der Wüste erzählen sich hier Menschen, die jeden Tag Hunger in nächster Nähe erleben. Sie differenzieren nicht kunstvoll historisch und theologisch zwischen sich und Jesus. Seine Abweisung des Satans bedeutet für sie, daß auch sie die Versuchung, die ihnen *ihr* Hunger eingibt, abweisen.
Die 2. Versuchung bezieht sich auf das Gottvertrauen im Angesicht des Todes, von dem Mt 10,28-31 Q redet. Wenn ihr Gott schon so absolut vertraut, daß ihr auch euren möglichen Tod von ihm als seine Entscheidung akzeptiert und bis dahin so lebt als könne euch nichts geschehen, dann beweist mal, wie groß euer Gottvertrauen ist! Der Sprung von den Zinnen des Tempels wird Gott zwingen, seine Engel zu schicken, sonst kommst du zerschmettert unten an. Der Inhalt der Versuchung ist die Pervertierung des Gottvertrauens zu dem illusionären Versuch, Gott und seine Engel für sich tanzen zu lassen, Gott zu versuchen. Jesus hätte auch antworten können: Der Mensch ist mehr als sein Tod, aber wenn ich vom Tempel springe, damit Gott mir helfen muß, versuche ich Gott zu beherrschen und werde damit zugleich von der Todesfurcht beherrscht. Denn sie diktiert solche Wünsche.
Wie wirklichkeitsnah die Auseinandersetzung mit solchen Wun-

derhoffnungen, die die Not diktiert, ist, zeigt die grausige Geschichte bei Josephus, Bell 6,285 f. 6000 Menschen rannten in eine noch stehende Halle im Tempelbezirk, wenige Stunden vor seiner Erstürmung durch die Römer, als der übrige Tempelbezirk schon brannte. Sie hatten von einem Propheten gehört, dort sollten sie die Zeichen der Rettung erwarten. Sie sind alle umgekommen. Eine solche Prophetie wäre den Q-Leuten wohl nicht zuzutrauen. Für sie wäre dieses Verhalten ein Versuchen Gottes gewesen, weil es die Menschen zu passiven Opfern gemacht hat.
Die 3. Versuchung erzählt von illusionären Wünschen, deren Bedeutung für das Palästina dieser Zeit noch gut bekannt ist. Viele hofften auf die Befreiung von römischer Herrschaft und auf die Weltherrschaft Israels. Die Ohnmacht und das allgemeine politische und wirtschaftliche Desaster in Palästina vor dem Krieg führte zu phantastischen Hoffnungen.

Prophetie und die an sie geknüpften Hoffnungen spielten in der politischen und militärischen Auseinandersetzung eine große Rolle, und zwar vor allem als unmittelbar politische Prophetie und politische Hoffnung. Besonders bekannt ist in diesem Zusammenhang das folgende Orakel:

> »Was sie aber am meisten zum Kriege aufstachelte, war eine zweideutige Weissagung, die sich ebenfalls in den heiligen Schriften fand, daß in jener Zeit einer aus ihrem Land über die bewohnte Erde herrschen werde. Dies bezogen sie auf einen aus ihrem Volk, und viele Weise täuschten sich in ihrem Urteil. Der Gottesspruch zeigt vielmehr die Herrscherwürde des Vespasian an, der in Judäa zum Kaiser ausgerufen wurde«.[34]

In dieser Auseinandersetzung stehen sich die politischen Gegner auch als Propheten kontrovers gegenüber. Das Volk versteht die Weissagung als Ankündigung der jüdischen Weltherrschaft, während Josephus als Sprecher der proрömischen Partei die Weissagung eben auch prorömisch deutet: Auf die Weltherrschaft des römischen Kaisers Vespasian.

Für Rom war die Herrschaft über die Welt nicht nur ein Wunsch, sondern behauptete Realität. Die Römer verstanden sich als Herren der Welt. Aufständische Gruppen in Palästina träumten dagegen von der Weltherrschaft. Endlich wollten sie die Herren sein. Hier in der Versuchungsgeschichte wird der Herrschaftswunsch als widergöttlich abgelehnt. Bei der Rolle, die die Weltherrschaft in der politischen Ideologie des Imperium Romanum spielt, darf man den antirömischen Aspekt aus der 3. Versuchung nicht ausblenden. Zelotische und ähnliche Herrschaftshoffnungen *und* römische Ideologie sind in gleicher Weise angesprochen. Der Versuch, Herren sein zu wollen, ist widergöttlich. Auch hier wird die dialektische Einsicht der beiden ersten Versuchungen, die sich aus ihrem Zusammenhang mit Mt 6,25 ff.Q und Mt 10,28 ff.Q ergab, mitzudenken sein: Wer solche Wünsche und Vorstellungen hat, versucht Gottes Herrschaft zu usurpieren, ist zugleich machtgierig *und* Opfer der eigenen Ohnmacht. Die Orientierung an der Alleinherrschaft Gottes ist zutiefst »anarchisch«. Die Jesusleute von Q wollten nicht Herren sein und wollten sich nicht von Machtwünschen – in ihrem Fall sogar total illusionären – vergewaltigen lassen. Gottes Herrsein schließt jede andere Herrschaft aus.

In der Versuchungsgeschichte geht es nicht um die Kritik an einer Wundertäter-Christologie, für die das Wunder den Gottesmann legitimiert. Die Wunderhoffnungen, die hier kritisiert werden, werden *inhaltlich* kritisiert. Nicht *daß* man von Jesus oder seinen Anhängern Wunder erhofft, ist der Fehler, sondern *welche* Wunder man erhofft. Daß die Blinden sehen, die Lahmen gehen . . . dieses sind Hoffnungen, die sich die armen Leute in der Q-Bewegung gemacht haben. Es sind Hoffnungen, die Menschen nicht zu Opfern ihrer Not machen, sondern mit konkreten Erfahrungen verbunden sind. Dagegen zu hoffen, daß aus Steinen Brot wird, ist eine Hoffnung, die den Hoffenden betrügt und hilflos macht. Zu glauben, daß die Herrschaft Gottes in Jesu Heilungen angefangen hat, hat diese Menschen stark und souverän gemacht. Illusionäre Wunderhoffnung und ernstzunehmende Wunderhoffnung sind an ihren Konsequenzen für das Leben der Betroffenen zu unterscheiden.

Die Gottesvorstellung der Q-Leute ist geradezu extrem autoritär. Gottes Herrsein kann radikaler gar nicht ausgedrückt werden. Gottes Vatersein enthält zwar primär die Empfindung der Geborgenheit (die Haare auf dem Kopf sind gezählt; seine umfassende Fürsorge), aber doch ohne Abschwächung des autoritären, patriarchalischen Bildes: Er bestimmt über den Menschen. Der autoritäre Gott der kleinen Leute ist aber nicht zu verwechseln mit dem autoritären Gott der feinen Leute, die den starken Gott benutzen, um ihre eigenen Interessen gegen andere durchzusetzen. Der autoritäre Gott der kleinen Leute ist kein Instrument gegen andere, die nicht so wollen wie man selbst, sondern er stärkt seine Gläubigen gegen den Ansturm an Vergewaltigung, den ihnen ihr Leben beschert: Da greift Existenzangst, Martyriumsangst nach ihnen, und es belauern sie die Träume, wie man geradezu im Spiel mit alledem fertig werden und vielleicht auch mal den Spieß umdrehen könnte: Jetzt herrschen wir.

Der autoritäre Gott dieser kleinen Leute vergewissert sie, daß sie Menschen sind, auch wenn man denken könnte, sie seien nur ewig Getretene. Und er macht sie stark, ihr Leben selbst in die Hand zu nehmen, auch wenn keine spektakuläre Veränderung möglich ist.

In der Auseinandersetzung um die Inhalte der Wunder und Erwartungen in der Versuchungsgeschichte zeigt sich die zentrale Bedeutung der Gottesvorstellung, die Orientierungen im Konfliktfall ermöglicht. Die Gottesvorstellung ist auch generell prägend für den eigenartigen Umgang der Q-Leute mit solchen Menschen, die ihre Botschaft und Jesus ablehnen. Darum geht es im folgenden.

III. Gerichtspredigt und Feindesliebe

Das Problem. Daß Jesus das Evangelium für die Armen gebracht hat, haben die Jesusnachfolger, die in der Logienquelle zu Wort kommen, aus älterer Jesustradition übernommen (Lk 6,20f.Q; Mt 11,2-5Q) und auf sich selbst bezogen. Die Armen, die Jesus selig preist, sind nun die verfolgten Jesusboten. Die Botschaft vom Anbruch der Königsherrschaft Gottes im Evangelium für die Armen und in den Wundern an Lahmen und Blinden wird für sie zur Entscheidungsfrage, an der sich die Geister scheiden: »Und selig ist, wer an mir nicht Anstoß nimmt« (Mt 11,6Q). Die Jesusnachfolger der Logienquelle sind arm wie die meisten Juden, wenn auch nicht alle bettelarm (ptōchos). Evangelium für die Armen heißt für sie nicht mehr die Hoffnung auf den Ausgleich für das Elend der Armen durch die Königsherrschaft Gottes. Für sie heißt es die Befreiung von den Herren, die die Menschen bezwingen wollen: Dem Hunger vor allem. Das Problem des Reichtums erscheint als Alternative zur Herrschaft Gottes – dem Mammonsdienst. Die Kluft jedoch zwischen reich und arm wird nicht erwähnt. Der Konflikt, der diesen Menschen zu schaffen macht, ihren dauernden Einsatz fordert, ist *der Konflikt innerhalb des jüdischen Volkes wegen der Jesusbotschaft.* Auf ihn beziehen sich schon die eben genannten Aktualisierungen älterer Jesustradition durch Q (Mt 5,11f.Q; 11,6Q). Wie sich dieser Konflikt zu sozialen Trennungslinien verhält, wird zu fragen sein. In der Logienquelle wird er nicht als sozialer Konflikt dargestellt.

Die Erfahrungen mit diesem Konflikt spiegeln sich in nahezu allen Texten der Logienquelle. Auf diesem Hintergrund ist auch der breite Komplex der Gerichtsworte der Logienquelle zu sehen, deren düstere und unerbittliche Härte zunächst jedenfalls auf heutige Leser abstoßend wirken muß. Jerusalem und anderen Städten des Landes wird der Untergang im Gottesgericht angekündigt. Z. B. so: »Sodom [und Gomorrha] wird es am Tage des Gerichts besser gehen als jener Stadt« (Mt 10,15Q). Düstere Prophezeiungen, die dann auch noch wahr geworden sind, denn die Leiden des

Landes im jüdischen Krieg waren grauenhaft. Dunkle Gerichtsworte stehen neben strahlenden Verheißungen: »Selig sind die Augen, die sehen, was ihr seht, [und die Ohren, die hören, was ihr hört]« (Mt 13,16f.Q). Sie sehen die Wunder an Lahmen und Blinden, sie hören das Evangelium für die Armen und sehen darin den Beginn der Herrschaft Gottes. Daneben stehen dann die Worte, in denen sich die furchterregende Realität spiegelt, nämlich die Prophezeiung des Gerichtes wegen der Ablehnung der Jesusbotschaft. Wie haben die Jesusboten beides zusammengebracht? Es wäre ein völliges Mißverständnis dieser Bewegung, sie als eine Gruppe von »Stillen im Lande« zu sehen. Etwa so: Wer die Botschaft annimmt, die Wenigen, und *das sind wir*, die werden gerettet. Die Vielen aber gehen zugrunde. Nämlich die, die nicht zu unserem kleinen frommen Kreis gehören. Unseres Wissens ist das, was hier geschieht, ohne (religions)soziologische Analogie. Diese kleine Minderheit versteht sich nicht als abgeschlossene Heilsenklave, als eschatologischer Rest. Darin besteht eine entscheidende Kontinuität zur ältesten Jesustradition. Ihre Botschaft und ihr Verhalten richten ihre ganze Energie *positiv* auf die Vielen, die die Botschaft Jesu ablehnen. Sie laufen den Feinden nach. Und für die Wanderpropheten ist dieses Nachlaufen auch ganz wörtlich zu nehmen. Sie praktizieren Feindesliebe auch und gerade mit ihrer Gerichtspredigt. Dieser Gerichtspredigt liegt eine *positive* Absicht zugrunde. Um diese Paradoxie zu verstehen, soll jetzt in drei Schritten vorgegangen werden: 1. Aus den Texten der Logienquelle läßt sich die negative *Erfahrung* der Jesusboten mit Ablehnung, *Feindschaft* und Verfolgung rekonstruieren. 2. Auf dem Hintergrund dieser konkreten Erfahrung kann die Forderung der *Feindesliebe* in Q als Forderung eines konkreten Verhaltens begriffen werden. 3. Die *Gerichtsworte* sind Bestandteil dieses Verhaltens. Feindesliebe ist nicht ein Verhalten für besondere Fälle des Lebens, sondern der Generalnenner, die Klammer, die das gesamte Verhalten *und* die Botschaft der Jesusnachfolger umfaßt.

1. Die Erfahrung der Feindschaft

Die Jesusboten werden verfolgt (diōkein Mt 23,34-36Q; vermutlich Mt 5,44f.Q), sie werden geschmäht (oneidizein Mt 5,11f.Q); sie werden zum Verhör in die Synagogen gebracht (Mt 10,19f.Q);[35] Steinigungen und Tötungen sind vorgekommen (Mt 23,37-39Q; apokteinein auch Mt 23,34-36Q und vermutlich Mt 23,29-31Q). Die Jesusboten empfinden die Verfolger als Feinde (Mt 5,44f.Q) und sehen sich gefährdet wie Schafe inmitten von Wölfen (Mt

10,16Q) und sie sagen, daß die Feinde auch in den Augen Gottes böse Menschen sind (ponēroi Mt 5,44f.Q; Mt 7,7-11Q). In der Rede von »diesem (bösen) Geschlecht« (hē geneā hautē Mt 11,16Q; 12,39Q, 12,41f.Q) schwingen diese ganzen Erfahrungen mit. Im Gleichnis von den spielenden Kindern wird die erfahrene Ablehnung im Bilde dargestellt: Sie haben alle Angebote abgelehnt. »Wem soll ich dieses Geschlecht vergleichen? es gleicht Kindern,[36] die auf den Straßen sitzen und den Kommenden die Worte zurufen: Wir haben euch gepfiffen und ihr habt nicht getanzt; wir haben geklagt, und ihr habt nicht geheult« (Mt 11,6f.Q). Wie oft hat man ihnen das Heil angeboten! »Aber ihr habt nicht gewollt« (Mt 23,37-39Q). Ablehnung, Verfolgung und Tötung Jesu und Ablehnung, Verfolgung und Tötung seiner Boten werden in der Logienquelle nicht gegeneinander abgehoben, vielmehr in einem Atemzug genannt. Daß auch Jesu *Tod* miteinbegriffen ist, wenn von der Tötung der Propheten die Rede ist, ist sozusagen selbstverständlich. Der Tod Jesu ist in der Logienquelle ein zentraler Punkt im Verhältnis Gottes zu Israel – aber der Tod Jesu wird *nicht* soteriologisch gedeutet. »Jesu Geschick lag vielmehr auf einer Linie mit dem Geschick *aller* Boten der Weisheit«.[37] Die Verfolgung und Tötung Jesu *und* seiner Boten bringt das Gericht über Israel. Wie die Schmähung der Jesusboten konkret ausgesehen hat, wird nicht ausgeführt, wohl aber, mit welchen Beschimpfungen man Jesus abgelehnt hat: »Denn Johannes ist gekommen, aß nicht und trank nicht, so sagen sie: Er hat einen Dämon! Der Menschensohn ist gekommen, ißt und trinkt, so sagen sie: Er ist ein Fresser und Weinsäufer, ein Zöllner- und Sünderfreund! Und gerechtfertigt ist die Weisheit von ihren Kindern her« (Mt 11,18f.Q).

Schon wie man Johannes den Täufer behandelt hat, war ungerechtfertigt; man benutzte seine Askese als Vorwand, um nicht auf ihn hören zu müssen. Seine Askese wurde dämonisiert. Jesus dagegen wird vorgeworfen, daß er *kein* Asket war. Das bedeutet, daß auch der Vorwurf: »Er ist ein Fresser und Säufer, ein Zöllner- und Sünderfreund!« für die Logienquelle ungerechtfertigt ist.[38] Er ist ein Vorwand, um Jesus abzulehnen. Diesem Vorwurf gegenüber wird Jesus rehabilitiert durch die Kinder der Weisheit.

In der Botenrede wird eine konkrete Situation, in der die Jesusnachfolger abgelehnt werden, beschrieben. Sie werden in einer Stadt nicht aufgenommen und verlassen diese Stadt, die sich damit das Gericht zugezogen hat, fluchtartig (Mt 10,14Q s.o.). Und doch laufen sie immer weiter hinter Israel her, und immer wieder machen sie die böse Erfahrung: »Wie oft habe ich deine Kinder sammeln wollen, wie ein Vogel seine Jungen unter seine Flügel (sammelt), und ihr habt nicht gewollt« (Mt 23,37-39Q). Die Jesusboten müssen bereit sein, das Kreuz auf sich zu nehmen (Mt 10,38Q) – und nach allem, was wir über ihr Geschick erfahren, ist dabei das »Kreuz« nicht im übertragenen Sinne[39] gemeint. So außer Betracht war es nämlich nicht, daß die politischen Führer Israels unbequeme Landsleute verprügeln und sogar durch Römer hinrichten, kreuzigen ließen.[40]

Die Erfahrung der Ablehnung spiegelt sich auch in Mt 24,37-39Q. Wie in den Tagen Noahs vor der Sintflut sitzen die Leute ahnungslos und gleichgültig in ihren Häusern, »fressen« und trinken, heiraten und lassen sich heiraten – man sieht die Jesusboten danebenstehen und mit aller Kraft ihrer Worte versuchen sie, die Leute zu wecken: »Aber ihr habt nicht gewollt«.

2. Feindesliebe

Wehrlos und gefährdet wie Schafe unter Wölfen, bewußt auf dem Weg des Gewaltverzichts (Mt 5,39f.Q) – so beschreiben die Jesusboten ihr Leben. Wehrlosigkeit und Gewaltverzicht haben einen eindeutigen Grund: Diese Haltung ergibt sich aus dem positiven Ziel der Jesusboten gegenüber ganz Israel, auch dem Israel, dessen Ablehnung sie fortwährend erfahren. Wehrlosigkeit und Gewaltverzicht wären ohne den Zusammenhang mit dem Feindesliebegebot und überhaupt dem gesamten Kontext der Logienquelle mehrdeutig. Z. B. könnte man mit dieser Haltung versuchen, die Schuld der Feinde noch zu vergrößern in einer Art von Martyriumsmasochismus – oder man könnte mit demonstrativer Gewaltlosigkeit eine politische Demonstration beabsichtigen, eine Stellungnahme gegen Menschen, die auf dem Weg der Gewalt gehen, wenn sie um ihre Freiheit kämpfen. So – als politische Demonstration – ist die Gewaltlosigkeit der Q-Propheten vor allem von P. Hoffmann und M. Hengel interpretiert worden. Man stellt sich dabei vor: Die Q-Propheten wenden sich gegen jüdische Aufstandsbewegungen und identifizieren sich mit der sogenannten »Friedenspartei«. Die Friedenspartei, von der wir durch Josephus hören, plädiert für einen Frieden mit Rom, für den Verzicht auf Widerstand gegen Rom. Diese politische Einschätzung der Gewaltlosigkeit und Feindesliebe in der Logienquelle trifft den Sachverhalt jedoch nicht. Für die Logienquelle sind die Feinde nicht die Römer, sondern ihre eigenen Feinde innerhalb des jüdischen Volkes. Der politische Konflikt zwischen dem jüdischen Volk und Rom spielt in der Logienquelle keine unmittelbare Rolle; mittelbar vielleicht in der prophetischen Vorausschau der schrecklichen Zukunft Israels. Die

Friedenspartei des Josephus ist zudem kaum die Gesellschaft, die die Q-Propheten suchen. Der Charakter dieser »Friedenspartei« wird in solchen politischen Einordnungen falsch eingeschätzt. Es handelt sich dabei nicht um friedliebende, besonnene Menschen, sondern um Vertreter der jüdischen Oberschicht, die, wie Josephus selbst, aus durchsichtigen wirtschaftlichen Interessen den Frieden mit Rom suchen und im übrigen zu den Waffen gegriffen haben gegen ihre eigenen jüdischen Brüder, als sie durch den nicht nachlassenden Aufruhr ihre Interessen gefährdet sahen.[41]

Nicht eine polemische und politische Abgrenzung ist der Sinn des Gewaltverzichts und der Feindesliebe in der Logienquelle, sondern Feindesliebe ist die Konsequenz, die sich aus dem positiven Ziel dieser Menschen ergibt. Sie wollen, daß das Heil auch denen zukommt, die es bereits abgelehnt haben, die der Heilsbotschaft der Jesusleute feindselig gegenüber stehen. Gott will seine guten Gaben auch den bösen Menschen zukommen lassen, wenn sie doch nur endlich hören wollten: »Bittet, so wird euch gegeben; suchet, so werdet ihr finden ... ein jeglicher, der bittet, empfängt ... Oder gibt es unter euch jemanden, den sein Sohn um Brot bittet – wird er ihm einen Stein geben? Oder er bittet ihn um einen Fisch, wird er ihm eine Schlange geben? Wenn nun ihr, die ihr böse seid, Gutes (gute Gaben) euren Kindern zu geben wißt, um wieviel mehr wird der Vater aus dem Himmel Gutes geben denen, die ihn bitten« (Mt 7,7-11Q; Übersetzung A. v. Harnack). Das heißt: Hier werden die Feinde der Jesusbotschaft angeredet. *Sie* sind die Bösen, die die es lernen sollen, Gott zu bitten. Es sind dieselben bösen Menschen, von denen es im Feindesliebegebot heißt, daß Gott auch über ihnen die Sonne aufgehen läßt (Mt 5,44 f.Q).[42] Im Kontext von Q sind die bösen Menschen ganz konkret gemeint; es sind dieselben Leute wie die »Feinde« Mt 5,44 f.Q. Mt 7,7-11Q redet also nicht, wie man oft gemeint hat, von dem Bösesein aller Menschen und auch nicht – dies ist eine verbreitete Deutung – ganz allgemein von der Erhörungsgewißheit des Beters.[43]

Ihr, die ihr böse seid und die Jesusbotschaft immer wieder ablehnt, euch wird der Vater Gutes geben, wenn ihr ihn bittet. Man sieht auch hier wieder, wie wichtig die Gottesvorstellung für die inhaltliche Orientierung der Jesusboten war. Sie stellen sich Gott als Vater vor und als Schöpfer (Mt 7,7-11Q; Mt 5,44 f.) und verstehen darunter, daß das Heil und das Menschsein für *alle* Menschen dasein soll, für alle selbst dann noch, wenn es nicht mehr vorstellbar ist, wie die Feinde Jesu noch umkehren sollen. Gott gibt nicht auf: »Er läßt seine Sonne aufgehen über Böse und Gute [und regnen über Gerechte und Ungerechte]« (Mt 5,44 f.Q).

Die Jesusboten verstehen ihr Handeln als Nachahmung dieses Gottes: Liebe, Gebet und Segen wollen sie denen zuwenden, die sie mit ihrer Feindschaft verfolgen.[44] Gebet und Segen ist ebensowenig wie die Liebe als nur verbaler Akt vorzustellen. Für das Verständnis der Logienquelle wie überhaupt für antikes Verständnis werden durch Gebet und Segen Gemeinschaftsbeziehungen begründet, wiederhergestellt – wie durch Fluch Gemeinschaft beendet wird. Man muß die räumliche Phantasie, die diesen Begriffen innewohnt, sich klarzumachen versuchen: Gebet und Segen schließen den Kreis der Gemeinschaft um den Beter und die Menschen, für die gebetet wird, die gesegnet werden. Mit dem Fluch wird man verjagt, aus der Gemeinschaft herausgeworfen, dem möglichen Tod ausgeliefert.[45]

U. W. ist das *Selbstverständnis der Gruppe* der Jesusboten ohne soziologische oder religionssoziologische Analogie. Sie verstehen sich wohl als zusammengehörige Gruppe, auch wenn explizit nicht davon geredet wird. Wie man sich den Zusammenhang dieser Gruppe organisatorisch vorstellen soll, bleibt der Phantasie überlassen, Informationen darüber liegen nicht vor. Es werden auch Probleme innerhalb der Gruppe deutlich, z. B. gibt es Jesusnachfolger, die nur Lippenbekenntnisse von sich geben (Mt 7,21.24Q), aber die Weisung Jesu nicht auch in Taten umsetzen. Aber diese Gruppe von Jesusnachfolgern grenzt ihre Zusammengehörigkeit nicht gegen die draußen ab. Im Zusammenhang des Feindesliebegebotes wird die Ursache für diese Nichtabgrenzung, für den Verzicht darauf, zwischen draußen und drinnen zu unterscheiden, deutlich: »Wenn ihr liebt, die euch lieben, welchen Lohn habt ihr? Tun dasselbe nicht auch die Zöllner? Und wenn ihr nur eure Brüder grüßt, was tut ihr Besonderes? Tun dasselbe nicht auch die Heiden?« Liebet eure Feinde. Das heißt: Diese Gruppe von Jesusnachfolgern ist sich ihrer (soziologischen) Besonderheit durchaus bewußt. Sie wissen, daß sie sich ungewöhnlich verhalten, weil sie positive Absichten gegenüber Menschen haben, die nicht nur *nicht* zur selben Gruppe (Clan, Nation usw.) gehören, sondern sogar der Jesusnachfolge feindselig gegenüberstehen. Die Feindesliebe ist eine Durchbrechung der üblichen Formen von Solidarität, die sich auf eine – wie auch immer definierte – Gruppe bezieht, nicht aber auf die Feinde – und gibt damit einer positiven Absicht Ausdruck, die *alle Menschen,* d. h. hier *ganz Israel* einschließt.

Daß hier die Nichtisraeliten, auch wenn sie Jesusnachfolger sind (also Heidenchristen), zu Nebenfiguren werden, kann man nicht als Argument gegen die umfassende, universale Heilsabsicht anführen. Die Menschen außerhalb Israels sind für die Q-Propheten ganz weit entfernt. Sie haben vom Heidenchristentum gehört. Sie finden, daß das Heidenchristentum Israels Verfehlung vor Gott noch schärfer sichtbar macht (z.B. Mt 8,10Q);[46] sogar die Heiden der biblischen Geschichte werden als Zeugen der Anklage gegen Israel aufgeboten: Die Königin des Südens und die Nineviten (Mt 12,41f.Q). *Sie* haben zu ihrer Zeit auf Salomo bzw. Jona gehört. Hier geht es um Israel, um *ganz* Israel, nicht nur um das ›gute‹ Israel. Man kann den in gewisser Weise begrenzten Horizont dieser jüdischen Menschen, die um das Heil Israels kämpfen, nicht gegen sie ausspielen. Paulus war gemessen an ihnen ein weltläufiger Kosmopolit, eben ein Bürger des römischen Weltreiches. Theologisch ist aber wichtig zu sehen, daß das Ziel der Q-Propheten ein umfassendes, universales (gemessen an ihrem Horizont) ist.

Man hat in der Geschichte des Christentums unserer Zeit Feindesliebe oft als Entschränkung der Nächstenliebe, als universale Menschenliebe, die grundsätzlich jeden Menschen einschließt, definiert. Jedoch ist solche Vorstellung von Feindesliebe zum mindesten mißverständlich. Denn sie besagt: Grundsätzlich soll jeder, auch ein Feind, wenn es zu einer entsprechenden Begegnung kommt, von mir geliebt werden können. Für die Q-Propheten jedoch sind die Feinde sehr konkrete Menschen in konkreten Situationen. Und die Universalität der Feindesliebe weitet ihre Aufgabe nicht auf denkbare andere Fälle aus, in denen Liebe geboten ist. Nicht grundsätzlich jeden Menschen, sondern eben gerade die Verfolger gilt es zu lieben. Die Universalität der Feindesliebe ist die Universalität des Zieles: Heil für ganz Israel (Heil für alle), aus dem sich geradezu zwangsläufig die Notwendigkeit ergibt, sich um die, die dieses *universale* Heil ablehnen, so zäh zu bemühen.
Die Bemühung um die Feinde, der Versuch, Gemeinschaft mit ihnen herzustellen, ist für die Q-Propheten nicht Liebe als *Gefühl* (wie vor allem seit dem 19. Jh. immer wieder irrtümlicherweise Feindesliebe verstanden wird), sondern *Arbeit* (Mt 9,37f.Q s.o.), Praxis, konkrete Erfüllung konkreter Aufgaben. Vor allem heißt das: Immer wieder die Botschaft von Jesus sagen – gerade denen, die sie nicht hören wollen, und ihnen das Gericht ankündigen.

Das Verständnis der Logienquelle wird durch das Werk und die Reden M. L. Kings zur Feindesliebe nach unserer Erfahrung erleichtert. Vor allem die zunächst befremdliche Gerichtsrede der Logienquelle läßt sich im Zusammenhang der Feindesliebeforderung besser verstehen, wenn man sieht, wie M. L. King die direkte Anrede an die Feinde für notwendig hält – und wie die Gerichtsrede bei ihm aussieht. Die Reden M. L. Kings gehören einerseits in die Wirkungsgeschichte der Logienquelle – andererseits sind sie für heutige Bibelleser selbst schon wieder eine Verstehenshilfe. Der folgende Abschnitt kann dies verdeutlichen:

»Meine Freunde, den sogenannten gangbaren Weg gehen wir nun schon viel zu lange. Er hat uns nur in tiefere Verwirrung und größeres Chaos geführt. Überall sehen wir die Trümmer von Gemeinschaften, die sich dem Haß und der Gewalt verschrieben haben. Zur Rettung der Nation und der Menschheit müssen wir einen neuen Weg beschreiten. Das bedeutet nicht, daß wir unseren gerechten Kampf aufgeben sollen. Mit aller Kraft müssen wir uns bemühen, die Nation aus den Fesseln der Rassentrennung zu befreien. Aber wir dürfen dabei unsere Pflicht zur Liebe nicht vergessen. Während wir die Rassenschranken bekämpfen, müssen wir die Verteidiger lieben. Das ist der einzige Weg, auf dem wir die ersehnte Gemeinschaft erreichen können.
Unseren Gegnern sagen wir: Unsere Leidenskraft ist ebenso groß wie eure Macht, uns Leiden zuzufügen. Eurer physischen Gewalt werden wir mit seelischer Kraft begegnen. Tut mit uns, was ihr wollt, wir werden euch trotzdem lieben. Wir können euren ungerechten Gesetzen nicht mit gutem Gewissen gehorchen, denn wir sind nicht nur verpflichtet, zum Guten zu wirken, sondern auch die Zusammenarbeit mit dem Bösen zu verweigern. Werft uns ins Gefängnis, wir werden euch trotzdem lieben. Werft Bomben in unsere Häuser, bedroht unsere Kinder, wir werden euch trotzdem lieben. Schickt eure Mietlinge um Mitternacht in unsere Wohnungen, daß sie uns schlagen und halbtot liegen lassen, wir werden euch trotzdem lieben. Und seid sicher, daß wir euch mit unserer Leidensfähigkeit überwinden werden. Eines Tages werden wir die Freiheit gewinnen. Aber sie wird nicht nur für uns selbst errungen werden. Wir werden so lange an euer Herz und eure Seele appellieren, bis wir auch euch gewonnen haben. Und dann wird unser Sieg ein doppelter Sieg sein.
Liebe ist die beständigste Macht der Welt. Diese schöpferische Kraft, die sich im Leben unseres Erlösers so wunderbar ausdrückt, ist das wirksamste Instrument für das Streben der Menschheit nach Frieden und Sicherheit«.[47]

3. Gerichtspredigt

Die Gerichtspredigt nimmt in den Texten der Logienquelle einen breiten Raum ein. Schon oben wurde gesagt, daß sie *nicht* zu verwechseln ist mit *Fluch* und daß sie als Akt verstanden werden muß, der aus dem *positiven* Ziel des Heiles für ganz Israel kommt. Die Gerichtspredigt will die Angeredeten nicht ihrem unseligen Schicksal überantworten oder gar die Strafe Gottes herbeiführen.
Die Q-Propheten kündigen den Städten Israels, die nicht hören wollen, einen grauenhaften Untergang an. Aber sie laufen herum, um eben dieses Unheil, das die Feinde treffen wird, aufzuhalten. *Faktisch* fordern sie metanoia/Umkehr, merkwürdigerweise aber nicht explizit verbal. Die Umkehr angesichts der Botschaft Jesu ist verweigert worden: »Wehe dir, Chorazin; wehe dir, Bethsaida; denn wenn in Tyrus und Sidon die Krafttaten geschehen wären, die bei euch geschehen sind, hätten sie schon längst in Sack und Asche Buße getan . . .« (Mt 11,21-24Q; cf. zur verweigerten Umkehr Mt

12,41Q). Chorazin, Bethsaida, Kapernaum – kleine Städte in Galiläa – haben das Gericht Gottes auf sich gezogen, als sie Jesus und seine Boten abwiesen. Ebenso Jerusalem (Mt 23,37-39Q), dessen Untergang erwartet wird: »Siehe euer Haus (= Stadt) soll euch dahingegeben werden«. Hier wird prophetisch der Untergang Jerusalems vorausgesehen, er wird als das endgültige Gericht Gottes erwartet. Deshalb darf Mt 23,37-39Q keinesfalls als vaticinium ex eventu, als rückdatierte Weissagung des zur Zeit des Sprechers schon vollzogenen Geschehens, verstanden werden. Die Schärfe dieser Gerichtspredigt von Juden über Juden in der Zeit vor dem jüdischen Krieg wird vor allem in den Worten der Logienquelle über die Tötung der Propheten deutlich.

»Deshalb sprach auch die Weisheit Gottes: Ich sende zu euch Propheten und Weise und Schriftgelehrte; etliche werdet ihr töten und verfolgen, auf daß über euch komme all das Blut, das vergossen ist im Lande vom Blut Abels bis zum Blut Zacharias', den ihr gemordet habt zwischen dem Tempel und dem Altar. Amen, ich sage euch, alles dieses wird über dieses Geschlecht kommen« (Mt 23,34-36Q).

»Wehe euch, denn ihr baut die Gräber der Propheten und sprecht: Hätten wir in den Tagen unserer Väter gelebt, so wären wir nicht mit ihnen schuldig geworden am Blut der Propheten. Damit zeugt ihr gegen euch selbst, daß ihr Söhne derer seid, die die Propheten getötet haben« (Mt 23,29-31Q).

Dieses Geschlecht der Prophetenmörder geht dem Ende entgegen. Und immer wieder wird *die Entscheidung gefordert,* faktisch in jedem dieser Gerichtsworte. Entscheidungsforderungen finden sich jedoch auch explizit, z.B. Mt 11,6Q: »Selig, wer nicht an mir Anstoß nimmt« (cf. z.B. auch Mt 10,32f.Q). Die Botschaft Jesu ist das Schwert, das die Familien zerschneidet (Mt 10,34f.Q), das die große Scheidung herbeiführt. »Meint ihr, daß ich gekommen bin, Frieden über das Land zu bringen? Ich bin nicht gekommen Frieden zu bringen, sondern das Schwert. Ich bin gekommen, einen Menschen mit seinem Vater zu entzweien und die Tochter mit ihrer Mutter und die Braut mit ihrer Schwiegermutter, [und die Feinde des Menschen sind seine Hausgenossen]«.

Gerade dieses Logion zeigt noch einmal, daß die Jesusbotschaft mit ihrer Entscheidungsforderung ganz reale Trennungen herbeiführt. Daß die Familien auseinandergerissen werden, ist im Kontext von Q wörtlich zu nehmen. In Mt 10,34f.Q wird durch ein Jesuswort erklärt und legitimiert, warum Menschen im Namen Jesu ihre Familien verlassen. Wenn die Familie sich nicht einmütig für die Jesusbotschaft entscheidet, müssen die Jesusnachfolger aus ihr

wegziehen. Sie müssen »den Staub von ihren Füßen schütteln« wie die Boten Mt 10,14Q (s. o.), weil sonst der Untergang im Gottesgericht sie mittrifft. Daß es so zur Zerstörung von Familien kommt, wird als Zeichen der Endzeit verstanden. Gerade diese Furcht, daß es in den Wirren vor dem Ende zur Zerstörung der Familie kommt, ist in dieser Zeit weit verbreitet. So z. B. Mk 13,12 – dort allerdings als apokalyptische *Weissagung;* Mt 10,34 f.Q ist jedoch *keine* Weissagung. Das Schreckbild ist schon Realität. Mt 10,35Q nimmt ausdrücklich in der Formulierung auf Micha 7,6 Bezug und versteht damit die Zerschneidung von Familien in der Gegenwart als *erfüllte* alttestamentliche Weissagung apokalyptischen Elends.
Die Jesusboten laufen fort, wenn sie sehen, daß eine Stadt dem Gericht verfallen ist, sie laufen aus einer Familie fort, die nichts von der Jesusbotschaft wissen will und zugleich laufen sie hinter denen her, die nicht hören wollen. In einem anschaulichen Bilde drücken sie das aus:
»Was meint ihr? Wenn einer hundert Schafe hat und sich eins von ihnen verirrt, wird er nicht die neunundneunzig (auf der Weide) zurücklassen und hingehen und das verirrte suchen? Und wenn er es gefunden hat, wahrlich ich sage euch, er wird sich über dieses mehr freuen als über die neunundneunzig, die sich nicht verirrten« (Mt 18,13 f.Q). Im Kontext von Q hat dieses Gleichnis einen konkreten Sinn. Es beschreibt im Bilde die Bewegung, in der sich für die Q-Propheten Jesus befand und in der sie sich selbst ebenso sehen: Sie laufen dem verirrten Schaf hinterher, sie laufen dem Israel hinterher, das nicht hören will, den Juden, die die Botschaft Jesu ablehnen.[48] Immer wieder sind sie gezwungen, das Gericht anzukündigen, und immer wieder laufen sie weiter und hoffen auf die Freude des Wiederfindens.
Die hier dargestellte Situation der Q-Propheten muß uns zweifellos außergewöhnlich vorkommen. Nicht nur in bezug auf unsere eigene völlig andere gegenwärtige Situation. Es mag durchaus nach unserer Auslegung die Frage aufkommen: Kann es solche Leute überhaupt gegeben haben? Sie ist historisch zu beantworten und zwar durch einen in diesem Fall unverdächtigen Bericht von Josephus über einen Jerusalemer Propheten.

»Vier Jahre vor dem Krieg, als die Stadt noch im höchsten Maße Frieden und Wohlstand genoß, kam nämlich ein gewisser Jesus, Sohn des Ananias, ein ungebildeter Mann vom Lande zu dem Fest, bei dem es Sitte ist, daß alle Gott eine Hütte bauen, in das Heiligtum und begann unvermittelt zu rufen: ›Eine Stimme vom Aufgang, eine Stimme vom Niedergang, eine Stimme von den vier Winden, eine Stimme über Jerusalem und den Tempel, eine Stimme über Bräutigam und Braut, eine Stimme über das ganze Volk!‹ So ging er in allen Gassen umher und schrie Tag und Nacht. Einige angesehene Bürger, die sich über das Unglücksgeschrei ärgerten, nahmen ihn fest und mißhandelten ihn mit vielen Schlägen. Er aber gab keinen Laut von sich, weder zu seiner Verteidigung noch eigens gegen die, die ihn schlugen, sondern stieß beharrlich weiter dieselben Rufe aus wie zuvor. Da glaubten die Obersten, was ja auch zutraf, daß den Mann eine übermenschliche Macht treibe und führten ihn zu dem Landpfleger, den die Römer damals eingesetzt hatten. Dort wurde er bis auf die Knochen durch Peitschenhiebe zerfleischt, aber er flehte nicht und weinte auch nicht, sondern mit dem jammervollsten Ton, den er seiner Stimme geben konnte, antwortete er auf jeden Schlag: ›Wehe dir, Jerusalem!‹ Als aber Albinus – denn das war der Landpfleger – fragte, wer er sei, woher er komme und weshalb er ein solches Geschrei vollführe, antwortete er darauf nicht das geringste, sondern fuhr fort, über die Stadt zu klagen und ließ nicht ab, bis Albinus urteilte, daß er wahnsinnig sei und ihn laufen ließ. In der Zeit bis zum Kriege aber näherte er sich keinem der Bürger, noch sah man ihn mit jemandem sprechen, sondern Tag für Tag rief er, als ob er ein Gebet eingelernt hätte, seine Klage: ›Wehe, wehe dir Jerusalem!‹ Er aber fluchte keinem von denen, die ihn schlugen, obwohl es täglich vorkam, noch segnete er die, die ihm Nahrung gaben – eine einzige Antwort nur hatte er für alle, jenes unselige Rufen. Am meisten aber schrie er an den Festtagen, und das tat er sieben Jahre und fünf Monate lang ohne Unterbrechung – seine Stimme stumpfte nicht ab, noch wurde er müde, bis er zur Zeit der Belagerung zur Ruhe kam, als er seinen Ruf zur Tat werden sah. Denn als er auf seinem Rundgang von der Mauer herab gellend rief: ›und noch einmal wehe der Stadt und dem Volk und dem Tempel!‹, da setzte er zum Schluß hinzu: ›und wehe auch mir!‹, denn ein Stein schnellte aus der Wurfmaschine und traf ihn, so daß er auf der Stelle tot war und, noch jene Weherufe auf den Lippen, seinen Geist aufgab.«[49]

Die vielfältigen Bezüge zwischen diesem Gerichtspropheten und den Q-Propheten brauchen nicht eigens aufgezählt zu werden. Entscheidend für das Verständnis dieses Propheten ist die Frage, ob er eigentlich nichts anderes zu sagen hatte als »dieses unselige Rufen«. Josephus ist aus dem Interesse heraus, mit dem er von Jesus ben Ananias erzählt, an ihm als einem *Unheils*propheten interessiert. Josephus benutzt ihn nämlich als Beleg dafür, daß die Juden aus lauter Unverstand die Zeichen und Weissagungen für das Unheil Israels falsch gedeutet haben und so selbst Schuld am Untergang sind (nicht die Römer). Nun kann man aber nicht nur wegen der Tendenz des Josephus daran zweifeln, ob dieser Prophet als Unheilsprophet ohne jede positive Perspektive richtig verstanden ist.

Folter und Schläge beantwortet er mit seinem Unheilswort, nicht mit Fluch oder Flehen. Er verteidigt sich nicht und er wehrt sich nicht. Wie die Q-Propheten läßt er sich nicht davon abbringen, immer wieder seine Botschaft zu sagen. Wie die Q-Propheten richtet er sich an das ganze Volk Israel. Daß sein Ziel trotz des negativen Berichtes ein positives ist, ist mit großer Wahrscheinlichkeit *aus dem Verhalten* zu schließen. Josephus kann nicht recht etwas damit anfangen, daß er sich nicht wehrt und verteidigt und *daß er nicht flucht.* Josephus hält den Mann für einen Besessenen, der ein willenloses Instrument Gottes ist. So wird man vermuten können, daß Jesus ben Ananias trotz der Darstellung durch Josephus wohl doch in die unmittelbare Nähe der Q-Propheten gehört, – in seiner Botschaft, in seinem Verhalten, in seinem Schicksal und in seiner sozialen Herkunft. Die soziale Einordnung der Q-Propheten, die bisher vorgenommen wurde, wird durch diesen Text zusätzlich gestützt: Sie sind wie dieser Prophet Jesus ben Ananias von den Mächtigen und Wohlhabenden weit entfernt und werden von diesen als Gefahr empfunden und (z.T. mit Hilfe der Römer) verfolgt. Die Kluft zwischen den Jesusnachfolgern und denen, die sie ablehnen, ist zu einem Teil auch soziale Kluft, allerdings werden sie auch von ihresgleichen abgelehnt, man denke nur an den Zwiespalt innerhalb von Familien.

Kapitel 3
Nachfolge Jesu als solidarische Gemeinschaft der reichen und angesehenen Christen mit den bedürftigen und verachteten Christen
Das Lukasevangelium

I. Wie läßt sich die soziale Botschaft des Lukas analysieren?

Im Lukasevangelium werden in einem auffallend größeren Maße als bei Markus und Matthäus Traditionsstoffe überliefert, in denen das Problem der sozialen Differenz zwischen Armen und Reichen eine Rolle spielt. Man denke nur an die Seligpreisung der Armen mit dem parallelen Wehe über die Reichen (6,20-26), die Erzählung vom törichten reichen Bauern (12,16-21), die Geschichte vom reichen Mann und armen Lazarus (16,19-31), das vorbildliche Verhalten des reichen Oberzöllners Zakchäus (19,1-10). Wenn wir das Lk nicht besäßen, so wäre uns wohl ein gewichtiger – wenn nicht der wichtigste – Teil frühester christlicher Tradition, in der eine intensive Auseinandersetzung mit der Gestalt und Botschaft Jesu als Hoffnung der Armen geführt wird, verlorengegangen. Eine entsprechende Weitertradierung in der frühesten Kirchengeschichte – bis hin zur asketischen Weltanschauung der Mönche – ist ohne das Lk kaum denkbar. Die teilweise kompromißlosen Aussagen des Evangeliums zu sozialen Fragen haben seinem Verfasser denn auch den Ruf eingetragen, er sei ein »ausgesprochen sozialistisch denkender« Schriftsteller.[1] Und wo man diese mehr politische Einordnung seiner Absichten scheut oder für problematisch hält, da wird er immerhin noch »Evangelist der Armen« genannt.[2]
Freilich hat es in der praktischen und wissenschaftlichen Auslegung dieses Buches nie an Versuchen gefehlt, dessen Armutstraditionen – zumal seine scharfe Kritik an den Reichen – nicht mehr wörtlich zu nehmen oder sie als Problem einer inzwischen längst *vergangenen* Zeit zu erklären.[3] Ließe sich das Faktum einer breiten Armutstradition bei Lk für sich betrachtet nicht auch anders deuten? Gerade wenn man die vorlukanische Stufe dieser Traditionen sozialgeschichtlich in den Blick bekommt, kann einem der Umgang des Evangelisten mit ihnen leicht als der Versuch erscheinen, den ursprünglich radikalen Charakter dieser Texte zu zähmen.[4] Also: Lukas – Seelsorger der Reichen? Da kommt es denn auch verdäch-

tig vor, daß gerade bei Lk schon Jesus – besonders dann aber die Apostel und Prediger in der Apg – in Häusern reicher und hochgestellter Persönlichkeiten verkehren. Zumal vermögende Frauen spielen im Umkreis Jesu und der Apostel eine besondere Rolle (vgl. nur Lk 8,3 und Apg 16,14).

Schließlich ließe sich die umfangreiche Überlieferung der genannten Texte im Lk auch aus der »Akribie« des Schriftstellers erklären, der nicht nur Treue gegen sein Quellenmaterial wahren will, sondern gar programmatisch seinen Ehrgeiz daran gesetzt hat, *allem* Geschehenen von vorne an nachgegangen zu sein:

»... hielt auch ich es für gut, nachdem ich allem von vorne an genau (akribōs) nachgegangen, es der Reihenfolge nach für dich aufzuzeichnen, hochangesehener Theophilus, damit du die Zuverlässigkeit der Dinge erkennst, über die du unterrichtet worden bist« (1,3f.).

Da wir in diesem Kapitel unseres Buches daran interessiert sind, die Stellung zu sozialen Problemen herauszufinden, die Lk *selbst* eingenommen hat, werden wir uns also nicht schon durch das bloße Faktum einer umfänglichen Tradition zu diesem Komplex den Blick verstellen lassen dürfen. Das Faktum allein ist theoretisch mehrdeutig, sogar für völlig gegenteilige Interpretationen offen. Und auch das im zitierten Prolog des Evangliums erkennbare Programm des »Schriftstellers« Lk ist noch zu allgemein und formal, um daraus weitgehende Rückschlüsse auf die theologisch-inhaltliche Botschaft dieses Evangeliums zu ziehen. Freilich wäre es ebenso verfehlt, die einzelnen, im Zusammenhang unserer Fragestellung wichtigen Texte des Lk isoliert zu interpretieren. Denn das ist gerade die Frage, wie Lk mit dieser Tradition umgeht und wie er zu ihr steht. Eine Antwort auf diese Frage erhält man nur, wenn man das Lk und die Apg als Gesamtentwurf behandelt. Dabei legt der Umfang der Tradition zunächst nahe, nicht nur nach Veränderungen im Detail oder nach rein formalen, kompositorischen Eingriffen durch Lk zu suchen. Vielmehr ist eine eigene *Konzeption* des Lk zu erwarten – also mit kompositorischen Eingriffen zu rechnen, die eine *inhaltliche* Neugestaltung der vorlukanischen Stoffe im Zusammenhang des Evangeliums insgesamt bewirken und auch bewirken sollen. Und wie für die älteste Tradition und auch die Logien der Q-Gruppe, so soll auch hier für Lk versucht werden, die Inhalte der lk Konzeption hinsichtlich der sozialen Botschaft des Evangeliums aus der konkreten Situation des Verfassers und seiner Leser zu verstehen. Auch die lk Stellungnahme zu sozialen Problemen wird erst im Lebenszusammenhang des Autors und der Gemeinde, die er vor Augen hat, eindeutig. Nur auf diese

Weise können auch (angebliche) Widersprüche der lk Einschätzung der sozialen Inhalte der Botschaft Jesu verständlich werden.[5]
Um unsere Frage nach der Botschaft Jesu für die Armen im Lk beantworten zu können, müssen wir also einerseits das im Lk und in der Apg vorliegende Doppelwerk insgesamt als theologischen Entwurf seines Verfassers verstehen. Damit greifen wir auf die Fragestellung der sogenannten »redaktionsgeschichtlichen« Arbeit an den Evangelien zurück. Allerdings werden wir diese Arbeitsweise insofern erweitern, als wir bei Texten, die im Lk stehen, deren Herkunft oder vorlukanische Gestalt man nicht mehr genau erkennen kann, unabhängig von der Frage ihrer Herkunft oder genauen vorlukanischen Gestalt ihren Sinn im Zusammenhang des Gesamtwerkes des Lk zu interpretieren versuchen. Freilich reicht auch diese modifizierte redaktionsgeschichtliche Fragestellung für ein tieferes Verständnis des Lk noch nicht aus. Darum muß andererseits versucht werden, gerade hier, wo es um die *soziale* Botschaft des Lk geht, die konkrete historisch-gesellschaftliche Lage des Lk bzw. seiner Gemeinde in den Blick zu bekommen.
Doch müssen wir erst einmal eine Schneise in das umfangreiche Material schlagen, das Lk unserer Fragestellung bietet. Wir werden zu diesem Zweck im folgenden Abschnitt so vorgehen, daß wir drei größere Textzusammenhänge – Lk 6,17-49; 12,1-46; 18,18-30 – daraufhin untersuchen, welche lk Position in der von ihm gestalteten Komposition dieser Zusammenhänge deutlich wird. Dabei wird vor allem dort, wo relevante Veränderungen an der Lk vorliegenden Tradition nachweisbar sind, die Stellung des Lk zu sozialen Problemen schon deutlicher hervortreten.

II. Jesu Predigt an Jünger und Volk

1. Die Differenzierung der Feldrede: Lk 6,17-49

Besonders aufschlußreich für die Arbeit des Lk ist die kompositorische Rahmung der sogenannten Feldrede Jesu. Lk unterscheidet in dieser ersten großen Rede Jesu zwei Adressatenkreise: Jünger und Volksmenge. Dieser formalen Differenzierung entsprechen unterschiedliche sachliche Aussagen in bezug auf die jeweils angesprochene Gruppe.
Die Feldrede enthält insgesamt gesehen programmatische Aussagen Jesu zu der hier in Frage stehenden sozialen Botschaft Jesu. Sie ist darum für unsere Analyse von grundsätzlicher Bedeutung. Gewichtige Teile der Rede stammen zweifellos aus der dem Lk mit Mt

außerhalb ihrer Mk-Vorlage gemeinsamen Tradition, die sie in der sogenannten »Logienquelle« vorgefunden haben. Man denke in diesem Zusammenhang nur an die Seligpreisungen und das Feindesliebe-Gebot. In diesem speziellen Fall kann eine genaue Rekonstruktion der Q-Vorlage dieser Rede, besonders die umstrittene Frage, ob auch die Wehe-Sprüche über die Reichen schon in Q gestanden haben (in der »Bergpredigt« des Mt fehlen sie ja), außer acht bleiben.[6] Wir betrachten einmal nur die »szenische« Gestaltung dieser Rede, also die V. 6,17-20a. 27a und 7,1. Diese Rahmung, auch wenn einzelne ihrer Elemente schon vorlukanisch sind, ist in der im Lk vorliegenden Form das Werk des Evangelisten. Lk vertauscht schon die bei Mk nacheinander erzählten Perikopen von Jesu Heilungen am See (Mk 3,7-12) und die Berufung der Zwölf (Mk 3,13-19). Er berichtet also zunächst – und offenbar liegt ihm daran – die Berufung von zwölf Jüngern zu Aposteln (6,12-16). Diese Auswahl findet auch bei ihm auf einem Berge statt, auf den Jesus mit den Jüngern zum Gebet gestiegen war. Nach der Apostelwahl steigt Jesus mit den Jüngern wieder vom Berg herab und tritt auf ein ebenes Feld. Dort versammelt sich nun die große Jüngerschar und eine riesige Volksmenge aus dem ganzen jüdischen Land, aus Jerusalem und auch aus dem nicht-jüdischen Küstengebiet von Tyrus und Sidon (6,17). Lk kehrt also wieder zu seiner Mk-Vorlage zurück, läßt aber die bei Mk vorher am See stattfindenden Heilungen Jesu (Mk 3,7f.) erst jetzt und zwar in der Ebene am Berg geschehen. Damit gewinnt er die Möglichkeit, an dieser Stelle in den von Mk übernommenen Aufriß seines Evangeliums die Feldrede einzufügen und sie in Gegenwart der schon zu Aposteln erwählten Jünger sagen zu lassen.
Die in 6,20b beginnende Rede Jesu am Berge hören *alle*, die nach 6,17 um Jesus versammelt sind. Eine große Schar von Jüngern Jesu – mathētai, nicht nur die Apostel sind gemeint – und eine große Volksmenge (laos), die wohl ganz Israel bzw. stellvertretend die Heidenwelt repräsentiert. Die Rede Jesu bekommt also schon von ihrer Zuhörerschaft her eine prinzipielle Bedeutung. Doch obwohl alle alles hören, differenziert Lk noch einmal innerhalb der Feldrede. Zunächst werden die Jünger (mathētai) von Jesus besonders hervorgehoben. An sie wendet er sich zu Beginn seiner Rede ausdrücklich und geradezu feierlich: »Und er hob seine Augen auf zu seinen Jüngern und sprach« (V. 20a). Es folgen dann die Seligpreisungen der Armen, Hungernden und Weinenden bzw. »Verfolgten«, denen entsprechende Wehe-Rufe über die Reichen, Satten und Lachenden bzw. »Wohlbeleumdeten« kontrastierend gegenübergestellt sind (V. 20b-26). *Nur* den Jesus-Jüngern gilt nach

Darstellung des Lk dieser Redeteil. Erst der in V. 27b mit dem Feindesliebe-Gebot beginnende Redeabschnitt (bis V. 49) gilt den anderen in V. 17 genannten Zuhörern. Denn dieser Redeteil wird durch V. 27a: »Euch aber den Zuhörenden sage ich« – ganz betont abgesetzt und eingeleitet bzw. in 7,1 dann abgeschlossen. Obwohl alle alles hören, wird innerhalb der Feldrede strukturiert, indem nach Adressatenkreisen (Jünger und Volksmenge) unterschieden wird. Diese Unterscheidung ist aber um so bemerkenswerter, als sie ja nicht dem Interesse einer esoterischen Jüngerbelehrung dienen kann. Es stellt sich also die Frage, warum Lk diese Unterscheidung vornimmt, warum er die Jünger hier ausdrücklich von der Volksmenge abhebt. Und bei deren Beantwortung wird nicht außer acht bleiben dürfen, welche Inhalte in diesem an die Jünger gerichteten Redeteil diesem Hörerkreis vorbehalten werden. Also z. B. die Vermutung, daß nach dem Willen des Lk den Jüngern als den »getauften und zum Glauben gekommenen« Anhängern Jesu die Seligpreisungen gelten, wird hier nicht weiterhelfen.[7] Sie scheitert schon daran, daß – notabene – von einer Taufe der Jünger nirgendwo im lk Doppelwerk etwas gesagt wird, obwohl gerade Lk ein besonderes Interesse an der Taufe hat. Ebensowenig ist ausdrücklich von ihrem Glauben die Rede. Wenn man schon vom »Glauben« der Jünger als dem ausschlaggebenden Faktor ihrer Seligpreisung durch Jesus sprechen will, dann aber darum, weil er sich eben in jenem Zustand manifestiert, der hier gepriesen wird: Der *Armut*. Doch wir müssen genauer sagen: Es wird hier nicht die Armut gepriesen, sondern Arme, und zwar werden die armen *Jünger* gepriesen. Sie sind auch nicht in einem übertragenen Sinne arm, sondern wirkliche – ökonomisch definierbare – Arme. Denn sie haben in der Begegnung mit Jesus, in der sie sich zur Nachfolge entschlossen haben, *alles* verlassen. Auf diesen *totalen* Besitzverzicht der Jünger Jesu – nicht nur der Apostel – legt *nur* der Evangelist Lk (und zwar besonderen) Wert. So formuliert er anläßlich der Berufung des Petrus bzw. der Zebedaiden (5,1-11): »Und sie brachten die Schiffe ans Land, verließen alles (aphentes panta) und folgten ihm nach« (V. 11). Im vergleichbaren Text bei Mk (1,16-20) verlassen Simon-Petrus und sein Bruder Andreas die »Netze« (V. 18) bzw. lassen die Zebedaiden ihren Vater samt den »Tagelöhnern« im Schiff zurück (V. 20). Zwar könnte daraus geschlossen werden, daß die Jünger alles verlassen. Doch es wird bei Mk nicht so gesagt. Nur Lk spricht ausdrücklich von dieser radikalen Konsequenz der Jesusnachfolge. Dieser Vorgang wiederholt sich bei der Berufung des Zöllners Levi (Mk 2,13-17 / Lk 5,27-32).[8] Auch hier präzisiert Lk wiederum den mk Text, indem er hinzufügt, daß Levi *alles* verläßt (katalipōn panta): 5,28. Mk dagegen erwähnt nur die Tatsache der Nachfolge und sagt nichts von einem totalen Besitzverzicht.

Es kann kaum übersehen werden, daß Lk ausdrücklich an der Darstellung des völligen Besitzverzichtes der Jesus-Jünger gelegen ist. Dem Leser des Evangeliums kann also nicht entgangen sein, daß die Jünger Jesu in der Nachfolge zu Armen (ptōchoi) geworden sind. Ihre Seligpreisung als ptōchoi in der Feldrede kommt demnach nicht unvorbereitet. Man darf jedoch nun nicht die *gesamte* Rede auf der Ebene der zeitgenössischen Leser des Evangeliums der Jünger-*Gemeinde* qua Kirche gesagt sein lassen.[9] Dann jedenfalls müßte konsequenterweise auch unterstellt werden, daß Lk noch von der Kirche seiner Zeit jene freiwillige Armut verlangt, um derenwillen die ersten Jünger Jesu »selig«/makarioi genannt werden. Denn wem sollte dann in der Zeit des Lk jene Volksmenge entsprechen, an die sich Jesus im zweiten Teil der Rede wendet? Außenstehende Nicht-Christen können nicht gemeint sein. Ihnen kann kaum das Gebot der Feindesliebe gesagt werden. Vor allem aber setzt der V. 46: »Was nennt ihr mich aber: Herr, Herr, und tut nicht was ich sage« voraus, daß auch dieser Teil der Rede auf Christen zielt. Denn auf das Bekenntnis zu Jesus als dem Herrn (kyrios) sind ja nur Christen ansprechbar.

Auf der anderen Seite ist die Differenzierung der Feldrede – wie gezeigt wurde – viel zu markant, als daß sie nun für die Ebene der Zeit der Lukas-Christen wieder vernachlässigt werden darf. Ist also mit der Rede insgesamt die Kirche des Lk im Blick, so bleiben die Jünger gleichwohl davon abgehoben. Man hat darum versucht, die Differenzierung der Adressatenkreise in der Feldrede auch auf die Zeit des Lk zu übertragen.[10] Im ersten an die Jünger gerichteten Redeteil soll sich zur Zeit des Lk ein besonderer »Stand« christlicher Amtsträger angesprochen fühlen. Damit wird die freiwillige Armut der Jünger zu einem Teil der »Ratschläge für Vollkommene« (consilia evangelica) gemacht, die nur von besonders herausgehobenen Christen zu befolgen sind. Diese Deutung hat den Vorzug, daß sie die Differenzierung der Feldrede beachtet und auf der Ebene der Zeit des Lk selbst verankern kann. Allerdings scheitert sie daran, daß der Begriff »mathētēs/Jünger« in der Apg dann zu einem Synonym für Christen *überhaupt* wird (Apg 11,26). Dagegen spricht auch, daß ein offensichtlich herausgehobener Kreis von Christen in der Abschiedsrede des Paulus (Apg 20,17-38) gerade anders – nämlich »Älteste«/presbyteroi genannt wird (V. 17).

Diese Interpretation setzt aber auch stillschweigend voraus, daß Lk die freiwillige Armut der Jesus-Jünger grundsätzlich – unabhängig von einem bestimmten Personenkreis – für ein nachahmenswertes Ideal hält. Dies ist allerdings nicht der Fall. Gerade die Apg, die von der Bildung der ersten christlichen Gemeinden berichtet, schweigt von diesem Ideal völlig. Und eben in der erwähnten Abschiedsrede des Paulus an die Ältesten von Ephesus, in der er ihnen Verhaltensregeln für die künftige Zeit seiner Abwesenheit gibt, sollte doch von diesem Ideal gesprochen werden, wenn Lk es auch weiterhin für wichtig hält. Dort ist nur davon die Rede, daß die Ältesten wie Paulus selbst für ihren Unterhalt arbeiten und sich der »Schwachen« annehmen sollen. Tatsächlich erwartet Lk weder von den Ältesten noch von Christen überhaupt diese freiwillige Armut der Jesus-Jünger. Doch darf diese Einsicht nun andererseits nicht zu der Meinung führen, Lk hätte ein Armutsideal der ihm vorliegenden älteren christlichen Überlieferung *»historisiert«*. Zwar weist Lk die freiwillige Armut der Jünger einer vergangenen Zeit zu, doch mißt er ihr dennoch eine *aktuelle* Bedeutung bei, wenn auch nicht im Sinne ethischer Imitation dieses Lebensstiles.[11] Eine genauere Auslegung der freiwilligen Armut der Jünger auf die Gegenwart der Christen zur Zeit des Lk kann aber an dieser Stelle noch nicht gegeben werden. Dazu muß die Darstellung und die Funktion des Lebensstiles der Jesus-Jünger im Lk erst umfassender in den Blick kommen.

2. Ein weiterer Beleg für die Differenzierung des Lk: Kapitel 12

Wir haben bisher festgestellt: Lk unterscheidet in der Feldrede Jesu die Jünger und das Volk als zwei Adressatenkreise, wobei zunächst noch offen bleiben mußte, welche aktuelle Bedeutung dem an die Jünger gerichteten Redeteil zukommt. Im 12. Kapitel des Evangeliums läßt sich ein ähnliches Vorgehen nachweisen. Auch hier werden wieder unterschiedliche Redeteile jeweils den Jüngern bzw. der Volksmenge gewidmet. Und im Zusammenhang mit der Feldrede wird der sachliche Sinn dieser Unterscheidung jetzt deutlicher. Dem Leben der freiwillig armen Jesus-Jünger stehen Gefährdungen des Lebens von Wohlhabenden und Reichen scharf gegenüber. Den Jüngern gelten aufgrund ihrer Lebenssituation andere Mahnungen Jesu als den Besitzenden.

In 12,1 wird zunächst eine vergleichbare Zuhörersituation wie in 6,17 geschildert. Während »Myriaden« des Volkes sich versammeln, so daß sie schon einander auf die Füße treten, beginnt Jesus seine Rede, indem er sich zuerst (oder vornehmlich: prōton) an seine Jünger wendet. Daß die darauf folgende Aufforderung zum furchtlosen Bekenntnis den Jüngern gilt, wird noch einmal 12,4 deutlich. Dort spricht Jesus von seinen Freunden (»ich sage euch aber, meinen Freunden«). Die riesige Volksmenge wird erst wieder durch die Bitte, einen Erbstreit zu schlichten, die »jemand aus der Menge« an Jesus richtet, ins Spiel gebracht (V. 13). Und hatte Jesus seine Mahnrede an die Jünger mit der Warnung eingeleitet: »Enthaltet euch von dem Sauerteig, welches ist die Heuchelei, der Pharisäer« (V. 1b), so stellt er seiner Rede an die Volksmenge die Warnung voran: »Sehet zu und hütet euch vor aller Habsucht . . .« (V. 15). Die folgende Geschichte vom törichten Reichen (V. 16-21) dient dann als abschreckendes Beispiel dafür, wie es dem ergehen kann, der der Habsucht (pleonexia) verfallen ist. Lk 12,13-21 wird also ausdrücklich an die Volksmenge gesagt, während die V. 1b-12 den Jüngern gelten. Und für die Jünger zieht Lk dann noch ein eigenes Fazit aus der Erzählung vom törichten Reichen, ausdrücklich durch: »Er sagte aber zu den Jüngern« (V. 22) eingeleitet. Es folgt bei Lk an *dieser* Stelle die aus der Logienquelle stammende Rede über das »Sorgen« (12,22ff.).

Auch hier wird wieder zwischen Volk und Jüngern unterschieden, gilt den Jüngern – und zunächst einmal nur ihnen – eine besondere »Moral« aus der Geschichte vom reichen Kornbauern. Für sie, die alles verlassen haben, kann ja auch nun die Habsucht keine Gefahr mehr sein. Die *armen* Jünger haben andere Probleme, die vom geraden Gegenteil dessen bewirkt werden, was den Bauern zur Habsucht treibt: Seinem Überfluß (perisseuein) steht ihr Mangel gegenüber, sein vorsorgendes Verhalten ist Habsucht, ihre Notdürftigkeit steht in der Gefahr einer anderen Art der falschen »Sorge«.

Einen weiteren Beleg für die planmäßige Differenzierung der Reden Jesu bei Lk finden wir im selben Kapitel. In 12,41 fragt Petrus als Repräsentant der Jünger ausdrücklich: »Herr, sagst du diese Parabel uns oder allen?« Diese Frage des Petrus ist aber durchaus notwendig, wenn Lk erreichen will, daß sich Jesu Rede über Wachsamkeit und Treue (12,36ff.) nicht nur die Jünger gesagt sein lassen sollen. Denn sie waren seit V. 22 wieder angesprochen. Jesus gibt auf die Frage des Petrus keine direkte Antwort, sondern begegnet mit einer Gegenfrage, die die sachliche Aussage von vorher weiterführt (12,42). So als ob dies eben auch keine Frage ist, sondern diese Mahnung selbstverständlich allen gilt: Bereit sein für die Ankunft des Menschensohnes. In jedem Fall setzt aber die Zwischenfrage des Petrus das Bewußtsein einer Differenzierung der Jesusrede nach Adressatenkreisen voraus, und in jedem Fall ist diese Differenzierung ein Werk des Lk.

Unsere bisherigen Beobachtungen haben ergeben, daß Lk mit Hilfe einer einfachen kompositorischen Maßnahme Texte, in denen das Problem Armut/Reichtum eine Rolle spielt, in einen differenzierten Zusammenhang stellt. Dabei konnten an den gewählten Beispielen nicht nur formale Übereinstimmungen in der szenischen Gestaltung durch Lk festgestellt werden. Vielmehr deuten diese Beispiele auch auf eine konkrete inhaltliche Absicht, gerade weil die jeweiligen Inhalte sich gegenüberstehen. Die Preisung der Armen in der Feldrede kann nur den Jesus-Jüngern, nicht der übrigen Volksmenge gelten, da die Jünger in der Nachfolge zu Armen (ptōchoi) geworden sind, wie nur Lk betont herausstellt. Die Warnung vor der Habsucht mit dem abschreckenden Beispiel des Reichen kann aus diesem Grund aber nicht dem Kreis der Jünger gelten, sondern nur der zuhörenden Volksmenge. Für die besitzlosen Jünger findet zusätzlich eine andere Moral des abschreckenden Exempels Anwendung: Sorget nicht! Ihre Sorge für das Lebensnotwendige erwächst sinnvoll aus dem Mangel ihrer freiwilligen Armut, die handfeste Vorsorge des Reichen steht im Dienste der Habsucht. Gemeinsam ist den gewählten Beispielen aus Kapitel 6 und 12 des Lk also auch eine Kontrastierung von reich und arm. Den »Reichen«/plousioi in 6,24-26 bzw. 12, 13-21 stehen in 6,20-23 und 12,1-12.22ff. die armen *Jünger* gegenüber.
Diese Analyse setzt allerdings nicht nur voraus, daß Lk seine Darstellung planmäßig gestaltet. Sie rechnet auch damit, daß er sie bis ins Detail hinein sorgfältig verfolgt. Läßt sich dieser Eindruck bestätigen? An der lk Version der Geschichte vom »reichen Jüngling« (Lk 18,18-30/Mk 10,17-31) sollen unsere bisherigen Ergebnisse überprüft und weitergeführt werden. Dieser Text bietet sich auch darum an, weil wir hier durch die genaue Kenntnis der Vorlage dieser Erzählung bei Mk die Eingriffe und Interpretationen des Lk genauer studieren können.

3. Auslegung der Geschichte vom »reichen Jüngling«

Die Erzählung von einem reichen Mann, dessen Besitz ihn daran hindert, Jesu Ruf in die Nachfolge anzunehmen, hat Lk aus dem Evangelium des Mk übernommen. Durch den Vergleich der lk Version dieser Geschichte mit ihrer Mk-Vorlage läßt sich die Arbeit des Lk genauestens verfolgen. Die Ausbeute eines solchen synoptischen Vergleiches muß relativ gering erscheinen, sofern man beide Perikopen isoliert gegenüberstellt. In diesem Fall wird man die lk Veränderungen an der Mk-Vorlage als Quisquilien beurteilen. Setzt man allerdings unsere bisherige Analyse des Lk voraus, so wird deutlich, daß selbst kleinere Korrekturen des Lk zu einer gravierenden Veränderung der Tendenz dieser Erzählung beitragen. Tatsächlich legt Lk eine eigene *Interpretation* dieser Geschichte vor, die im Kontext seines Evangeliums dieser Perikope eine neue Funktion und einen anderen Sinn gibt.

Bei Mk läßt sich diese Geschichte ohne Mühe in zwei Abschnitte unterteilen. In die Erzählung von einem vermögenden Mann, dessen Besitz ihn daran hindert, Jesu Ruf in die Nachfolge anzunehmen (10,17-22). Und in ein anschließendes Nachgespräch über diese Absage zwischen Jesus und seinen Jüngern (10,23-31). Lk behält schon diesen Aufriß *nicht* bei. Ein Szenenwechsel, der bei Mk dadurch veranlaßt wird, daß der Reiche abtritt, findet bei Lk nicht statt. Denn der reiche Vorsteher (archōn) verläßt bei Lk nicht den Ort der Handlung. Vielmehr geschieht bei Lk die Klage Jesu über das schwierige Eingehen der Reichen in die »Königsherrschaft Gottes«/basileia tou theou im Angesicht des Reichen, während in der Mk-Vorlage hier die Jüngerunterredung beginnt. Bei Mk unterbricht dann jeweils die Reaktion der Jünger diese Klage. Zunächst wundern sich bei Mk die Jünger darüber, daß die Besitzenden schwer in die Basileia eingehen. Jesus setzt darum noch einmal an – nun aber allgemeiner, indem er beklagt, wie schwer es überhaupt ist, in die Gottesherrschaft zu kommen. Darauf folgt dann der »Kamelspruch«, wonach es leichter ist, daß ein Kamel durchs Nadelöhr geht als daß ein Reicher in die Basileia eingeht. Über dieses harte Jesus-Wort erschrecken die Jünger bei Mk über die Maßen und fragen untereinander, wer dann gerettet werden kann. Jesus beantwortet schließlich diese Frage, indem er dieses Menschen-Unmögliche Gottes Gnade vorbehält.

Lk läßt bei dem Gespräch über das schwierige Eingehen in die Königsherrschaft Gottes den reichen Vorsteher anwesend sein und streicht die Reaktion der Jünger. Bei ihm nimmt sich die Klage Jesu anders aus. Doch nicht nur dies, insgesamt gibt Lk dieser Erzählung eine neue Tendenz. Der Reiche wird schon als hochgestellte Persönlichkeit (archōn) eingeführt. Lk ist – das zeigt auch seine Korrektur: »Er war sehr reich«/plousios sphodra: V. 23 – ausdrücklich an einer »soziologischen« Charakterisierung dieses Mannes als einer hochgestellten und reichen Persönlichkeit interessiert. Das bestimmt auch den Ablauf der Geschichte.

Der Vorsteher fragt Jesus, was er tun muß, um ewiges Leben zu erben. Jesus verweist auf die Gebote. Diese hat der Vorsteher von Jugend an gehalten. Daraufhin sagt Jesus zu ihm: »Eins fehlt dir noch: Verkaufe alles was du hast und verteile es unter Arme und du wirst einen Schatz im Himmel haben, und auf folge mir« (V. 22).

Über diese Aufforderung wird der Vorsteher »sehr traurig« (perilypos), »denn er war sehr reich«. Unmittelbar darauf sagt Jesus, indem er den Reichen anblickt: »Wie schwer gehen die, die Güter haben, in das Reich Gottes. Denn es ist leichter, daß ein Kamel durch ein Nadelöhr geht als ein Reicher in die Königsherrschaft Gottes« (V. 24f.). Lk streicht also nicht nur die Reaktion der Jünger, er tilgt auch die generalisierende Wendung über das schwierige Eingehen in die Basileia überhaupt. Schließlich fragen bei Lk auch nicht die Jünger, sondern von ihm eingeführte Zuhörer (akousantes): »Wer kann dann gerettet werden?« (V. 26). Nun wäre es allerdings unzureichend anzunehmen, diese Darstellung des Lk folge zwangsläufig aus dem Umstand, daß er den Reichen weiterhin anwesend sein läßt. Denn er hätte ja theoretisch auch im Beisein des Reichen das mk Nachgespräch zwischen Jesus und den Jüngern führen lassen können. Wenn Lk den Reichen anreden, aber die Jünger hier aus dem Spiele läßt, so hat beides bei ihm den gleichen guten Sinn. Denn bei Lk können sich die Jesus-Jünger nicht mehr darüber wundern, daß es für die Besitzenden schwer ist, in die Basileia zu kommen, noch können sie darüber erschrecken, daß dies offenkundig unmöglich scheint. Und auch die Frage, wer dann gerettet werden kann, ist im Kontext des Lk im Munde der Jünger nicht möglich. Wir werden das näher begründen.

Zunächst ist zu beachten, daß die Geschichte vom reichen Vorsteher eine mißglückte Jüngerberufung schildert. Jesu Aufforderung – verkaufe alles und folge mir – ist Ruf in die Nachfolge als Jünger. Zwar ist dieser Zug schon in der mk Vorlage vorhanden, doch bedeutet es im Lk etwas ganz Bestimmtes, wenn jemand in die Nachfolge als mathētēs gerufen wird. Denn für Lk gehört – wie wir bereits gesehen haben – der völlige Besitzverzicht zur Jüngernachfolge hinzu. Jesu Aufforderung an den Reichen, seinen Besitz zu verkaufen, wird von Lk darum nicht zufällig durch ein *»panta« (alles),* das er der Mk-Vorlage hinzufügt, verdeutlicht. Hatte Lk anders als Mk die Berufungsgeschichten des Petrus bzw. der Zebedaiden und des Levi darin verändert, daß diese bei ihm nun in der Nachfolge Jesu alles verlassen (5,11.28), so geht darüber hinaus aus zwei weiteren Versen hervor, *daß für Lk der völlige Besitzverzicht konstitutiv zur Nachfolge Jesu als Jünger gehört.* In 12,33 fordert Jesus – wiederum nur bei Lk – dazu auf: »Verkauft euren Besitz und gebt ihn als Almosen . . .«. Diese Aufforderung gilt aber eindeutig den Jüngern Jesu, wie der Textzusammenhang klar macht. Ebenso verhält es sich in 14,33, in einem Zusammenhang, in dem Jesus überhaupt die Bedingungen der *Jünger*-Nachfolge festlegt: »So nun kann keiner von euch, der nicht allem seinem Besitz

entsagt, mein Jünger sein«. Auch dieser Vers ist ein lk Spezifikum. Somit ist nicht mehr zweifelhaft, daß vollständiger Besitzverzicht *für Lk* eine unabdingbare Konsequenz der Nachfolge Jesu als Jünger ist.
Doch wir müssen noch einen weiteren Gedankenschritt vollziehen, um die lk Interpretation dieser Geschichte vom reichen Vorsteher zu verstehen. Bis hierher ist ja vorerst nur noch einmal deutlich geworden, daß völliger Besitzverzicht zur Jüngerexistenz gehört und eben die Erzählung vom reichen Vorsteher eine mißglückte Jüngerberufung eines Reichen schildert. Die lk Korrekturen an Jesu Klage über das schwierige, ja schier unmögliche Eingehen der Besitzenden bzw. Reichen in die Königsherrschaft Gottes sind damit noch nicht völlig erklärt. Diesen Zusammenhang erklärt eine andere Eigenheit der Jüngerthematik im Lk. Denn Jesu Ruf in die Nachfolge als Jünger ist bei Lk auch immer Ruf ins *gegenwärtige* Reich Gottes. Wer diesen Ruf annimmt und die daraus folgenden Konsequenzen auf sich nimmt, dem wird von Jesus hier und heute Teilhabe an der Basileia zugesprochen: »Selig seid ihr Armen, denn euch gehört (estin) das Reich Gottes« (6,20b). Und im Zusammenhang der an die Jünger gerichteten Rede über das »Sorgen« sagt Lk: »Fürchte dich nicht, du kleine Herde! Denn es hat eurem Vater gefallen, euch das Reich zu geben (dounai)« (12,32). Schließlich haben nach der Interpretation von *Lk* im Kontext der Geschichte vom reichen Vorsteher die Jünger um des Reiches Gottes willen alles verlassen (18,29b; anders Mk 10,29). Und auch jene umstrittene Antwort Jesu auf die Frage der Pharisäer, wann die Basileia kommt – nämlich: »Denn siehe, die Königsherrschaft Gottes ist unter euch (entos hymōn estin)«, 17,21 – gehört hierher. Aus dieser Antwort Jesu bei Lk kann man auch vermuten, wie der Evangelist sich die Gegenwart der Königsherrschaft Gottes vorstellt. Sie ist in der Person Jesu anwesend, wie die Herrschaft einer profanen Basileia durch den Kaiser oder einen anderen Staatsführer bzw. deren Vertreter anwesend ist. Jesu Ruf in die Nachfolge ist Ruf ins gegenwärtige Reich, das – so kann man vorsichtig formulieren – mit Jesus auf der Erde gegenwärtig ist. Als solcher ergeht dieser Ruf an den reichen Vorsteher, als solcher wird er von ihm ausgeschlagen. Diese Interpretation des Lk läßt sich schließlich noch mit einer anscheinend unbedeutenden Korrektur des Evangelisten an seiner mk Vorlage belegen. Bei Mk beklagt sich Jesus darüber, wie schwer die Besitzenden in die *künftige* Basileia hineingehen werden (eiseleusontai, Futur, 10,23). Bei Lk dagegen beklagt Jesus diese Schwierigkeit für die *Gegenwart* (eisporeuontai, Präsens, 18,24). Der lk Jesus macht also auch keine Aussage über die himmlische

Zukunft des Reichen, sondern über dessen Gegenwart bzw. die Gegenwart des Gottesreiches. Jetzt, in der Gegenwart Jesu und damit der Gegenwart des Gottesreiches, schlägt er die Nachfolgeforderung Jesu ab und seine Teilhabe an der Basileia aus. Er bestätigt damit *exemplarisch* das Wehe über die Reichen. Die armen Jesus-Jünger werden seliggepriesen, denn sie erhalten Anteil an der Gegenwart der Gottesherrschaft. Über die Reichen ergeht das Wehe, denn sie haben ihren »Trost« (paraklēsis) schon empfangen (6,20b.24).

Der reiche Vorsteher kennt und hält die Gebote, doch er will vom Gebot der Stunde nichts wissen: Verkaufe alles und folge mir. Ihm gilt darum – und das wird in diesem Zusammenhang in der Form des »Kamelspruches« ausgedrückt – das Wehe, weil er nicht in die gegenwärtige Basileia hineinkommt. Kommt es da von ungefähr, wenn Lk jene »emotionale« Reaktion Jesu bei Mk – »er gewann ihn lieb«, 10,21 – streicht? Das Wehe über den Reichen, der nicht in die Königsherrschaft Gottes kommt, weil er an seinem Reichtum klebt, ist kaum mit dieser Reaktion zu vereinbaren. Und noch in Jesu Antwort auf die Frage der Zuhörer, wer dann gerettet werden kann, scheint sich die lk Interpretation auszuwirken. Bei Mk stellt Jesus *kategorisch* fest: »Bei den Menschen ist es unmöglich«, um dann die Möglichkeit Gott zu reservieren (Mk 10,27). Der lk Jesus ist nicht so kategorisch, sondern sagt allgemeiner: »Die unmöglichen Dinge für den Menschen sind möglich bei Gott« (V. 26). Sind nicht die anwesenden Jünger ein lebendiges Gegenbeispiel dafür, daß es menschenmöglich ist, gerettet zu werden? Petrus weist denn auch als Vertreter der Jünger daraufhin: »Siehe, wir sind dir nachgefolgt und haben unser Eigentum verlassen« (V. 28). Lk folgt hier wieder dem Mk-Aufriß der Geschichte, doch ergreifen bei ihm erst an dieser Stelle die Jünger das Wort. Aus der Formulierung des Petrus könnte man denn auch schließen, daß Lk auch hier noch einmal – sozusagen grammatisch und sachlich – in der Zeitform bleiben will. Er schildert die Nachfolge der Jünger als ein punktuelles, abgeschlossenes Ereignis in der Vergangenheit (ēkolouthēsamen, Aorist), während Mk sie als einen noch gegenwärtig andauernden Zustand im Perfekt (ēkoulouthēkamen) beschreibt.[12] Schließlich streicht Lk auch noch das mk Schlußlogion: »Viele aber, welche Erste sind, werden Letzte sein und die Letzten Erste« (Mk 10,31).[13] Im Zusammenhang seines Jüngernachgespräches *kritisiert* Mk mit diesem »eschatologischen Fragezeichen« den selbstbewußten Hinweis des Petrus auf den Verzicht der Jünger. Lk jedoch zieht die Verzichtleistung der Jünger nicht in Zweifel, auch nicht unter einem eschatologischen Aspekt. Sie haben Anteil an der

Basileia – und zwar jetzt schon. Daß Lk diesen Vers hier streicht, unterstützt noch einmal unsere Vermutung, daß er ein ganz bestimmtes Bild von der Jüngernachfolge, der zu ihr gehörenden Armut und der gegenwärtigen Teilhabe an der Königsherrschaft Gottes hat. Diesem Bild kontrastiert eine Einschätzung der Reichen. Also: Freiwillige Armut, Jünger Jesu zu sein und gegenwärtige Teilhabe am Reich Gottes gehören ebenso zusammen, wie Reichtum an der Jüngernachfolge hindert und Reiche aus der gegenwärtigen Basileia ausgeschlossen bleiben.
Der reiche Vorsteher wird in die Nachfolge mit der Konsequenz des völligen Besitzverzichtes gerufen. Aber gerade sein Reichtum hindert ihn an der Befolgung dieses Rufes. Da diesem Reichtum die völlige Armut der Jesus-Jünger scharf gegenübersteht, liegt der Schluß nahe, daß für Lk Reichtum kein zufälliges, neben anderen möglichen Hindernissen bestehendes Defizit der Bereitschaft zur Nachfolge ist. Die mißglückte Berufung des reichen Vorstehers demonstriert geradezu diesen Zusammenhang.

III. Welche Bedeutung hat die freiwillige Armut der Jünger?

1. Die Armut der Jünger als vergangenes Geschehen zu Lebzeiten Jesu

Unsere Absicht war es, einen Zugang zur sozialen Botschaft des Lk zu bekommen. Was haben die bisherigen Analysen dazu erbracht? Wir haben zunächst eine auffällige szenisch-formale Differenzierung zweier in unserem Zusammenhang relevanter Reden Jesu festgestellt. Lk unterscheidet den Kreis der Jünger und die Volksmenge als Adressaten der Reden Jesu. An die Jünger richtet Jesus die Armenpreisung, der Volksmenge gilt jener Teil der Feldrede, der durch das Feindesliebe-Gebot eingeleitet wird. Der Volksmenge hält Jesus die Gefahr der Habsucht vor Augen, für die Jünger zieht er ein anderes Fazit aus dem Verhalten des reichen Kornbauern. Der formalen entspricht also eine inhaltliche Differenzierung. Die Seligpreisung der Armen gilt den Jüngern, weil sie in der Nachfolge freiwillig zu Armen geworden sind. Der lk Jesus preist weder Armut an sich, noch Menschen, die unfreiwillig zur Armut verdammt sind. Armut ist als Folge freiwilligen Besitzverzichtes bei Lk ein unabdingbarer Preis für die Nachfolge Jesu als Jünger. Entsprechend kann andererseits die Warnung vor der Habsucht nicht mehr den Jüngern gelten. Nicht Überfluß und die daraus erwachsende Gefahr habsüchtiger Vorsorge, sondern Mangel und die daraus resultierende Gefahr, für den notdürftigen Lebensunterhalt und nicht zuerst für die Herrschaft der Basileia zu sorgen, ist ihr Problem. Die mißglückte Berufung des reichen Vorstehers bestätigte dann, daß Jesu Wehe über die Reichen zu Recht besteht, freiwillige Armut zur Jüngerexistenz gehört. So wie die armen Jünger in der Feldrede programmatisch seliggepriesen werden und mit der Teilhabe an der gegenwärtigen Basileia belohnt werden, wird über die Reichen grundsätzlich das Wehe gesprochen, weil sie aus der Königsherrschaft Gottes ausgeschlossen bleiben – jedenfalls in deren Gegenwart. Lk tilgt in der Perikope vom reichen Vorsteher darum auch konsequent jegliche Möglichkeit der Sympathie mit dem Reichen, andererseits jeglichen Versuch, die Leistung der Jünger und deren Belohnung in Frage zu stellen. Es zeigte sich dann, daß die Aussagen über die freiwillige Armut der Jesusjünger im Kontext des Problems der Nachfolge in einem engen Zusammenhang zu Aussagen über Reiche stehen. Völliger Besitzverzicht, Nachfolge als Jünger und Anteil an der gegenwärtigen Königsherrschaft Gottes gehören unmittelbar zusammen *und* stehen Aussagen über Reiche, die exemplarisch im Vorsteher wegen ihres Reichtums den Ruf in die Jüngernachfolge abschlagen und damit aus der Gottesherrschaft ausgeschlossen bleiben, gegenüber.

Gerade dieser Zusammenhang könnte nun so verstanden werden, daß Lk die *Jüngernachfolge* zum *Kristallisationskern* des Problems Armut/Reichtum macht. Unter dieser Voraussetzung würde Lk dann das hartnäckige Festhalten am Reichtum nur darum so betont herausstellen, weil dadurch um so deutlicher die freiwillige Armut der Jünger hervortreten kann. Schließlich läßt Lk ja auch keinen Zweifel darüber aufkommen, daß es sich bei der Jüngernachfolge Jesu um ein *vergangenes* Geschehen handelt. So liegt der Schluß nahe, daß für Lk auch das soziale Gefälle zwischen Armen und Reichen ein vergangenes Problem ist.

Zweifellos versteht Lk die Jüngernachfolge Jesu als ein vergangenes Phänomen. D.h. er schildert die Nachfolge der Jesusjünger so, daß der zeitgenössische Leser des Evangeliums kaum auf den Gedanken kommen kann, er müsse als Christ wie die Jesusjünger seine eigene Nachfolge einrichten. Denn da fehlt schon eine entscheidende Bedingung der Möglichkeit solcher Form der Nachfolge: Jesus ist gar nicht mehr auf Erden. Dies reflektiert gerade Lk in der Himmelfahrt Jesu als dem Ende von dessen irdischer Wirksamkeit und Anfang davon, daß er nun im Himmel bereitsteht (vgl. Lk 24,50-53; Apg 1,1-11; 2,33-36). Dieser Veränderung der Anwesenheit Jesu bzw. mit ihm der Königsherrschaft Gottes entspricht eine Änderung der »Funktion« der Jesusjünger. Sie sollen nun *Zeugen* des schriftgemäßen

Geschickes Jesu – zumal seiner Auferstehung – sein und allen Völkern die Umkehr zur Vergebung der Sünden predigen (Lk 24,44-49; Apg 1,8). In der Nachwahl des Matthias zum Apostel wird diese Funktion des Jünger-Apostels als Zeuge noch einmal herausgestellt (Apg 1,22). Hier kommt denn auch die große Schar der Jesusjünger letztmals in den Blick, als »Reservoir« für diese Zeugen-Aufgabe (Apg 1,21 f.). Danach wird von der Schar der Jesusjünger nicht mehr geredet. Schließlich differenziert Lk schon innerhalb des Evangeliums – also zu Lebzeiten Jesu – unter einem zeitlichen Aspekt. In Lk 22,35-38 blickt Jesus auf die vorangegangenen Aussendungen der Jünger zurück und markiert einen neuen Abschnitt von deren Existenz.

Hält Lk also auch die Probleme der Reichen für vergangene, die mit der besitzlosen Jüngerschaft zu Zeiten der irdischen Wirksamkeit Jesu vergangen sind? Etwa: Damals zur Zeit Jesu war freiwillige Armut das Gebot der Stunde, Reichtum das größte Hindernis, um in die Königsherrschaft Gottes zu kommen. Heute aber – zur Zeit der lk Gemeinde – kann niemand mehr Jesus nach Jerusalem folgen, hat sich nicht nur die spezifische Form dieser Nachfolge überholt, sondern ist auch das Problem des Reichtums anders zu beurteilen. Die verschiedenen Variationen einer solchen »historisierenden« Interpretation der lk Stellungnahme zum Problem arm – reich können hier nicht genannt werden.[14] Ihnen allen ist die durchaus richtige Einsicht gemeinsam, daß im Lk der totale Besitzverzicht seinen Kontext in der Nachfolge zu Lebzeiten Jesu hat. Doch wird hier übersehen, daß die freiwillige Armut der Jünger, obwohl sie der Vergangenheit angehört, eine *aktuelle* Bedeutung hat. Lk ist kein »Seelsorger« der Reichen in dem Sinne, daß er nun die Kritik an ihnen, wie sie ihm aus der ältesten Jesustradition bekannt ist, ebenfalls zu einem vergangenen Phänomen macht. Die Frage, welche aktuelle Bedeutung die Kritik an den Reichen hat, muß allerdings zunächst zurückgestellt werden, da noch das Problem des vergangenen Besitzverzichtes der Jünger einer genaueren Erörterung bedarf. Denn es ist ja durchaus noch offen, in welchem Sinn hier von Vergangenheit gesprochen werden muß. Zur Beantwortung dieser Frage muß aber die Eigenart der lk Darstellung der Existenz der Jesusjünger genauer in den Blick kommen. Sie ist in der freiwilligen Armut der Jünger und deren Teilhabe an der gegenwärtigen Basileia schon hervorgetreten. Zweifellos hat Lk gerade an dem totalen Besitzverzicht der Jesusnachfolger ein besonderes Interesse, da nur er ihn betont herausstellt. Er verwendet dazu spärliche Notizen bei Mk und entwirft unter Einbeziehung der Logienquelle ein völlig eigenes Bild von der Jüngerexistenz. Dieses soll im folgenden Abschnitt insoweit nachgezeichnet werden, als es im Zusammenhang unserer Frage nach der sozialen Botschaft des Lk relevant ist. Vor allem muß also die Frage beantwortet werden, welche Bedeutung die *so* vergangene Existenzform der Jünger Jesu für die gegenwärtige Aussageabsicht der sozialen Botschaft des Lk hat.

2. Das einfache Leben der Jünger als literarisches Ideal

Warum betont gerade Lk – und streng genommen nur er –, daß die Jünger Jesu in der Nachfolge alles verlassen haben? Denn dies will ja von vorneherein beachtet sein: Die ersten Jünger Jesu werden bei Lk *freiwillig* zu Armen (ptōchoi). Sie sind weder als Arme geboren worden, noch zwangsweise, durch ihre ökonomische Lage bedingt, arm gewesen. Ihre Armut resultiert aus einem völligen Verzicht auf Besitz. Von daher ist sie auch nicht als jammervoller Zustand, sondern als das in der Nachfolge angemessene Verhalten geschildert. Lk glorifiziert also nicht erduldete Armut. Ptōchoi in diesem Sinne sind bei ihm die Empfänger von »Almosen« – nicht aber die Jünger Jesu. Freiwillige Armut der Jünger und schicksalhafte Armut der Bettler gehören bei Lk insofern zusammen, als den schicksalhaft Armen zugute kommen soll, worauf die Jünger verzichten (Lk 12,33; 18,22). Jesus ruft bei Lk keine Armen in den Jüngerkreis, sondern Besitzende, die noch etwas verlassen oder verkaufen können.[15] Sie alle sind zwar kleine Leute (Fischer, Zöllner) – mit Ausnahme des reichen Vorstehers, dessen Berufung ja auch mißglückt –, aber keine Bettelarmen. Eine erste Antwort auf die Frage, warum Lk die freiwillige Armut der Jünger betont herausstellt, muß also so umschrieben werden: Die freiwillige Armut der Jünger im Lk hat den Charakter eines *literarischen Ideals*. Daß es sich um ein literarisches Ideal handelt, zeigt sich schon daran, daß Lk sich *unfreiwillige* Armut der Jesusjünger gar nicht mehr vorstellen kann. Er denkt sich ihre Armut als respektable Verzichtleistung. Ein einziges Stichwort belegt diesen Umstand demonstrativ. Lk 22,35-38 nimmt der Evangelist noch einmal Bezug auf die Aussendung der Jünger. Wer jetzt noch einen Geldbeutel oder eine Tasche hat, der soll sie behalten. Wer sie aber nicht hat, der soll seinen »Mantel«/himation verkaufen und ein Schwert dafür erstehen. Wir haben bei der Auslegung der Aussendungsrede in der Logienquelle gesehen, daß der Besitz eines »Mantels«/himation für den jüdischen Normalbürger, d. h. für die kleinen Leute Palästinas etwa zur Zeit Jesu, fast unerschwinglich war. Der Wert eines solchen Mantels entsprach etwa einem halben Jahresverdienst eines Tagelöhners. Auf diesem Hintergrund wird deutlich, daß Lk offensichtlich großzügig mit einem für die kleinen Leute Palästinas äußerst wertvollen Besitz umgeht. Dieser Sachverhalt zeigt gleichermaßen den literarischen Charakter der lk Darstellung der Jüngerexistenz wie den sozialen Hintergrund des Evangelisten selbst.

Es ist darum äußerste Vorsicht geboten, aus *lk* Berichten über die Existenzweise der Jesusjünger auf die historische Lage von Jesusnachfolgern in Palästina im zweiten Drittel des 1. Jahrhunderts zurückzuschließen. G. Theißen hat die Situation dieser Jesusanhänger durch das Stichwort »Wanderradikalismus« zu kennzeichnen versucht.[16] Und es sind denn gerade auch lk Texte, die er für dieses Phänomen der sozialen Entwurzelung in Anspruch nimmt. Ja, man kann geradezu verallgemeinernd sagen, daß das Bild, das Theißen von den charismatischen Wanderern zeichnet, die im zweiten Drittel des 1. Jahrhunderts in Palästina als Jesusnachfolger aufgetreten sein sollen, in wichtigen Elementen durch lk Texte genährt wird. Dies trifft vor allem für das von Theißen so genannte »Ethos« der »Besitzlosigkeit«, aber auch – wie später noch deutlicher werden wird – für das »afamiliäre Ethos« dieser radikalen Wanderer zu. Hatten wir im Zusammenhang der Auslegung der Logienquelle festgestellt, daß die *historische Situation* der Wandercharismatiker, die Theißen sich vorstellt, weitgehend zur Situation der Q-Propheten paßt, *nicht* aber das von Theißen gezeichnete *Bild* dieser Radikalen, so müssen wir hier festhalten, daß Theißens Bild von der Existenzweise der Wanderradikalen weitgehend dem Jüngerbild des Lk entspricht; doch paßt zu diesem wiederum *nicht* die *historische Situation*, in die er sie einordnen will.

Die Armut der Jünger ist für Lk ein durch außerbiblische literarische Ideale mitgestaltetes Bild. Doch darf dies nicht falsch verstanden werden. Etwa in dem Sinne, daß er hier in seliger Erinnerung an die heroischen Anfänge der christlichen Bewegung schwelgt und eine vergangene Zeit preist, in der es noch den Jüngern möglich war, den Ballast des Besitzes fortzuwerfen und ihr Leben ganz Jesus bzw. der Evangeliumsverkündigung hinzugeben. Vergleichbar etwa der Sehnsucht wohlhabender und gebildeter Hellenisten dieser Zeit, die vom *einfachen Leben* träumten, in dem der Hunger der beste Koch, Arbeit das beste Schlafmittel, körperliche Widerstandsfähigkeit durch Abhärtung der beste Arzt ist. Von *diesem* einfachen Leben wie in grauer Vorzeit, bei den Naturvölkern oder von der Zivilisation weithin unberührten Gruppen (Hirten, Jäger, Bauern) schwärmten der reiche Großgrundbesitzer Seneca, der kulturkritische Rhetor Dion von Prusa, der Hofdichter des Augustus: Vergil.[17] Doch das arme Leben der Jesusjünger wird von Lk weder als Idylle dargestellt, noch als das in Wahrheit angenehme Leben ausgegeben, das einer dekadenten, der Kultur und des Luxus überdrüssigen reichen Oberschicht als nachahmenswert vor Augen gemalt wird. Die einfache Jüngerexistenz dient bei Lk nicht als Ruf zurück zur Natur, ist nicht Tagtraum eines Reichen, der das bittere Leben der Armen seiner eigenen, von der Last der Sorgen und der Gier nach immer mehr gebeugten Lebensweise gegenüberstellt. Obwohl vieles an das Ideal vom einfachen Leben in griechisch-römischer Literatur erinnert, ist die freiwillige Armut der Jesusjünger bei Lk kein Ideal, das auch Reiche entzücken kann. Denn die Armut der Jünger gehört zusammen mit dem unerbittlichen Wehe über die Reichen. Schließlich ist schon darauf hingewiesen worden, daß diese Form der Jüngernachfolge ihren *unwiederholbaren* Kontext in der Nachfolge Jesu auf dessen Weg nach Jerusalem hat, daß Lk ihr außerhalb des Einzugsbereiches dieser qualifizierten Nähe zu Jesus nirgends einen eigenständigen Sinn als nachahmenswertes Ideal gibt.

Tatsächlich hat der völlige Besitzverzicht der Jünger im Lk nur in der außergewöhnlichen Begegnung mit Jesus seine Ursache. So stellen es die lk Berufungsgeschichten dar (5,1-11.27-32), in denen dieser Verzicht auch nicht einmal von Jesus ausdrücklich verlangt wird. Und auch 12,33: »Verkauft euren Besitz und gebt ihn als Almosen; machet euch Beutel, die nicht veralten, einen unerschöpflichen Schatz im Himmel, wo kein Dieb sich naht und keine Motte Zerstörung anrichtet. Denn wo euer Schatz ist, da wird auch euer Herz sein« – gibt *keine ethische* Begründung für den Besitzverzicht. Diese Mahnung gilt ja den Jüngern. Bei Lk fehlt denn in diesem Zusammenhang auch bezeichnenderweise das Verbot: »Sammelt euch nicht Schätze auf Erden . . .« (Mt 6,19). Anstelle dieser Warnung vor der Vergänglichkeit des Besitzes fordert Lk ungleich radikaler dessen Verkauf. Lk will nicht vor dem »Schätzesammeln«/thēsaurizein warnen und vermeidet darum auch diesen Begriff 12,33b (anders Mt 6,20). Alles bleibt auch hier der Jüngernachfolge untergeordnet. D. h. auch Lk 12,33 ist keine ethische Mahnung, sondern beschreibt die konkrete Konsequenz der Jüngernachfolge damals in der Gegenwart Jesu.

Ein Blick auf Lk 14,25-33, wo Jesus die Bedingungen nennt, die er an einen *Jünger* stellt, macht diesen Sachverhalt unmißverständlich deutlich. Jesus ist auf dem Weg und eine große Volksmenge zieht hinter ihm her. Dieser nun werden die außergewöhnlichen Anforderungen vor Augen gehalten, die einem *Jünger* gelten. Nicht das bloße Mitwandern mit Jesus, sondern kompromißlose und radikale Verzichtleistungen kennzeichnen einen Jünger. Dabei wird, das ist vom Duktus dieser Perikope her unverkennbar, der *Gipfelpunkt* der Anforderungen an einen Jünger im *völligen Besitzverzicht* gesehen. Er wird betont ans Ende gestellt, nicht ohne daß zuvor in zwei bildhaften Vergleichen (vom Turmbauen und Kriegführen) der außergewöhnliche Aufwand der Anforderungen noch einmal herausgestellt wird. Man wird die beiden Gleichnisse nicht überstrapazieren dürfen, ihr tertium comparationis ist unmittelbar evident: Ein großes Vorhaben verlangt, daß man die Kosten überschlägt, sich prüft, ob man den langen Atem hat, es durchzuhalten. Erwäge die Folgen, bedenke, welch große Sache du dir vornehmen willst! so mahnen diese Gleichnisse.[18] Und die Forderungen Jesu konkretisieren diese Mahnungen für die Sache der Jüngernachfolge. Sie gipfeln im völligen Besitzverzicht. Lk stellt gerade nicht eine vernünftige, »logische« Reihenfolge von Anforderungen her. Das eigene Leben zu »hassen«, ja es gegebenenfalls als Märtyrer am Kreuz dranzugeben (14,26f.), diese Forderungen mögen, da ja das Leben das höchste aller Güter ist, den Besitzverzicht als eine zweitrangige »Leistung« erscheinen lassen – wenn man den gesunden Menschenverstand bemüht. Doch dieser vernünftigen Klimax von Verzichtleistungen begegnen wir bei *Lk nicht.*[19] Der Besitzverzicht ist nach seiner Darstellung die höchste Anforderung an einen Jünger. Dieses Ergebnis der Beobachtungen an 14,25-33 läßt sich ja gerade von der Erzählung der mißglückten Berufung des reichen Vorstehers her bestätigen.

3. Die Armut der Jünger ist Kritik an den Reichen

Doch welche Funktion hat nun eigentlich dieses literarische Ideal bei Lk? Bisher hatte sich ja dafür noch keine Antwort finden lassen. Unsere Antwort lautet: Der im freiwilligen Besitzverzicht gipfelnde Verzicht der Jesusjünger hat die Funktion der *Kritik an den Reichen.*

Wir haben darauf hingewiesen, daß der Traum vom einfachen Leben durchaus auch in den Salons der Reichen geträumt worden ist. Freilich hat wohl selten einer dieser Träumer daran gedacht, diese Lebensform zu verwirklichen. Ähnliches gilt grundsätzlich auch für Epictets Diatribe über das extrem anspruchslose Leben der Kyniker.[20] Epictet hält dort einem Bekannten, der offensichtlich dazu neigt, dieses Lebensideal der Kyniker zu verwirklichen, das Vorbild der kynischen Heroen vor Augen. Epictet läßt keinen Zweifel daran, daß er selbst diesen Stil einfacher Existenz nicht auf sich nimmt, daß gerade zu seiner Zeit jene, die sich als Kyniker ausgeben, nicht im entferntesten dem kynischen Ideal eines Krates oder Diogenes entsprechen. »Echte« Kyniker wie Krates und Diogenes gibt es für Epictet gar nicht mehr. Und er selbst verwandelt die kynischen Ideale gleichsam in »stoische«. Wo die Kyniker

Besitzverzicht fordern, erwartet Epictet die Beurteilung des Besitzes als eines »Adiaphoron«, das man gebrauchen soll, als besäße man es nicht. Ihm kommt es vor allem auf die »seelische« Einstellung des Besitzenden an, nicht auf die Faktizität des Reichtums. Trotzdem kann Epictet in glühenden Farben von den heroischen Verzichtleistungen der Kyniker sprechen, stellt das Leben des Krates und des Diogenes als Vorbild für einen jeden, der sich Kyniker nennen will, hin. Hier zeigt sich an einem außerbiblischen Beispiel noch einmal, daß ein ethischer Radikalismus seine Heimat durchaus nicht in der Lebensform wandernder Radikaler haben muß. Man kann – wie Epictet – von diesem Radikalismus in seiner Philosophenschule reden und dabei vom »Hörer-Geld« jener, die solche Vorträge hören, selbst gut leben.
Es ist aber dennoch die Existenzweise der kynischen Wanderphilosophen, die als naheliegendste literarische Analogie zur Darstellung der Jüngerexistenz, wie wir sie bei Lk finden, in Frage kommt. Wenn auch nicht in der Brechung, wie diese Existenz echter Kyniker bei Epictet begegnet, sondern in dem, was sich auch bei ihm noch als getreue Darstellung des Lebens der Kyniker findet. Zwar wird man auch bei Lk die Jesusjünger nicht mit den kynischen Wanderphilosophen verwechseln dürfen, doch lassen gerade sie sich gut miteinander vergleichen. Von diesem Vergleich her werden wir dann auch unsere Frage nach der Bedeutung der spezifischen Lebensform der Jesusjünger im Lk für dessen gegenwartsbezogene Botschaft beantworten können.
Es sind zwei Eigentümlichkeiten des Lebens der Jünger Jesu, die gerade *nur* Lk hervorhebt, die einen Vergleich mit den kynischen Wanderphilosophen herausfordern: Der schon genannte völlige Besitzverzicht, aber auch das Verlassen der Ehefrauen, das eben auch nur Lk herausstellt. Vom *Verlassen* der *Ehefrauen* sprechen Lk 18,29f. und 14,26. Lk 18,29f. lautet: »Es ist niemand, der Haus oder *Weib* oder Brüder oder Eltern oder Kinder um der Königsherrschaft Gottes willen verlassen hat, der nicht Vielfältiges empfängt in dieser Zeit und im künftigen Äon ewiges Leben«. Die Vorlage dieser beiden Verse bei Mk (10,29f.) hat die Frauen nicht erwähnt. Und in Lk 14,26 wird als eine Bedingung der Jüngerexistenz gefordert: »Wenn jemand zu mir kommt und nicht haßt seinen Vater und seine Mutter und seine *Frau* und seine Kinder und seine Brüder und seine Schwestern und dazu sein eigenes Leben, kann er nicht mein Jünger sein«. Der entsprechende Vers im Mt lautet dagegen: »Wer Vater oder Mutter mehr liebt als mich, ist meiner nicht wert; und wer Sohn oder Tochter mehr liebt als mich, ist meiner nicht wert« (Mt 10,37f.). Lk fügt also auch hier wieder

die Frauen ein, formuliert insgesamt radikaler und umfassender und bezieht diese Anforderungen ausdrücklich auf die *Jüngerexistenz*. Der Begriff »hassen«/misein, den Lk in diesem Zusammenhang verwendet, ist – was sich aus 18,29f. ergibt – hier als Aufkündigung der Gemeinschaft zu verstehen. Er ist nicht wie in unserer Sprache ein gefühlsmäßiger Ausdruck.

In diesem Zusammenhang ist zu beachten, daß Lk für das *gegenwärtige* Leben der Christen seiner Gemeinde in Bezug auf das Verhältnis zu den Ehefrauen eine andere Vorstellung hat. Ähnlich wie Paulus scheint Lk die Ehelosigkeit für ein *allen* Christen empfohlenes Ideal zu halten. Darauf deutet z. B. die Geschichte von der Frage der Sadduzäer nach der Auferstehung, und zwar gerade in ihrer lk Version. Auf die Frage, wem von den sieben Brüdern jene Frau in der Auferstehung angehören wird, die – um einen Nachkommen zu zeugen – mit allen sieben auf der Erde verheiratet war, sagt Jesus bei Lk: »Die Söhne dieser Welt heiraten und werden verheiratet. Die aber, welche gewürdigt worden sind, jener Welt und der Auferstehung von den Toten teilhaftig zu werden, heiraten nicht und werden nicht verheiratet« (20,34f.). In der mk Vorlage wird die Ehelosigkeit eindeutig für die künftige Auferstehung ausgesagt (Mk 12,25). Die Jünger Jesu sind nicht gemeint, denn sie stehen nicht vor dem Problem heiraten oder nicht heiraten, sie müssen ihre Frauen verlassen. Man wird den genannten Text vielleicht in Analogie zu 1. Korinther 7 verstehen dürfen. Für unsere These spricht auch, daß nur Lk unter den Ausreden, mit denen die Einladungen zum großen Gastmahl ausgeschlagen werden, erwähnt, daß jemand gerade geheiratet hat und darum nicht kommen kann (14,20). Schließlich formuliert Lk auch das Ehescheidungsverbot außergewöhnlich. Er verbietet nämlich im Grunde die Wiederheirat Geschiedener bzw. die Scheidung, sofern ihr eine Wiederheirat folgt (vgl. 16,18). Meint Lk, die Christen dürfen bestehende Ehen dann nicht auflösen, wenn sie anschließend wieder heiraten, wer aber noch nicht verheiratet ist, der soll ehelos bleiben?

Jedenfalls kann der völlige Bruch mit den Ehefrauen diesem Zusammenhang kaum integriert werden. Er bleibt Kennzeichen der außergewöhnlichen Jüngerexistenz. Der Bruch mit den Ehefrauen ist ja etwas anderes als freiwillige Ehelosigkeit, d. h. er ist auch nicht als Analogie zum Verhalten des Paulus zu verstehen, der, obgleich er das Recht gehabt hätte, eine Schwester als Ehefrau mitzuführen, lieber ehelos geblieben ist (vgl. 1 Kor 9,5). Lk formuliert für die Jesusjünger radikaler: Sie *müssen* auch ihre Ehefrauen verlassen, also bestehende Ehen faktisch auflösen. Ja, sie müssen insgesamt die selbstverständlichen Familienbande aufkündigen.

Dieser Eigentümlichkeit der lk Darstellung der Jüngerexistenz ist eine entsprechende Situation der Kyniker vergleichbar. In der erwähnten Diatribe des Epictet wird dem Problem, ob ein Kyniker heiraten und Kinder haben darf, breiter Raum gewidmet. Und bei

Epictet werden denn auch Gründe für die Ehelosigkeit – wie für das afamiliäre Verhalten der Kyniker überhaupt – genannt. Ein Kyniker darf nicht heiraten, denn er muß »ganz dem Dienste der Gottheit geweiht sein, durch nichts abgelenkt, um an seinen Mitmenschen arbeiten zu können, nicht durch Pflichten des Spießbürgers (idiōtikos) gefesselt, noch durch persönliche Beziehungen gebunden sein«.[21] Die Sorgen und Verpflichtungen eines Familienvaters für Frau und Familie würden ihn zwangsläufig von seinen Pflichten abhalten, die er als Kyniker hat. Die Bande der menschlichen Gemeinschaft bricht er, weil die ganze Menschheit ihm anvertraut ist.

Epictet stellt sich dann in der erwähnten Diatribe auch die Frage, wie es jemanden gut gehen kann, »der nichts besitzt (mēden echonta), nackt ist, ohne Haus und Herd, seinen Körper nicht pflegen kann, keine Sklaven hat und kein Vaterland«. Er verweist auf Diogenes, der diese Frage beantwortet: »Seht auf mich, ich habe kein Haus und kein Vaterland, weder Besitz (aktēmōn) noch Sklaven; ich schlafe auf der bloßen Erde, habe weder Weib noch Kind noch eine Leibwache, sondern nur die Erde und den Himmel und einen einzigen alten Rock«.[22] Neben der Ehelosigkeit bzw. einem afamiliären Verhalten überhaupt ist also auch *Besitzlosigkeit* ein Kennzeichen der Kyniker. Ähnlich wie bei Epictet finden wir auch in den Apophthegmen-Sammlungen des Diogenes Laertius (»Leben und Meinungen berühmter Philosophen«) Berichte über den demonstrativen Besitzverzicht der Kyniker. Zumal von Krates wird dieser Besitzverzicht erwähnt: »Er habe sein Vermögen zu Geld gemacht – denn er gehörte zu den reichstbegüterten – und an die 200 Talente zusammengebracht, die er an seine Mitbürger verteilt habe . . . Diokles berichtet, Diogenes habe ihn überredet, sein Landgut zur freien Schafweide zu machen, und was er an barem Geld habe, ins Meer zu werfen . . . Demetrios erzählt, er habe sein Geld bei einem Wechsler niedergelegt mit der Bestimmung, daß, wenn seine Kinder sich nicht der Philosophie zuwendeten, er ihnen das Geld auszahlen sollte; würden sie aber Philosophen, so sollte er es unter das Volk verteilen; denn würden sie Philosophen, so hätten sie nichts nötig«.[23]

Ein hellenistischer Leser des Lk wird denn wohl gerade bei der Darstellung der Existenz der Jesusjünger an jene kynischen Wanderphilosophen gedacht haben. Und in der Gestalt des »Peregrinus« zeichnet Lucian später dann einen kynischen Wanderprediger, der nahtlos aus den Kreisen christlicher Gruppen ins kynische Lager überwechseln konnte.[24] Die Lebensweise der Jesusjünger, wie Lk sie beschreibt, ließe sich *überhaupt* nach Analogie der bedürfnislosen Existenz der Kyniker verstehen. Die Jünger verzichten auf ihren Besitz, brechen mit allen Banden menschlicher Lebensgemeinschaft, wandern von Ort zu Ort, sind therapeutisch und predigend tätig, gehen in die Häuser, um dort zu predigen und zu heilen. Bekommen sie einmal kein Quartier, so müssen sie unter freiem Himmel schlafen – schlechter als Füchse und Vögel –. Auch ihr äußerer Aufzug ist den Kynikern vergleichbar, d. h. ähnlich anspruchslos. Ihr eigenes Leben bedeutet ihnen nichts.[25]

In der Frage, welche Bedeutung die freiwillige Armut der Jesusjünger hat, kann nun die tiefgreifende Analogie zwischen ihrer Existenz und dem Leben der Kyniker weiterhelfen. Denn die arme, bedürfnislose Lebensweise der echten Kyniker dient vor allem als *scharfe Kritik am Reichtum und am Luxus der Reichen.*[26] Diese kritische Spitze der kynischen Lebensform beherrscht die Aussage des oben schon erwähnten pseudo-lucianischen Dialogs »Cynicus«.[27] Dieser Cynicus wendet sich mit seiner Botschaft, zu der sein Lebensstil konstitutiv gehört, an einsichtige Reiche. Er, der barfuß geht, nur einen groben Mantel trägt, sein Nachtlager auf dem harten Boden nimmt, ist in seinem den Waldtieren ähnlichen Lebensstil das ganze Gegenteil von anderen Leuten. Doch er kultiviert diesen Lebensstil nicht als Alternative zum Leben seiner Gesellschaft *überhaupt*, ihm geht es um die Kritik an einer durch die Reichen, deren Verschwendung und Luxus bestimmten Kultur. Diese Reichen werden durch Leidenschaften, Ruhmbegier und Gewinnsucht fortgerissen, wie ein Reiter von einem kollerigen Pferd fortgetragen wird. Solchem Lebensstil setzt der Cynicus seinen Lebensstil und seine Botschaft als Mahnung und Warnung gegenüber. Er zielt auf Verständnis, will Leute ansprechen, die noch Wert auf Tugend legen. Er erwartet nicht, daß sie Kyniker werden wie er. Sein Programm ist in gewisser Weise anspruchsvoller, es ist *sozialkritisch:* Zu den verständigen Reichen sagt er: » . . . weder euer Land noch euer Meer ist euch hinreichend, sondern ihr kauft aus den fernsten Enden der Erde Genüsse zusammen, zieht immer das Ausländische dem Einheimischen vor, das Teuerste dem Wohlfeileren, das Seltenste dem, was leicht zu haben ist . . . mit wie vieler Gefahr und Mühe muß euch das alles erkauft werden! Wieviele Menschen büßen darüber ihre Gesundheit, ihre Glieder, selbst ihr Leben ein. Nicht nur, weil um dieser Dinge willen so viele Seefahrer zugrunde gehen, oder weil die armen Leute, die euch jene kostbaren Erze und Steine aus der Erde holen und bearbeiten müssen, unsäglich viel dabei ausstehen und fast immer ihr Leben daran wagen müssen, sondern auch, weil diese Dinge die Veranlassung zu so vielem Hader unter den Menschen und die

Ursache sind, warum Freunde ihren Freunden, Kinder ihren Eltern und Ehefrauen ihren Männern nach dem Leben stellen«. Genau diesem unsozialen Verhalten steht das bedürfnislose Leben des Cynicus als extreme Alternative entgegen. Lebensstil und Botschaft dieses Kynikers – als einer literarischen Figur, in der sich Lebensweise und Botschaft wirklicher Kyniker verdichtet – sind eine massive Kritik an den Reichen. Der Cynicus fordert nicht zu seiner Nachahmung auf, sondern wendet sein Leben als Botschaft gegen das luxuriöse, unsoziale und selbstgefährdende Leben der Reichen. Genau so will die lk Darstellung des einfachen Lebens der Jesusjünger verstanden werden. Zumal ihre freiwillige Armut in der Folge eines Besitzverzichtes als Jünger steht in einem kaum zu überbietenden Widerspruch zum Verhalten der Reichen. Und zwar nicht nur jener Reichen, die zur Zeit der irdischen Wirksamkeit Jesu an ihrem Besitz festgehalten und das Gebot der Stunde nicht erfüllen konnten. Vielmehr hat die arme Existenz der Jünger auch und gerade für die Gegenwart des Lk selbst diese Bedeutung. Denn sie ist nicht nur Kristallisationskern der Nachfolge, sie steht auch in einem krassen Gegensatz zum Leben des törichten reichen Bauern (Kapitel 12). D. h. die Darstellung der freiwilligen Armut der Jesusjünger erschöpft sich nicht in der Aufgabe, diese Verzichtleistung besonders herauszustellen. Vielmehr wird dieser Verzicht und gerade er von Lk darum so betont dargestellt, weil er als Kritik und Mahnung für die Reichen auch seiner eigenen Zeit dienlich ist. Tatsächlich ist die freiwillige Armut der Jünger im Lk auch nur *ein* – breit ausgearbeiteter – Aspekt eines umfassenden Themas: Der kompromißlosen Kritik an den Reichen. An der freiwilligen Armut der Jünger ist Lk darum so sehr interessiert, weil ihm in außergewöhnlicher Intensität die Kritik an den Reichen – und zwar den reichen Christen seiner Zeit – am Herzen liegt. Dieses Interesse stellt den Gegenwartsbezug der freiwilligen Armut der Jünger her. Es wird im folgenden Abschnitt dargestellt werden. Daß Lk darüber hinaus auch ein positives Sozialprogramm bereithält, wird uns später beschäftigen müssen.

IV. Das gefährliche Leben der reichen Christen

1. Die Reichen und Angesehenen als Adressaten der sozialen Botschaft Jesu

Zentrale Themen der Botschaft Jesu bei Lk sind die Zuwendung Jesu zu den »Sündern« und sein »Evangelium für die Armen«.

Beide Themenbereiche gehören in unseren Zusammenhang. Denn es wird sich zeigen, daß Jesus als der »Sünderheiland« denen gegenübersteht, die die Sünder verachten und daß das Evangelium für die Armen den Reichen zur Mahnung dient.
Programmatisch für die Darstellung Jesu als Heiland der Sünder ist im Lk die Interpretation der »Sendung« Jesu: »Ich bin nicht gekommen Gerechte zu rufen, sondern Sünder zur Buße« (5,32).[28] Dies sagt Jesus im Hause des eben berufenen Zöllners Levi als Antwort auf den Vorwurf, er bzw. seine Jünger hielten Tischgemeinschaft mit den Zöllnern und Sündern. Und es ist zu beachten, daß Lk diesem bei Mk überlieferten Jesus-Logion hinzugefügt hat »zur Buße« (eis metanoian). Jesu Ruf der Verachteten geschieht also mit dem Ziel, sie zur Umkehr zu bewegen. Wer sind diese Verachteten? Im Lk werden sie beispielhaft durch die Zöllner repräsentiert. Doch zu den Armen in einem ökonomischen Sinne haben sie nicht gehört. Levi z. B. kann ja noch etwas verlassen, gibt ein Abschiedsmahl in seinem Haus. Er gehört als Zöllner zu den gesellschaftlich Verachteten. D. h. in diesem speziellen Fall, er ist nicht nur ein Angehöriger der Gruppe der kleinen Leute (wie Handwerker, Fischer usw.), sondern steht wegen seines Berufes im Geruch, illegale Handlungen zu begehen (vgl. 3,12f.). Unter diesem Aspekt steht auch der *reiche Oberzöllner* Zakchäus mit Levi, dem kleinen Zöllner, der theoretisch dessen Angestellter sein und auch durch seine wirtschaftliche Lage von diesem reichen Oberzöllner weit entfernt sein kann, auf einer Stufe. Denn auch dieser reiche Oberzöllner wird als »Sünder«/hamartōlos bezeichnet (19,7). Doch gerade bei diesen Verachteten (Levi wie Zakchäus) kehrt Jesus zum Gastmahl ein, beruft gar den Levi als Jünger. Als Begründung für das Verhalten Jesu zu Zakchäus wird ähnlich wie in 5,32 gesagt: »Denn der Sohn des Menschen ist gekommen, um das Verlorene zu suchen und zu retten« (19,10). Jesu Hinwendung zu den Zöllnern und Sündern ist Hinwendung zu gesellschaftlich Verachteten. Seien sie – wie im Falle der Berufungen des Petrus bzw. der Zebedaiden (5,1-11) – nur kleine Leute, seien sie – wie im Fall des Zöllners Levi – Leute, die im Geruch illegaler Machenschaften stehen, seien es – wie der reiche Oberzöllner – zwar reiche, aber ebenfalls wegen ihres Berufes verachtete Leute.
Ihnen stehen die angesehenen Mitglieder der Gesellschaft gegenüber. Sie werden bei Lk vor allem durch die »Pharisäer« repräsentiert. Diese »murren« über Jesu Hinwendung zu den Verachteten. So anläßlich des Abschiedsmahles im Hause des Levi (5,30), so auch in der Einleitung von Lk 15: »Es nahten sich ihm aber fortwährend alle Zöllner und Sünder, um ihn zu hören. Und die

Pharisäer und die Schriftgelehrten murrten und sagten: Dieser nimmt Sünder an und ißt mit ihnen« (15,1 f.). In den drei folgenden Gleichnissen vom Verlorenen wird die Freude über das Wiederfinden thematisiert. Die Pharisäer und Schriftgelehrten werden wie der zurückgebliebene Bruder im Gleichnis vom verlorenen Sohn dazu aufgefordert, sich mitzufreuen über die Umkehr der Sünder (15,7.10.32).[29] Besonders anschaulich wird diese Gegenüberstellung der *angesehenen* Pharisäer zu den *verachteten* Sündern in der Geschichte von »Pharisäer und Zöllner« (18,9-14) und der Erzählung von der »großen Sünderin« (7,36-50). Lk leitet die Beispielerzählung von Pharisäer und Zöllner mit der Wendung ein: »Er sagte aber zu etlichen, die sich selbst zutrauten, gerecht zu sein, und die die übrigen verachteten, dieses Gleichnis« (18,9). Die anschließende Erzählung illustriert am Pharisäer dieses selbstgerechte, die anderen verachtende Verhalten. Lk ist weit davon entfernt, hier das wirkliche Verhalten von Pharisäern etwa im Palästina der Jesuszeit zu schildern. Er konfrontiert hier in der Gestalt des Pharisäers den gesellschaftlich Angesehenen mit gesellschaftlich Verachteten, deren Paradigma der Zöllner ist. Die Gruppe der Verachteten wird darüberhinaus noch näher umschrieben: Räuber, Gesetzesbrecher (adikoi), Ehebrecher (18,11). Es ist also eine bunte Palette von Verachteten. Neben unmittelbar Kriminellen begegnen die Zöllner als solche, die aufgrund ihres Berufes im Odium ungesetzlicher Machenschaften stehen, aber auch moralisch Verachtete (Ehebrecher). In der Geschichte vom Gastmahl im Hause des Pharisäers Simon wird eine stadtbekannte Dirne diesem angesehenen Pharisäer gegenübergestellt. Auch hier liegt kein eigenständiger Akzent auf dem Umstand, daß der Gastgeber ein Pharisäer ist. Der Akzent liegt auf der Hinwendung Jesu zu einer stadtbekannten Dirne als einer verachteten Frau (»Sünderin in der Stadt«/hamartōlos en tē polei, 7,37), die gerade auch von dem angesehenen Gastgeber verachtet wird. Jesus ist dem Gastgeber durchaus nicht feindlich gesonnen. Er versucht, ihn mit einem Beispiel aus der Geschäftswelt (Schuldenerlaß) von seiner Zuwendung zu dieser Dirne zu überzeugen (7,41-43). Die Dirne verhält sich auf ihre Weise Jesus gegenüber angemessen, indem sie ihm jene Gastfreundlichkeit zukommen läßt, die der Pharisäer verabsäumt hat.

Ist die durch den Zöllner repräsentierte Gruppe der verachteten »Sünder« sozial genauer zu ermitteln (kleine Leute, Zöllner, Dirnen, Räuber, Gesetzesbrecher), so ist dies bei der durch die Pharisäer repräsentierten Gruppe der gesellschaftlich Angesehenen schwieriger. Grundsätzlich kann man sagen, daß sie sich nicht nur selbst für Geachtete halten, sondern auch, daß sie gesellschaftlich geachtet sind. Doch ist es kaum möglich, sie auch soziologisch genauer einzuordnen. Sie gehören zu den Wohlhabenden, wenn auch nicht unbedingt immer zu den Reichen. Sie geben Gastmähler (7,41; 14,1). Und gerade die im Zusammenhang des Gastmahles bei einem Obersten der Pharisäer (14,1 ff.) geschilderten Begebenheiten kennzeichnen das Verhalten des Einladenden wie das der Eingeladenen als *soziales* Fehlverhalten. D. h. Lk ist nicht daran interessiert, dieses Verhalten als ein aus der Gegnerschaft zu Jesus resultierendes religiöses Fehlverhalten zu bezeichnen. So bemühen sich die Eingeladenen darum, die obersten Plätze beim Mahle zu ergattern (14,7-11). Dem Einladenden wird vorgeworfen, daß er nur Standesgenossen (Freunde, reiche Nachbarn, Verwandte) einlädt, von denen er eine Wieder-Einladung erwarten kann (14,12-14). Man könnte darum zusammenfassend sagen: Daß die »*Schriftgelehrten* die obersten Plätze bei den Mahlzeiten lieben« (20,46), wirft in den Augen der Leser des Lk ein bezeichnendes Licht auf dieses *Verhalten*, nicht aber primär auf die Schriftgelehrten. Im Verhalten der Pharisäer und Schriftgelehrten, wo es nicht ausdrücklich als Kennzeichnung der Feindschaft zu Jesus dient, sollen sich bei Lk die wohlhabenden und angesehenen Christen wiedererkennen. Dadurch daß die Pharisäer und Schriftgelehrten mit diesen Verhaltensweisen ausgestattet werden, werden sie schon von vorneherein als negative »Umgangsformen« eingeführt. Zu den Pharisäern (zumal) ist Jesus als der Heiland der Sünder als der Verachteten das kritische Gegenüber. Jesu eigentümlicher Zug nach unten, der gerade bei Lk eine große Rolle spielt, ist Hinwendung zu den gesellschaftlich Verachteten – und zwar von den Angesehenen Verachteten, kleinen Leuten wie Gesetzesbrechern. Jesu Solidarität mit diesen Menschen steht die Aufhebung der Gemeinschaft mit ihnen von Seiten der Angesehenen gegenüber. Gerade diesen wird Jesu Verhalten vor Augen gehalten. Sie werden – wie der ältere Bruder im Gleichnis vom verlorenen Sohn – dazu aufgefordert, sich über die Umkehr dieser Sünder zu freuen und ihnen die Hand zur Gemeinschaft zu reichen.

Ist bisher deutlich geworden, daß die Hinwendung Jesu zu den verachteten Sündern nicht eine Hinwendung zu ökonomisch Armen meint, so ist gleichwohl nicht zu verkennen, daß Jesus sich im Lk auch *wirklichen* Armen zuwendet. Doch steht dieser Zug der sozialen Botschaft Jesu, der in der ältesten Tradition im Mittelpunkt stand, nicht mehr im Zentrum des lk Evangeliums. Er manifestiert sich bei Lk in den Wunderheilungen von Blinden, Lahmen und Aussätzigen (vgl. nur 4,31–37.38-42; 5,12-16.17-26; 6,6-11.18f.). Und daß auch Lk sich diese Kranken als Arme

vorstellt, geht zumal aus der Heilung eines blinden Bettlers hervor (18,35-43). Dies gilt aber auch für die Nebeneinanderreihungen von Armen und Kranken (4,18f.; 7,22; 14.13.21). Diese Armen sind »Objekte« des Heilshandelns Jesu. Und gerade daran, daß Blinde sehend werden, Lahme wieder gehen können, Taube wieder hören, ist deutlich, daß mit dem Gekommensein Jesu Gottes Heil angebrochen ist. Diese wunderbaren Heilungen sind Zeichen der Heilszeit. An ihrer *Erfüllung* durch Jesus liegt Lk ausdrücklich. Lk betont den direkten Zusammenhang zwischen dem Handeln Jesu und den entsprechenden prophetischen Heilserwartungen noch zusätzlich: Als zwei Jünger des Täufers zu Jesus kommen und ihn fragen: »Bist du es, der da kommen soll oder sollen wir eines anderen warten?«, da finden sie Jesus – nur bei Lk! – gerade bei der Erfüllung solcher Zeichen des angebrochenen Heils: »In jener Stunde heilte er viele von Krankheiten und Qualen und bösen Geistern, und vielen Blinden schenkte er das Augenlicht« (7,21). Selbst die Auferweckung Toter, von der die prophetische Heilserwartung spricht, wurde von Jesus unmittelbar zuvor in der Erwekkung des Jünglings von Nain erfüllt (nur bei Lk: 7,11-17). Lk liegt also sehr intensiv an der Tatsache, daß im Gekommensein Jesu die Heilszeit angebrochen ist. Und auch dies ist nicht fraglich, daß Jesus sich auch nach Vorstellung des Lk in den Krankenheilungen besonders den Armen zuwendet. Doch geht für Lk der Sinn des »Evangeliums für die Armen« nicht in diesen geschilderten Heilszeichen auf. Wenn er von der frohen Botschaft für die Armen spricht, so meint er damit die *Seligpreisung der armen Jünger* und versteht diese Botschaft qualifiziert: Als Kritik an den Reichen.
In der »Antrittspredigt« Jesu in Nazareth formuliert Lk die »frohe Botschaft für die Armen« programmatisch:

»Der Geist des Herrn ruht auf mir, weil er mich gesalbt hat; er hat mich gesandt, den Armen frohe Botschaft zu bringen, den Gefangenen Befreiung zu verkündigen und den Blinden das Augenlicht, die Zerschlagenen zu befreien und zu entlassen, ein angenehmes Jahr des Herrn zu verkündigen.
Und als er das Buch zugetan hatte, gab er es dem Diener wieder und setzte sich, und aller Augen in der Synagoge waren auf ihn gerichtet. Er begann aber damit, ihnen zu sagen: Heute ist dieses Schriftwort erfüllt vor euren Ohren« (4,18-21).

Derselbe Zusammenhang findet sich dann noch einmal in Jesu Antwort auf die Täuferanfrage: »Blinde sehen, Lahme gehen, Aussätzige werden rein und Taube hören, Tote stehen auf, Armen wird die frohe Botschaft verkündigt« (7,22).
In der Heilung der Kranken und dem Evangelium für die Armen

besteht die Erfüllung des Heiles in der Gegenwart Jesu. Sie sind Heilszeichen der gegenwärtigen Königsherrschaft Gottes. Daß nun aber bei den Armen, denen die frohe Botschaft verkündigt wird (ptōchoi euangelizontai), an die *Jünger* zu denken ist, ergibt sich mit Notwendigkeit aus dem Sinn des Wortes »arm«/ptōchos bei Lk. Durchweg bleibt dieser Begriff ökonomisch-sozial definiert in diesem Evangelium. Lk verwendet ihn also auch nicht im übertragenen Sinne (etwa für »fromm«). Deshalb können wir das Evangelium für die Armen auch nicht mit Jesu Zuwendung zu den Zöllnern und anderen Sündern identifizieren. Und da die frohe Botschaft für die Armen als ein Zeichen der Heilszeit, der in Jesus gegenwärtigen Basileia verstanden wird, darf dieses »Programm« Jesu auch nicht aus dem Zusammenhang von dessen irdischer Wirksamkeit herausgelöst werden. Es meint die armen Jesusjünger, die durch ihren völligen Besitzverzicht zu ptōchoi geworden sind. Dies läßt sich auch aus dem lk Gebrauch des Wortes »verkündigen«/euangelizesthai belegen. Gerade Lk gebraucht das Verbum am häufigsten, doch bezieht es sich – außer an den genannten Stellen: 4,18 und 7,22 – in einem allgemeinen Sinn auf die Verkündigungstätigkeit Jesu bzw. der Jünger (vgl. nur 4,43; 8,1; 9,6; 16,16). Die einzige Stelle aber, die man als *sachliche* Darstellung des »ptōchoi euangelizontai« verstehen kann, ist die Seligpreisung der armen Jünger. D. h. die *Verkündigung* des *Heils an die Armen* liegt der Sache nach nur hier vor. Denn hier geschieht eine qualifizierte Zusage der Teilhabe an der Königsherrschaft Gottes *jetzt* – und zwar an Arme in einem ökonomischen Sinn, auch wenn sie freiwillig zu solchen geworden sind. Und da für Lk in der Zeit der irdischen Wirksamkeit Jesu das »euangelizesthai«/verkündigen mit dem Begriff der »Königsherrschaft Gottes«/basileia tou theou verbunden ist, käme die Seligpreisung der armen Jünger mit der Zusage ihrer Teilhabe an der gegenwärtigen basileia tou theou der lk Konzeption am nächsten. Die Kontrastierung der Armenseligpreisung durch das Wehe über die Reichen verstärkt noch diese Interpretation. D. h. *Armen* und *nicht* Reichen wird hier die Königsherrschaft Gottes zugesprochen. So würde sich die Seligpreisung der armen Jünger in jedem Sinne als Erfüllung dieses Programms: Armen wird die frohe Botschaft verkündigt erweisen. Sie werden mit der Teilhabe an der gegenwärtigen Basileia begabt und erhalten damit, was das »euangelizesthai« zum Inhalt hat. Sie werden aber als die Armen (ptōchoi) seliggepriesen, erfüllen damit den anderen Teil dieses Heilszeichens. Und gerade ihnen als den *Armen*, aber *nicht den Reichen* gilt diese Heilsgabe. Auch hier ist also eine kritische Spitze gegen die Reichen unverkennbar.

Wir haben gesehen, daß beide Themenbereiche – Jesus als Heiland der Sünder und das Evangelium für die Armen – bei Lk eine kritische Seite im Gegenüber zu den Angesehenen und Reichen hat. Den Reichen steht die qualifizierte Botschaft des Heils an die Armen gegenüber, den Angesehenen die Hinwendung Jesu zu den Verachteten. Diese Reichen und Angesehenen müssen sich darum noch gegenwärtig, in der Gemeinde, die Lk vor Augen hat, angesprochen fühlen. Jesus ist zwar nicht mehr auf der Erde, die Existenzform der armen Jesusjünger gehört der Vergangenheit an. Doch es gibt noch Reiche und Angesehene und von ihnen Verachtete. In diesem Sinne ist Lk der Evangelist der Reichen und Angesehenen. Nicht zu dem Zweck, Botschaft und Verhalten Jesu bzw. seiner Jünger so darzustellen, daß die Reichen und Geachteten sich mit ihrem eigenen Leben versöhnen können. Sondern er will die Reichen und Geachteten mit der Botschaft und dem Verhalten Jesu und seiner Jünger versöhnen, sie zu einer Umkehr bewegen, die der sozialen Botschaft Jesu gemäß ist. Dies geschieht mit einer in diesem Umfang und dieser Radikalität sonst nicht im NT zu findenden Kritik an den Reichen und Angesehenen, freilich auch mit einer breiten und anspruchsvollen Paränese, auf die später zurückzukommen ist. Ein letzter Hinweis kann unsere These, daß Lk seine soziale Botschaft vor allem an reiche und angesehene Christen adressiert, noch einmal bestätigen. Obwohl Lk soviel vom »Evangelium der Armen« spricht, weiß er von deren Leben sehr viel weniger als von dem der Reichen. Er übernimmt die Charakterisierung ihrer Existenz aus der ältesten Tradition (1,53; 6,20f.; 16,20f.; 18,35), fügt dem aber keine zusätzliche Anschauung aus der Perspektive der Armen bei. Um so besser kennt er das Leben der Wohlhabenden und Angesehenen. Besonders anschaulich wird das in dem gerade bei Lk so häufig verwendeten Topos vom Gastmahl.

2. Die Verfehlungen der Reichen

Eine *kritische* Auseinandersetzung des Lk mit den reichen Christen finden wir in folgenden Texten seines Evangeliums: 1,53; 6,24-26; 8,14; 12,13ff.; 14,15ff.; 16,14f.19-31; 21,34. In diesem Zusammenhang werden auch Texte aus der Apg berücksichtigt werden müssen: 1,18f.; 5,1-11; 8,18ff. Aus diesen Texten lassen sich zunächst solche ausgrenzen, die auf der Grundlage der ältesten Jesustradition die lk Interpretation der Botschaft von der eschatologischen Umkehr der sozialen Geschicke bieten (1,53; 6,24-26; 14,15-24; 16,19-31). Diese werden zusammenhängend im nächsten Abschnitt zur Sprache kommen. Hier werden vor allem die Verfehlungen der Reichen, wie sie sich im Glaubenswandel bemerkbar machen (8,14) und in den Fehlhaltungen der »Geldgier«/philargyria (16,14) bzw. der »Habsucht«/pleonexia (12,15) auf den Begriff gebracht werden können, behandelt.

Lk 8,14. Als geradezu programmatisch für die Erfahrungen mit reichen Christen muß 8,14 verstanden werden: »Was aber unter die Dornen fiel, das sind die, welche es (das Wort Gottes) gehört haben; und sie werden in ihrem Wandel von Sorgen und Reichtum und Genüssen des Lebens erstickt und bringen die Frucht nicht zur Reife«. Dieser Vers findet sich in der Deutung des bekannten Säemanns-Gleichnisses, das Lk zusammen mit dessen allegorischer Auslegung aus seiner Mk-Vorlage übernommen hat (vgl. Lk 8,4-15 und Mk 4,1-20). Allerdings strafft Lk im Vergleich zu Mk und versieht seine Vorlage neben stilistischen Änderungen mit einigen bemerkenswerten Korrekturen. Schon seine Angabe des Zuhörerkreises zeigt ein deutliches Interesse. Bei Lk werden zu der Volksmenge ausdrücklich auch solche Hörer aus den Städten (kata polin) gezählt, die Jesus zuvor besucht hatte (8,4). Dieses Hörermilieu hat Lk bewußt geschaffen, damit er in der nachfolgenden grundlegenden Parabel über die Aufnahme des Gotteswortes auch Städter ansprechen kann. Ein urbanes Klima setzt denn auch gerade der V.14 voraus. Aus diesen und anderen Gründen heraus ist nicht zweifelhaft, daß Lk in dieser Perikope die Christen seiner Zeit vor Augen hat.

Den hier interessierenden V.14 ändert Lk nicht nur im Detail, sondern insgesamt in der Satzkonstruktion. Zunächst wird das, was unter die Dornen fiel, mit einer bestimmten Gruppe von Hörern des Gotteswortes identifiziert (akousantes). Die Hörer aber bleiben Subjekt des Satzes – bei Mk werden alle Aussagen auf das Wort bezogen. So wird also bei Lk nicht das Wort »erstickt«, sondern die Hörer des Wortes – und zwar werden sie in ihrem »Wandel« (poreuomenoi) erstickt und bringen die Frucht nicht zur Reife. Mit dem »Wandel« ist der Glaubenswandel der Hörer gemeint, wobei dieser freilich umfassend als Lebenswandel verstanden wird (vgl. Lk 1,6; Apg 9,31; 14,16). Die Hörer werden in ihrem Wandel von »Sorgen« (merimnai), »Reichtum« (ploutos) und »Lebensgenüssen« (hēdonai tou biou) erstickt. Ein Vergleich mit Mk zeigt, daß Lk alle Möglichkeiten einer Relativierung dieser Bedrohungen ausschaltet. Im Zentrum steht die spezielle Bedrohung des Glaubenswandels der Christen durch den Reichtum. Für Mk war der Reichtum ein Problem unter anderen und ist auch nur unter bestimmten Bedingungen gefährlich: Wenn die Hörer des Gotteswortes der *Verführung* des Reichtums (apate tou ploutou) erliegen. Bei Lk dagegen ist die Tatsache des Reichtums schon als solche gefährlich für die Christen. Die Sorgen und Lebensgenüsse scheinen wohl auch keine Gefahren *neben* dem Reichtum zu sein, sondern mit ihm zusammenhängende Bedrohungen. Das kann Lk 21,34 zeigen, gleichsam als Kommentar zu Lk 8,14: »Habet aber acht auf euch, damit nicht eure Herzen durch Rausch und Trunkenheit und Sorgen um den Besitz beschwert werden und jener Tag unversehens an euch herantritt«.

In 8,14 weist Lk also darauf hin, daß Sorgen, Reichtum und Lebensgenüsse den Wandel der Hörer ersticken, so daß sie die Frucht nicht zur Reife bringen (telesphoreō). Diese Metapher vom Wachstum der Frucht, die Lk hier verwendet, darf natürlich nicht gepreßt werden. Immerhin fällt auf, daß Lk *nicht* wie Mk davon spricht, daß das Wort bei diesen Hörern *keine* Frucht bringt. Bei ihm bringen sie die Frucht nicht zur *Reife*. Daß diese Gruppe gehört hat und sich im Wandel eines Hörers (grundsätzlich) befindet, wird also nicht bestritten. Aber dieser Wandel wird durch Sorgen, Reichtum und Lebensgenüsse unterbrochen, kommt nicht zum *Ziel*. Dieses Ziel nennt der V. 15: »Frucht tragen in Geduld«/ karpophorousin en hypomonē. Die richtigen Hörer führen einen *konsequenten* Wandel im Wort. Diese Konsequenz besteht darin, daß sie das Wort in einem guten und feinen Herzen bewahren (en kardia kalē kai agathē). Schon der hier implizierte Begriff der Kalokagathie läßt einen hellenistischen Leser an die *Tat*folgen des Wandels denken. In Lk 6,45 wird darüber hinaus derselbe Sachverhalt mit einem Wort aus der Logienquelle noch einmal ausgedrückt: »Der gute Mensch bringt aus dem guten Schatz seines Herzens das Gute hervor, und der Böse aus dem bösen das Böse hervor. Denn wovon sein Herz voll ist, davon redet sein Mund«. Das Herz des Menschen bestimmt seine Taten. Das Herz der Reichen wird gehalten durch Lebensgenüsse und Sorgen um den Besitz. Darum bringt es die Frucht des Wortes: Gute Taten nicht zur Reife. Die wohlhabenden Christen haben gehört, doch ihr tätiger Wandel im Gotteswort wird durch Sorgen, Reichtum und Genüsse behindert. Sie haben gehört, aber sie bleiben nicht konsequent. Sie tun keine guten Werke, bringen keine Früchte, die der Umkehr gemäß sind (vgl. 3,8). Sie zählen sich zur Kirche, doch sie tun nicht, was das Wort des Kyrios ihnen sagt (6,46). Auf dieses Defizit der Reichen kommt es Lk an. Denn ihnen stehen nicht wie bei Mk Christen gegenüber, die dreißig-, sechzig- und hundertfältig tragen (4,20), sondern jene, die Frucht tragen in Geduld. Also nicht nur einmal, sondern beharrlich (en hypomonē). »Hypomonē« /

Geduld meint bei Lk die Standhaftigkeit, Beharrlichkeit und Ausdauer und wird hier wie in Römer 2,7 zu verstehen sein als die *Ausdauer im Gutestun.* Denn genau darum geht es ja im »Fruchttragen« der guten Hörer, denen die Reichen als schlechte Hörer gegenüberstehen. Wir dürfen hier also nicht an die Situation der Verfolgung denken – oder an das Problem der ausgedehnten Zeit bis zur Wiederkunft Christi. Die hier gemeinte Ausdauer wird durch Sorgen, Reichtum und Genüsse verhindert, nicht durch äußere Einflüsse der Verfolgung oder durch das Problem der »Parusieverzögerung«. Dieser Sinn der Verse 8,14f. kommt einer christlichen Gemeinde etwa zu Ende des 1. Jahrhunderts näher. In ihr ist nicht so sehr die Bedrohung von außen bzw. das Problem der Bekehrung zum Glauben im Mittelpunkt. Es ist der Glaubens*wandel,* der Probleme aufwirft – und zwar nicht dadurch, daß die Wiederkunft Christi noch aussteht. Dieser Wandel ist durch handfeste Lebensbedingungen bedroht: Reichtum, Sorgen und Lebensgenüsse.

Geldgier/philargyria. Wir sind aus unserer christlichen Auslegungstradition gewöhnt, die Warnungen vor Rausch, Trunksucht, überhaupt Lebensgenüssen als moralinsaure, »fromme« Einschränkungen der Lebensfreude zu verstehen und begegnen darum entsprechenden Paränesen des NT mit Vorbehalten. Wird man auch dem Lk einen gewissen Hang zu einer »asketischen« Lebensanschauung nicht völlig absprechen können, so ist doch zu beachten, daß er entsprechende Mahnungen in den Kontext seiner Reichen-Kritik stellt und darin bekannte Stichworte der hellenistischen Ethik seiner Zeit aufgreift. Die Lebensgenüsse, die er kritisiert, sind Lebensgenüsse der Reichen, nicht Lebensgenüsse in einem umfassenden Sinn, die eine asketische Moral verbietet. In dieselbe Richtung der Reichen-Kritik weist die Verwendung zweier ethischer Begriffe, die zum festen Inventar der Reichen-Ethik gehören: »Geldgier«/philargyria und »Habsucht«/pleonexia.
Lk nennt die Pharisäer »geldgierig«: »Dies alles aber hörten die Pharisäer, die geldgierig (philargyroi) sind, und sie höhnten über ihn. Und er sprach zu ihnen: Ihr seid es, die sich selbst als gerecht hinstellen vor den Menschen, aber Gott kennt eure Herzen; denn was bei den Menschen als etwas Hohes gilt, das ist ein Greuel vor Gott« (16,14f.). Die »philargyria« ist ein gängiges Element ethischer Unterweisung. Dazu ist nur auf Diogenes Laertius (VI,50) hinzuweisen. Dort nennt der Kyniker Diogenes die Geldgier die »Hauptstadt aller Übel«. Bei Lk ist die Geldgier auf dem Hintergrund der Erzählung vom ungerechten Haushalter und ihrer An-

wendung auf Christen zu verstehen. Bei der Auslegung dieses Textes muß beachtet werden, daß Jesus diese Verse an die Jünger richtet (16,1). Vorausgesetzt ist immer noch die Hörersituation von 15,1 f., wonach Zöllner und Sünder, Pharisäer und Schriftgelehrte – aber auch Jünger, wie 16,1 zeigt – um Jesus versammelt sind.

Man darf nun nicht den Fehler machen und die Warnung vor dem Mammonsdienst, die in diesem Zusammenhang ausgesprochen wird (16,13), zum hermeneutischen Schlüssel für den ganzen Zusammenhang zu machen. Denn dann kann man nicht mehr verstehen, warum die *Jünger* hier angeredet werden. Für diese freiwillig Armen kann Mammonsdienst im allgemeinen ja kein Problem mehr sein. Tatsächlich will Lk mit 16,1-13 sagen, daß es für die Jünger einen legitimen Umgang mit Geld gibt, der deswegen noch lange kein Mammonsdienst ist. Nämlich: Sich Freunde zu schaffen mit dem ungerechten Mammon (V. 9) und dabei mit fremdem Geld (V. 12) gewissenhaft umgehen (V. 10f.). Auch wenn nicht explizit deutlich wird, was Lk mit dem »Freunde schaffen« konkret meint, so wird hier zweifellos an christliche Liebestätigkeit gedacht, an das, was Lk sonst Gutes tun nennt. Denn Lk greift hier einen Topos der hellenistischen Ethik auf,[30] den er in einer für ihn typischen Weise abwandelt. Die zu erwartende Vergeltung für das grundsätzlich im Sinne von Gutes tun zu verstehende »sich Freunde schaffen« geschieht nicht in möglichen späteren Tagen der Not, sondern soll im Himmel stattfinden. Mit dem *vergänglichen* Mammon schafft man sich einen *unvergänglichen* Schatz im Himmel. Die Formulierung »wenn er ausgeht« (hotan eklipē, V. 9) ist zu vergleichen mit dem Begriff »unvergänglicher Schatz«/thēsauron anekleipton in 12,33.

Der Spott der geldgierigen Pharisäer über diese Anweisung Jesu macht unsere Interpretation wahrscheinlich. Er zielt auf die Mißdeutbarkeit dieser Aufforderung, der sozusagen formal der Vorwurf des Mammonsdienstes gemacht werden kann. Lk stellt die Jünger mit ihrem verantwortlichen Umgang mit fremdem Geld den geldgierigen Pharisäern gegenüber. Sie sind die wahren Mammonsdiener. Daß Lk bei den Pharisäern hier primär an reiche und angesehene Christen als aktuelle Adressaten denkt, braucht hier nicht noch einmal begründet zu werden. Sie werden ja auch hier durch ihre Geldgier und Selbstgerechtigkeit charakterisiert, nicht aber als religiöse Gegenspieler Jesu. Das anstößige Verhalten des Haushalters, der Schuldscheine manipuliert, wird hier nur insofern als vorbildlich und klug hingestellt, weil er sich mit dem ungerechten Mammon Anspruch auf Wiedervergeltung verschafft bei denen, denen er zu einem Schuldennachlaß verhilft. Diese Klugheit der

»Söhne dieses Äons« ihrem Geschlecht gegenüber können sich die »Söhne des Lichts« ihrem Geschlecht gegenüber zu Herzen nehmen. Sie handeln wie der Haushalter, doch auf einer ganz anderen Ebene. Gott kennt ihr Herz und schätzt ihren Umgang mit dem ungerechten Mammon danach ein, während er in den Herzen der Pharisäer, die sich selbst als gerecht hinstellen, die »philargyria« sieht. Die Jünger verschaffen sich mit dem »Freunde machen«/poiein philous keine irdischen Vorteile. Ihrem Umgang mit dem ungerechten Mammon winkt himmlischer Lohn (»damit sie euch aufnehmen in die ewigen Zelte«).
Anders als in den bisher behandelten Texten, in denen die Jünger angesprochen werden, ist hier wohl eine *direkte* Übertragung der Anweisung an die Jünger auf die gegenwärtige Gemeinde des Lk möglich. Ob der Umgang mit Geld Mammonsdienst ist, das entscheidet sich im Herzen des Menschen – so will Lk wohl den angesehenen und wohlhabenden Christen sagen. D. h. aber auch, daß Geldgier keine Eigenschaft neben anderen ist, sondern sie betrifft die gesamte sittliche Identität eines Menschen. Diese meint Lk, wenn er vom »Herzen« spricht. Wenn also Gott die Geldgier in den Herzen der Pharisäer sieht, ist nicht nur daran zu denken, mit welchen Motiven und Absichten sie mit dem Geld umgehen. Es ist die gesamte Lebensrichtung eines Menschen im Blick. Sie mag von außen, bei den Menschen, als etwas Hohes gelten. Gott sieht das Herz und was bei den Menschen als etwas Hohes gilt, das ist ein Greuel vor Gott. Auf die wichtige Bedeutung des Herzens im Zusammenhang mit Geld weist auch die Erzählung von Ananias und Sapphira (Apg 5,1-11). Diese beiden haben einen Teil des Erlöses, den ihr Grundstück erbracht hat, für sich behalten und dies verschwiegen. Den Entschluß dazu haben sie in ihrem *Herzen* getroffen. Der Satan hat ihr Herz erfüllt und in Wahrheit haben sie Gott, nicht Menschen belogen. Ebenso hat Simon Magus ein unaufrichtiges *Herz*. Er hat einen Anschlag mit seinem Herzen verbrochen, als er die Gabe der Geistverleihung um Geld erwerben wollte (Apg 8,9-25).

Habsucht/pleonexia. Der Geldgier ist die Habsucht eng verwandt. Sie ist die Gier nach immer mehr, eine Krankheit der Seele, die keine Ruhe findet. Plutarch schildert in seinem Traktat »Über die Liebe zum Reichtum« neben der Geldgier auch die Habsucht als ein unersättliches Verlangen nach Reichtümern, das Mühsal, Beschwerden, durchwachte Nächte schafft. Tugenden – wie Mildherzigkeit, Güte gegen Freunde, Besonnenheit – werden von der Habsucht verdrängt. An ihre Stelle treten Hoffart, Ehrgeiz, Eitelkeit. Habsucht ist auch sonst in hellenistischen Paränesen das Laster schlechthin, eine der wichtigsten Ursachen des Bösen in der Welt.[31] Dio Chrysosthomus widmet ihr eine ganze Rede (oratio 67). Schon er äußert die Meinung, daß *Gott* die Habsüchtigen straft (6,67). Die pleonexia ist in der hellenistischen Ethik dermaßen negativ besetzt, daß sich kaum ein größeres Übel denken läßt. Ihr Bedeutungshorizont schwankt zwischen religiösen, individual- und sozialethischen Vorstellungen und Einordnungen. Sie schafft dem Habsüchtigen Verdruß, ist Frevel gegen die Götter, und sie wird auch als gemeinschaftsschädliches Verhalten eingestuft. Die Habsucht kann geradezu ein falsches Lebensideal meinen, das den Sinn des Lebens in den Gelderwerb verlegt. Plutarch sagt über die Erziehungsideale der Geldgierigen und Geizhälse: »Aufs Verdienen mußt du sinnen und aufs Sparen. Vergiß nie, daß du soviel wert bist, wie du hast«.[32] Jesu Warnung vor der Habsucht liest sich vor diesem Hintergrund als das gerade Gegenteil dieser geldgierigen Lebensweisheit: »Hütet euch vor aller Habsucht, denn das Leben eines Menschen besteht nicht in seinem Überfluß an Besitz« (12,15).

Diese Warnung vor der pleonexia wird durch die Bitte eines anonymen Mannes aus der Volksmenge veranlaßt, der Jesus zum Richter und Erbschlichter über seinen Erbstreit mit seinem Bruder anruft. Jesus weist diese Bitte barsch zurück: »Mensch, wer hat mich zum Richter oder Erbteiler über euch eingesetzt« (12,14). Dieser Erbstreit kommt aus der Habsucht, wie in 12,15 dann gesagt wird. Und die folgende Erzählung vom törichten reichen Bauern (V. 16-21) illustriert die Habsucht detailliert. Der reiche Bauer handelt wirtschaftlich geurteilt klug. Er speichert die Rekordernte, hält sie bereit (hetoimazein) für schlechtere Zeiten. Da er ohne weiteres investieren kann, schon vor der Rekordernte reich war (denn als reicher Mann wird er schon eingeführt), darf man sich nicht vorstellen, daß er die neuen Scheunen als Vorratskammern für den eigenen Verzehr baut. Er speichert die Ernte für schlechtere Zeiten in seinen neuen Großscheunen, wenn er sie dann zu einem weitaus besseren Preis verkaufen kann. Sein Selbstgespräch: »Ruhe dich aus, iß, trink, sei fröhlich« (12,19) bezieht sich also nicht auf die Ruhe eines Bauern, der endlich soviel geerntet hat, daß er in den nächsten Jahren keinen Hunger mehr zu leiden braucht. Wovon dieser reiche Großbauer ausruhen will, das ist der rastlose Gelderwerb. Nun, nach dieser Rekordernte, will und kann er sich seiner Meinung nach Ruhe gönnen, seinen Besitz genießen, die Früchte seiner geschäftigen Rastlosigkeit aufzehren. Doch er hat seine Rechnung ohne den Wirt gemacht. Indem er Getreide in seinen neuen Großscheunen aufspeichert, beteiligt er sich an einem Wirtschaftsverbrechen, das für die antike Wirtschaft von zentraler Bedeutung ist. Es handelt sich nicht um das vergleichsweise harmlose Sichern der eigenen Zukunft, sondern um eine Schädigung der Gemeinschaft durch Zurückhalten seiner Getreideernte. Dadurch gehen die Getreidepreise hoch.[33]

Der Selbstgenuß des Reichen meint also vor allem ein *gemeinschaftsschädliches* Verhalten, das seinen Grund in einem schamlosen Aufspeichern von Getreide bzw. landwirtschaftlichen Erzeugnissen zum Zwecke einer höheren Gewinnmarge hat. Der Tod des Spekulanten tritt in dem Moment ein, als er glaubt, endlich von seiner rastlosen Gewinnsucht abstehen und ein sorgenfreies Leben führen zu können. Das abschließende Logion interpretiert dann sein Verhalten insgesamt als negativ: »So ergeht es dem, der für sich selbst Schätze sammelt, aber nicht reich ist vor Gott« (V. 21). Zwischen dem »Schätze sammeln« und dem »reich sein in Bezug auf Gott« gibt es kein Mittleres. Ohne die Einleitung (V. 13-15) und ohne den Schlußvers (V. 21) könnte diese Erzählung im Munde ärmerer Leute als verdiente Strafe für einen »Aufspeicherer« gedacht werden. Nur mit Schwierigkeiten läßt sie sich aber als Mahnung im Munde von Reichen verstehen, die zu einem *rechtzeitigen* Genuß der Güter auffordert. Dafür käme vor allem nur der V. 20 in Frage. Im lk *Kontext* (V. 13-15.21) wird diese Erzählung dann aber eindeutig zu einer scharfen Kritik an einem Habgierigen, dessen ganze Lebensrichtung nicht stimmt, da er im Besitzüberfluß seinen Lebensinhalt sieht (12,15). Die richtige Lebensrichtung umschreibt die Wendung »reich sein in Bezug auf Gott«/eis theon ploutōn. Reich sein vor Gott heißt für Lk alles das, was der reiche Christ an positiven ethischen Taten zu erbringen hat.[34] Dazu jedoch später.

Abschließend ist noch einmal auf die elementare Bedeutung der Gegenüberstellung der Habsucht des reichen Bauern und der freiwilligen Armut der Jünger hinzuweisen, die im Kontext des 12. Kapitels vorherrscht. Lk schließt ja unmittelbar an die Erzählung vom Getreidespekulanten eine Rede Jesu an seine Jünger an: »Er sprach aber zu seinen Jüngern: Deshalb sage ich euch: Sorget nicht um das Leben, was ihr essen sollt, noch um den Leib, was ihr anziehen sollt« (12,22). Lk zieht hier also ein Fazit aus der Geschichte vom reichen Bauern für die Jünger. Zwar übernimmt er schon das einleitende »deshalb«/dia touto aus der Logienquelle (vgl. Mt 6,25), doch stellt er es in einen neuen Zusammenhang. Er wendet die Anweisung »sorget nicht« direkt auf die Jünger an und stellt sie der habsüchtigen Vorsorge des Reichen gegenüber. Der

Lebensstil der Jünger und die Forderungen Jesu an sie markieren einen krassen Gegensatz zu dem Reichen. Darin liegt die grundsätzliche Bedeutung der freiwilligen Armut der Jünger auch für die Zeit des Lk. Die Frage der reichen Christen: Was sollen wir tun?, ist für Lk allerdings noch nicht durch den Hinweis auf die Existenzweise der Jesusjünger beantwortet. Das *Maß* der Anforderungen an die Christen der Lukas-Zeit ist nicht das Maß der Anforderungen an die Jünger. Die freiwillige Armut der Jünger gibt freilich grundsätzlich die Richtung an – es ist nicht gerade wenig, was Lk von seinen gegenwärtigen Christen verlangt.
Unsere moderne Frage, wie die Leser des Evangeliums diese Differenzierung verstehen konnten, ist zweifellos aus der Situation der Exegese geboren, für die sozusagen alle Texte des Evangeliums theoretisch auf derselben Ebene angesiedelt sind. Solche Frage stellt sich aber nicht in der konkreten Situation einer Gemeinde von Christen, deren Probleme durch das Zusammenleben von reicheren und ärmeren, von angesehenen und verachteten Mitgliedern in ihr bestimmt werden. Sie weiß davon, daß Jesus nicht mehr hier ist, sondern im Himmel. Für sie ist darum Nachfolge auch nicht einfache sklavische Nachahmung, Verdoppelung des Gewesenen, vielmehr dessen »Wiederholung« unter den Bedingungen der Gegenwart. Und wer heutzutage in einer konkreten christlichen Gemeinde lebt, der kommt wohl so wenig wie die Lukas-Christen damals auf den Gedanken, Jesu Anforderungen an die Jünger unmittelbar als Anforderungen an sich bzw. seine Gemeinde zu verstehen. Doch er erfährt nicht nur den zeitlichen Abstand zwischen sich und den Jesus-Jüngern, sondern auch einen sachlichen, d.h. er erfährt ihren Lebensstil als kritische Infragestellung seines eigenen und den seiner Gemeinde. Um so dringlicher stellt sich auch ihm die Frage: Was sollen wir tun? Darum wird er gerade die positive Ethik des Lk – besonders in einer wohlhabenden Gemeinde – unmittelbar auf sich beziehen können, wird auch ohne exegetische Anweisung begreifen, daß er bzw. seine Gemeinde gemeint ist. Die Exegese muß wohl immer erst mühsam differenzieren, was in der lebendigen Situation einer christlichen Gemeinde direkt verstanden wird.

3. Wehe den Reichen

In der Gegenüberstellung der Erzählung vom habsüchtigen Reichen und der Rede Jesu an seine Jünger über das falsche und richtige »Sorgen« schwingt schon ein Thema mit, das Lk in anderen Zusammenhängen explizit ausführt: Das Thema der Umkehrung der (sozialen) Geschicke. Dieses Thema übernimmt Lk ja aus der

ältesten Jesustradition. Er hat also offenkundig ein ernstes Interesse an diesem Problem. Im gerade behandelten Text deutet es sich so an: Der Reiche, der habsüchtig auf Vorsorge seines wohlhabenden Lebens bedacht ist, stirbt – die armen Jünger, die zuerst um die Königsherrschaft Gottes Sorge tragen, bekommen Essen, Trinken und Kleidung hinzugefügt. Das Thema der eschatologischen Umkehrung der sozialen Geschicke erscheint in seiner ganzen Schärfe schon im »Magnificat« der Maria: »Er (Gott) hat Macht geübt mit seinem Arm; er hat zerstreut, die hochmütig sind in ihres Herzens Sinn; er hat Gewaltige von den Thronen gestoßen und Niedrige erhöht. Hungrige hat er mit Gütern gefüllt und Reiche leer hinweggeschickt« (1,51-53). In der Feldrede begegnet dann dieses Thema – zugespitzt auf die Gegenüberstellung der armen Jünger und der Reichen – in ausgeführter Form (6,20-26). Die Geschichte vom reichen Prasser und armen Lazarus ist ebenfalls von diesem Motiv bestimmt. Es wird in 16,25 auf den Begriff gebracht: »Abraham aber sprach: Kind, gedenke daran, daß du in deinem Leben dein Gutes empfangen hast und Lazarus gleichermaßen das Böse; jetzt dagegen wird er hier getröstet und du leidest Pein«. Unabhängig von der Frage, ob Lk das Wehe über die Reichen in der Logienquelle vorgefunden hat, wird man feststellen dürfen, daß er dieses Motiv der eschatologischen Umkehrung der sozialen Geschicke aus ihm vorliegender christlicher Tradition aufnimmt. Doch hat er es genauso verstanden wie jene armen Jesus-Anhänger? Hier soll es jetzt darum gehen, die Funktion dieser eschatologischen Umkehrung im Kontext des Lk und im Zusammenhang seiner sozialgeschichtlichen Strukturen zu verstehen.
Diesem Interesse werden wir näher kommen, wenn wir zunächst die bisherigen Ergebnisse berücksichtigen und daran denken, daß Lk in seiner sozialen Botschaft *reiche* und *angesehene Christen* anredet. D. h. diese Texte des Lk, die von einer Umkehrung der sozialen Geschicke reden, stehen bei ihm in einem *literarischen* und *sozialen* Zusammenhang, der sie der Kritik an den Wohlhabenden und den ihr entsprechenden Verhaltensregeln integriert. Damit ist ein Verständnis dieses Motivs im Sinne seiner Verwendung in der ältesten Tradition nicht mehr möglich. Es muß wohl als Mahnung oder Warnung an wohlhabende Christen verstanden werden. Läßt sich diese Änderung der Aussageabsicht dieses Motivs auch an den Texten selbst verifizieren? Zur Beantwortung dieser Frage werden wir unsere Interpretation zunächst auf einen Text dieses Zusammenhangs konzentrieren müssen, der zweifellos die Handschrift des Lk selbst trägt. Dafür kommt die Erzählung vom großen Gastmahl in Frage (14,15-24).

Das große Gastmahl bei Lk. Jesus nimmt im Hause eines Obersten der Pharisäer am Gastmahl teil (14,1). Nach der provokativen Heilung eines Wassersüchtigen am Sabbat (14,2-6) redet er zunächst die *Eingeladenen* in einem Gastmahl-Gleichnis an. Sie mahnt er – ganz im Stile hellenistischer Paränese, in der das Verhalten bei einem Gastmahl als Metapher für das Verhalten im Leben überhaupt dienen kann –: »Wer sich selbst erhöht, der wird erniedrigt werden, und wer sich selbst erniedrigt, der wird erhöht werden« (V. 11). Mit diesem Gleichnis wendet sich Jesus an Menschen, die auf gesellschaftliche Achtung aus sind. Der Begriff »Ehrensitz«/prōtoklisia ist hier im übertragenen Sinne der gesellschaftlichen Ehre überhaupt, nicht nur als Ehrenplatz am Tisch gemeint (V. 7). Jesus warnt also Menschen, die gesellschaftlich »oben« sein wollen, daß ihnen in der Zukunft Gottes die Umkehrung widerfahren wird und sie sich »unten« wiederfinden. Dann wendet er sich an den *Einladenden,* den Obersten der Pharisäer also, den er nun schon nicht mehr in einem Gleichnis, sondern direkt auffordert: Er solle nicht nach dem Prinzip der Wiedervergeltung unter Gleichen solche einladen, die auch ihn wieder einladen werden (Verwandte, Freunde, reiche Nachbarn). Vielmehr Arme, Krüppel, Blinde und Lahme, solche Menschen also, die ihm diese Wohltat gewiß nicht wiedervergelten können. Dann werde ihm in der Zukunft Gottes vergolten werden (14,12-14). Die ethisch angelegten Mahnungen sind also eschatologisch zugespitzt. Der Einladende soll gar »selig«/makarios sein, sofern er sich an die Anweisung Jesu hält.
Diese Seligpreisung muß zum Widerspruch reizen. Ihn formuliert einer der Tischgenossen, der damit die Erzählung vom großen Gastmahl herausfordert: »Als aber einer der Tischgenossen dies hörte, sagte er zu ihm: Selig ist, wer am Mahl im Reich Gottes teilnehmen wird« (V. 15). Daß es sich hier um einen Widerspruch, nicht aber um eine neutrale Weiterführung des Themas handelt, wird aus dem Kontext deutlich. Denn Jesu Antwort setzt voraus, daß diese Intervention des Tischgenossen Kritik an dem vorhergehenden Makarismus äußert. Der Einwand ist dann etwa so zu verstehen: Das ist noch nicht heraus, ob der, der Arme und andere Bettler zum Mahle einlädt, bei der künftigen Auferstehung der Gerechten wiedervergolten bekommt. Selig ist vielmehr der zu nennen, der dann dereinst wirklich am Mahle im Reiche Gottes teilnehmen wird. Und wer das ist, das scheint den selbstgerechten »Pharisäern« und »Schriftgelehrten« nicht fraglich. Eben sie selbst. Genau auf diesen impliziten Anspruch geht denn auch Jesu Gleichnis ein. Freilich wäre es verfehlt, diesen Gegensatz als religiösen –

Juden (Israel)/Heiden (Christen) – zu deuten. Im gesamten Kontext geht es nur um *sozial* definierte Handlungsanweisungen bzw. Gegensätze. Ausdrücklich stehen den Freunden, Verwandten und reichen Nachbarn die Armen und Krüppel gegenüber (V. 12). Diese Galerie der Armen erscheint dann in V. 21 wieder. Und es ist nicht einzusehen, daß damit etwa Zöllner und Sünder gemeint sind. Das hätte doch wohl gerade Lk gesagt, wenn er es auch so gemeint hätte.[35] Sehen wir uns nun aber Jesu Antwort auf diesen Einwurf eines Tischgenossen genauer an.

Ein wohlhabender Mann lädt zu einem Gastmahl ein. Als sein Diener die Eingeladenen zu Tisch bittet, da haben diese der Reihe nach Entschuldigungen vorzubringen. Einer hat gerade 5 Joch Ochsen gekauft, der andere einen Acker, der dritte hat gerade geheiratet. Der Gastgeber wird zornig und läßt durch seinen Diener von den Straßen und Gassen der Stadt die Armen, Krüppel, Blinden und Lahmen zum Mahl holen. Doch es ist noch Platz vorhanden. Also schickt er seinen Diener noch einmal aus. Er soll von außerhalb der Stadt Gäste herbeiholen. Das Gastmahlgleichnis schließt mit dem Logion: »Denn ich sage euch: Keiner jener Männer, die eingeladen waren, wird mein Gastmahl zu kosten bekommen« (V. 24).

Dieses Gleichnis soll die Einladung Gottes zu seinem himmlischen Mahl veranschaulichen. Sein Sinn kann freilich nur verstanden werden, wenn man die Ebene der konkreten Wirklichkeit, in der diese Geschichte spielt, verstanden hat. Den Mann (anthrōpos tis), der dieses Gastmahl veranstaltet, wird man sich als sehr wohlhabend und angesehen vorzustellen haben. Das wird nicht nur aus dem Umstand deutlich, daß er letztlich das Verhalten Gottes symbolisieren soll. Auch von den Eingeladenen her ist seine hohe soziale Stellung sicher. Einer der Eingeladenen entschuldigt sich ja damit, daß er 5 Joch Ochsen, d. h. aber 10 Zugtiere gekauft hat. Die Fläche, die diese 10 Zugtiere beackern können, umfaßt etwa 45 Hektar. Da dieser Mann sich wohl nicht erstmals solche Tiere kauft, hat er zweifellos einen großen Grundbesitz.[36] Das Milieu, in dem diese Erzählung spielt, ist die Stadt. Dies muß den landwirtschaftlichen Argumenten zweier der Eingeladenen nicht widersprechen. Im Gegenteil, dieser Umstand weist um so mehr auf wohlhabende Grundbesitzer, die die Möglichkeit haben, in der Stadt zu wohnen. In jedem Fall spielt diese Geschichte in wohlhabenden Kreisen.

Der Vergleich mit der mt Parallele dieser Erzählung (Mt 22,1-14) zeigt, daß Lk u.a. besonders an der Charakterisierung der Entschuldigungen und der sozialen Einordnung der »Ersatzgäste«

gelegen ist. Die Entschuldigungen sind ernst gemeint und nicht weit hergeholt. Sie geben die Lage der Eingeladenen realistisch wieder. Freilich im Verhältnis zur Einladung können diese Entschuldigungen nicht anders als töricht verstanden werden. Verständnis für die Lage der Eingeladenen kann man nur aufbringen, wenn man nicht beachtet, daß dieses Gleichnis von der Voraussetzung ausgeht: *Es gibt keine vernünftigen Entschuldigungen für die Absage.* Nur so ist der Zorn des »Herrn«/kyrios bzw. oikodespotēs über die Mißachtung seiner Einladung zu verstehen. Genauso beurteilt auch der zeitgenössische Leser das Verhalten der Eingeladenen. Denn eine Einladung einer so hochgestellten Persönlichkeit schlägt der kluge, auf seinen Vorteil Bedachte nicht aus. Im Gegenteil, normalerweise sehnt und drängt er sich danach, an einem solchen Mahl teilzunehmen, selbst wenn er nicht offiziell eingeladen ist. Man muß dabei an die Bedeutung solcher Gastempfänge in der römischen Kaiserzeit denken. Sie gaben die Möglichkeit, sein soziales Ansehen wie auch seine wirtschaftlichen Bedingungen zu verbessern. In unterwürfigster Weise entschuldigt sich z. B. Plinius, daß er eine Einladung des Valerius Paulinus nicht annehmen kann, mit der dringend notwendigen Verpachtung seiner Güter.[37] Hier muß sich selbst ein reicher Mann bei einem angeseheneren Mann für sein Fernbleiben entschuldigen. Und die Entschuldigung, daß er gerade geheiratet habe, hätte wohl in dieser Zeit und diesen Kreisen niemand vorgebracht, ohne sich damit den gesellschaftlichen Garaus zu bereiten, des Spottes gewiß zu sein.[38] Gerade in den Augen derer, die um den Wert einer solchen Einladung wissen, gleichen die Entschuldigungen einer törichten Mißachtung des Einladenden. Eine solche Gelegenheit sozialer Anerkennung und daraus zu ziehender wirtschaftlicher Vorteile läßt man sich nicht entgehen. Da muß einer schon *alle* seine Güter dringend verpachten, des Gerangels um die Gunst der noch Mächtigeren müde sein (wie Plinius), um solche Einladung auszuschlagen.

Von hierher fällt dann aber auch Licht auf die Einschätzung der Entschuldigungen unter dem Aspekt, daß es hier um die Einladung zum eschatologischen Mahl geht. So töricht wie die Eingeladenen in der Erzählung verhalten sich die wohlhabenden Christen. Den Erwerb eines Grundstückes, den Kauf von Zugtieren, kurz: ihre *Geschäfte* halten sie für wichtiger als die an sie ergangene Einladung zum Mahle Gottes. Alles ist vorbereitet für dieses Mahl, doch sie ziehen ihre im Verhältnis zu diesem Mahle minder bedeutenden Geschäfte vor, mißachten die Einladung des Herrn. Ihre eigene Torheit bekommen sie auf eben der Ebene vor Augen gehalten, auf der sie sie verstehen und einschätzen können. So würden sie sich

der Einladung eines Mächtigeren gegenüber nicht verhalten. Und auch jener, der sich darauf beruft, gerade geheiratet zu haben, hätte diese Entschuldigung nicht vorgebracht, lieber seine Hochzeit verschoben. Doch in bezug auf die Einladung zum himmlischen Mahl bringt er diese Verzögerung nicht zustande. In bezug auf die Einladung in die Basileia bringen es die Wohlhabenden nicht fertig, ihre eigenen Geschäfte für geringer zu halten als diese Einladung. Darum werden sie, die törichterweise die Einladung wegen ihrer Geschäfte bzw. Heirat ausschlagen, das Mahl in der Basileia nicht schmecken. An ihre Stelle treten die Ärmsten der Armen – sowohl die Stadtarmen, die aufgrund ihrer Krankheiten sich nicht fortbewegen können,[39] als auch nichtseßhafte Arme, die außerhalb der Stadt sich aufhalten und gezwungen werden müssen, die Einladung anzunehmen. Die Umkehrung der ursprünglichen Tischordnung ist geradezu perfektionistisch. Alle nur erreichbaren Bettelarmen werden anstelle der wohlhabenden Leute an der Festveranstaltung in der Königsherrschaft Gottes teilnehmen. Doch die ursprünglich Eingeladenen werden die Mahlzeit im Reiche Gottes nicht schmecken.
Die hier stattfindende Umkehrung der Geschicke in der künftigen Basileia legt keinen Wert auf die Schilderung der Pein als Ausgleich für gegenwärtiges Wohlergehen und umgekehrt. Vielmehr geht es Lk darum zu zeigen, daß die Geschäftigen und der just Verheiratete sich durch *ihr Verhalten selbst* um die Teilnahme am himmlischen Mahl bringen. An ihre Stelle treten dann die Armen und Kranken, kurz: die Bettler. Die Umkehrung der Einladungsordnung ist vom Vergeltungsgedanken bestimmt. Doch ist das Ziel der Umkehrung der ursprünglichen Einladungsordnung *nicht* die *Ausgleichung* der sozialen Geschicke auf Erden, des jeweils erfahrenen Maßes an Lebensqualität (der Arme wird getröstet, der Reiche leidet Pein). Vielmehr geht es um die Warnung und Mahnung der Geschäftigen bzw. des just Verheirateten. Dazu dient die Einsetzung der Bettler an ihre Stelle. Diese kommen nicht um ihrer selbst willen in den Genuß des Mahles, sondern weil die ursprünglich Eingeladenen durch ihr Verhalten sich das Mahl selbst verscherzen. Es geht hier nicht im strengen Sinne um die Umkehrung der sozialen Geschicke von Armen und Reichen. Arme haben sich mit dieser Geschichte nicht getröstet, sondern Wohlhabende werden mit ihr gewarnt. Hier phantasiert nicht der Hungrige. Als eschatologische »Ersatzspieler« werden sich die Ärmsten der Armen kaum selbst dargestellt haben. Mit dieser Geschichte wird man auch kaum dem Armen Freude machen, sondern den Reichen in Angst versetzen. Ihm wird wegen seines Verhaltens – daß er die Geschäfte in den

Mittelpunkt stellt – eschatologische Vergeltung angedroht, d. h. Rücknahme der ursprünglichen Einladung in die Königsherrschaft Gottes. Und diese Geschichte wird auch nicht erzählt, damit der angeredete Reiche so bleibt wie er ist, sondern damit er sich ändert. Es wird ihm auch keine Umkehrung seines gegenwärtigen Geschickes angekündigt, nämlich Verlust seines Reichtums. Darum könnte diese Geschichte leicht mißverstanden werden. Etwa daß sie gleichermaßen die Armen als eschatologische »Ersatzspieler« mißbraucht und vertröstet, den Wohlhabenden Vergeltung für den St. Nimmerleinstag androht. Doch würde dann vergessen, daß hier kein »Sozialromantiker« hartgesottenen Geschäftsleuten die Ausladung aus einer nach Maßstäben ihrer Rationalität doch nie stattfindenden Party androht. Vielmehr spricht Lk zu wohlhabenden Christen, die sich selbst im Besitz dieser Einladungskarte wissen und sie für wichtig halten (vgl. V. 15). Sie sind auf diese Eintrittskarte noch ansprechbar.
Lk denkt auch nicht daran, den Wohlhabenden noch einmal sozusagen eine »Extra-Einladung« zukommen zu lassen. Dies zeigt der Schluß der Geschichte vom reichen Mann und armen Lazarus: Der im Hades schmorende Reiche, der für sich selbst keine Änderung seines peinvollen Geschickes mehr erreichen kann, wendet sich an Abraham:

»So bitte ich dich nun, Vater, daß du ihn (Lazarus) in das Haus meines Vaters sendest – denn ich habe fünf Brüder –, auf daß er ihnen sichere Kunde bringe, damit nicht auch sie an diesen Ort der Qual kommen. Abraham aber sprach: Sie haben Mose und die Propheten; sie sollen auf sie hören! Der jedoch sagte: Nein, Vater Abraham, sondern wenn einer von den Toten zu ihnen geht, werden sie umkehren. Da sprach er zu ihm: Wenn sie auf Mose und die Propheten nicht hören, werden sie sich auch nicht überzeugen lassen, wenn einer von den Toten aufersteht« (16,27-31).

Lk denkt hier an die Rückkehr des Lazarus aus dem Totenreich. Er soll die reichen Brüder warnen, von den Qualen im Hades für Reiche berichten. Bei Lucian finden wir einen ähnlichen Gedanken in den »Totengesprächen«.[40] Dieser Text ist auch inhaltlich zur Auseinandersetzung mit den lk Vorstellungen gut geeignet:

In den »Totengesprächen« beauftragt in einem kurzen Dialog der Kyniker Diogenes den Pollux, den – wie Lucian ironisch vermerkt – »morgen die Reihe trifft, wieder lebendig zu werden«, einem anderen Kyniker – Menippus – in der Oberwelt eine Botschaft zu bringen. Dieser Menippus weiß nicht, ob er über das Treiben und die Torheiten in der Welt lachen oder weinen soll (denn: »Wer weiß, wie es nach diesem Leben geht?«). Ihm läßt er ausrichten: »Diogenes befehle ihm, er solle hierher (in die Unterwelt) kommen, wo er noch viel mehr zu lachen findet.« Dort werde er nicht aufhören zu lachen, »besonders, wenn er die Reichen, die Satrapen und die Könige eine so armselige Figur machen sehe, daß man sie nur noch an ihrem Geheul unterscheiden kann, und wie schwächlich und feige sie sich gebärden, wenn sie sich ihres Zustandes oben erinnern«. An die *Reichen* gibt er Pollux folgende Nachricht mit: »Ihr Narren, wozu hütet ihr euer Gold? Was plagt ihr euch mit Ausrechnung eurer Zinsen, wozu häuft ihr Tausende auf Tausende, da ihr doch in kurzem mit einem einzigen Obolus im Mund ins Reich der Toten wandern müßt«. Den Obolus bekommen die Toten für Charon, den Fährmann der Unterwelt. Den *Armen* aber soll Pollux ausrichten: Sie, »unter denen so viele sich gar nicht drein finden können und immer über ihre Dürftigkeit klagen, sie sollen mit dem Heulen und Winseln ein Ende machen, und erzähle ihnen, daß hier alle gleichen Standes sind und sie einmal sehen werden, daß die dortigen Reichen bei uns keine Vorteile haben«.

Diese *Parodie* auf kynische »Moral«-Predigten legt Lucian zynischerweise dem Kyniker schlechthin in den Mund, will seine Intimfeinde damit treffen, daß er sie seinen eigenen Spott über die Götter der Ober- und Unterwelt sagen läßt. Doch auch wenn Lucian die Rückkehr aus der Unterwelt und die Erzählungen über die Verhältnisse dort für Ammenmärchen hält, seine Parodie zeigt noch das Klima auf, in dem Lk verstanden werden kann. Dieser ist weit von dem Skeptiker und Zyniker Lucian entfernt. Doch nicht nur darin, daß er ohne Ironie solche wunderhaft-legendären Geschichten erzählen kann (vgl. neben der erwähnten Geschichte auch die massiven Wunderlegenden in der Apg, z.B. 9,36ff. und 20,7ff.). Vielmehr und vor allem unterscheidet sich Lk von Lucian in seinem Ernst, in seiner Kritik an den Reichen bzw. den positiven Anweisungen an sie. Das zynische Trostwort des Lucian an die Armen in der Oberwelt ist Lk nicht erschwinglich. Und er stellt sich nicht nur die Gleichheit von armen und reichen Menschen in der Unterwelt vor, sondern erwartet Vergeltung für die Reichen nach ihrem Tode.

Mag er also noch daran glauben, was Lucian für Greuelmärchen hält, mit denen man Reiche in Schrecken versetzen will, nicht dieses Defizit an »aufgeklärter Bildung«, sondern sein sozial-ethisches Programm unterscheidet ihn am meisten von Lucian. Der wohlhabende und gebildete Zeitgenosse, der wie Lucian denkt, wird darum kaum von dem Evangelium des Lk zu beeindrucken gewesen sein. Für ihn schreibt Lk nicht.

Der *nihilistische* Standpunkt Lucians kommt an einer anderen Stelle der »Totengespräche« deutlich zum Ausdruck. Dort zeigt Hermes dem Fährmann der Unterwelt, Charon, das Treiben auf der Welt, den Ehrgeiz, den Wettkampf um Ämter, Ehren und Güter. Doch warum das alles, wo sie doch bald mit einem Obolus im Mund dem Charon begegnen werden. Charon möchte darum die Menschen warnen. Sie sollen sich die unnützen Anstrengungen ersparen. Hermes rät ihm ab. Sie würden sich die Ohren zustopfen. Und jene, die darum wissen, wie es in Wahrheit ist, die brauchte man nicht mehr zu warnen. Der Gedanke an soziale Unterschiede auf der Erde taucht hier einmal auf. Als Charon sieht, welche Qualen (Tod, Krankheit, Leid) auch die Reichen und Fürsten, alle die, die für glückselig gehalten werden, durchzustehen haben, da sagt er: »Wenn aber schon das

Dasein dieser Begünstigten so qualvoll ist, dann kann man sich denken, wie es da erst um die einfachen Sterblichen (idiōtai) bestellt ist«.

Auch Lucian hält also eine Warnung der Lebenden für überflüssig. Allerdings sollen sie bei ihm auch gar nicht davor gewarnt werden, ihr Leben weiterhin ohne Rücksicht auf die Armen weiterzuführen. Sie sollen vielmehr angesichts des Todes, der Leiden in der Welt einsehen, wie sinnlos ihr Streben ist. Dies ist wohl mehr der Standpunkt des »nihilistischen« Betrachters der Welt. Obwohl das soziale Milieu, das Lk und Lucian voraussetzen, vergleichbar ist und sie sich ähnlicher literarischer und mythologischer Motive bedienen, ist der Kontrast zu Lucians »Nihilismus« ein Hilfsmittel, Lk besser zu verstehen. Lk hält eine Warnung der Reichen durch einen zurückgekehrten Toten nicht aus resignativem Nihilismus für überflüssig, vielmehr aus Erfahrung mit den Reichen. Wenn schon Gesetz und Propheten nicht zur Umkehr bewegt haben, so wird dies auch kein Toter, der zurückgekehrt ist, schaffen. Die Reichen wissen genau, was ihre Aufgabe ist. Was ihnen fehlt, ist der Vollzug der Umkehr. Genau darauf werden sie aber von Lk angesprochen. Ihnen wird die Geschichte vom reichen Mann und armen Lazarus, das Gleichnis vom großen Gastmahl erzählt, damit sie sich besinnen und umkehren. Wenn sie das nicht tun, so wird es ihnen ergehen, wie in den Texten über die Umkehr der Geschicke angedeutet ist. Lk übernimmt die ganze Schärfe jener Texte, die er aus der ältesten Tradition übernommen hat. Doch er gebraucht sie als *Mahnung* für das künftige Geschick einer sozialen Klasse, das eintreten *wird*, wenn die Reichen reich bleiben und nicht jener Forderung nachkommen, die schon Gesetz und Propheten verlangen: Almosengeben, d. h. Wohltätigkeit den Armen und Bedürftigen gegenüber üben, reich sein vor Gott. Der positiven Vergeltung für ein wohltätiges Verhalten hier in der künftigen Königsherrschaft Gottes entspricht auch eine negative Vergeltung. Damit es nicht zu diesem Ende für die Wohlhabenden und Angesehenen kommt, darum werden sie von Lk so ausführlich kritisiert und zur Umkehr gerufen. Ja, ihnen wird in der Tat »Furcht« eingeflößt. Dies ist z. B. aus einer kleinen Episode der Apg deutlich zu erkennen. Paulus erhält dort Gelegenheit, vor dem Statthalter Felix sein Anliegen zu verteidigen. Als aber Paulus »über Gerechtigkeit und Enthaltsamkeit und das künftige Gericht redete, geriet Felix in *Furcht* und antwortete: Für diesmal gehe hin! Wenn ich jedoch gelegene Zeit bekomme, werde ich dich rufen lassen. Zugleich hoffte er auch, daß ihm von Paulus Geld gegeben würde. Daher ließ er ihn auch öfter kommen und besprach sich mit ihm« (Apg 24,25f.). Dieser korrupte Statthalter bekommt also Angst, als ihm vom künftigen Gericht berichtet wird. »Furcht« fiel auch über die ganze Gemeinde und alle, die davon hörten, daß Ananias und Sapphira mit dem Tod dafür bezahlen mußten, daß sie Gott um Geldes willen belogen hatten (Apg 5,11). Mag uns dieses Motiv der Furcht kurios vorkommen, Lk nimmt es offenkundig sehr ernst (vgl. auch Lk 12,4f. und Apg 8,24). Doch auch dieses Motiv hat ja den Sinn, die so angesprochenen Christen zur Umkehr zu bewegen. Was sollen sie tun?

V. Wie können die wohlhabenden Christen gerettet werden?

Diese Frage, wie die Reichen und Angesehenen gerettet werden können, muß uns jetzt beschäftigen. Wir waren bisher davon ausgegangen, daß Lk sich nicht nur in der Kritik an den Reichen und Angesehenen erschöpft. Daß er ein positives ethisches Programm für sie bereithält, kann man auch darum erwarten, weil gerade er an ihrer *Umkehr* interessiert ist, aber nicht an ihrem endgültigen Unheil. Der Ruf zur Umkehr kennzeichnet dieses Evangelium. Die Mission Jesu, Sünder zur Umkehr zu rufen, hat kein anderes Evangelium so breit dargestellt. Diese Umkehr wird von Lk aber nicht nur von den »Sündern« im engeren Sinne gefordert, sondern auch und gerade von denen, die sie verachten.

Lk verwendet den Begriff »Sünder«/hamartōlos auf mehreren Ebenen. In Lk 19,7 und 7,37.39 bezeichnen sozial angesehene Leute sozial Verachtete mit dem Begriff »hamartōlos«, einen Oberzöllner und eine stadtbekannte Dirne. Lk selbst macht auch Gebrauch von dem Begriff »hamartōlos« zur Kennzeichnung sozial Verachteter (15,1f.). Und wenn auch im Sünder-Bekenntnis des Zöllners (18,13) an dessen Verhältnis zu Gott gedacht ist, so ist mit diesem Bekenntnis auch die Selbstbezichtigung dessen gemeint, der sich vergangen hat. Lk zweifelt nicht daran, daß in der Nähe Jesu Zöllner, Dirnen, Kriminelle – zurecht Verachtete – anzutreffen waren. Seine Geschichte von den »Schächern am Kreuz« ist eine weitere Ausmalung der Begegnung Jesu mit Kriminellen (23,39-43). Diese Verachteten und Kriminellen sind nun aber für Lk *Exempel* für etwas *Grundsätzlicheres* – nämlich für die *Umkehr (metanoia)*, die *alle* Menschen vor Gott nötig haben. Nicht nur der Zöllner oder Kriminelle soll sprechen: Ich bin vor Gott schuldig, sondern in diesem Sinne sollten auch die »Pharisäer«, die die »Sünder« verachten, endlich sprechen: Gott sei mir Sünder gnädig, und begreifen, daß ihr Vergehen gerade auch darin liegt, daß sie die Sünder verachten. Die Verfehlungen, von denen sich die Menschen abkehren sollen, sind für Lk natürlich auch Sünde in den Augen Gottes. Doch sind sie auch konkret im zwischenmenschlichen Bereich faßbar: Hochmut, Selbstgerechtigkeit, Erpressung, Raub, Verschwendung. »Sünder« ist also bei Lk ein Begriff, der eine soziale Konkretion besitzt. Von diesem Begriff aus entwickelt Lk sein soteriologisches Programm. Lk 15,1 f. gilt gleichsam auf den beiden genannten Ebenen. Vgl. das Bekenntnis des Sohnes: »Vater, ich habe gesündigt gegen den Himmel und vor dir« (15,21). Petrus erkennt sich als solcher angesichts des epiphanen Kyrios (5,8). Man darf nun aber die soziale Konkretion des Sünderbegriffes bei Lk und dessen theologische Qualität nicht gegeneinander ausspielen oder isolieren. In den Augen des Lk ist das eine für das andere durchlässig. Bei Lk spielen soziale Gegensätze eine Rolle, die sich z. B. in der Verachtung der Pharisäer gegenüber den Zöllnern ausdrücken. Außerdem ökonomische Unterschiede – die Kluft zwischen Reichen und Bedürftigen ist nicht unbedingt identisch mit der zwischen angesehenen und verachteten Christen. Es kann auch reiche Verachtete geben (Zakchäus). Auf der anderen Seite gehören die geldgierigen Pharisäer zu denen, die die Sünder verachten.

Was erwartet Lk nun von den wohlhabenden Christen, welche »Früchte der Buße gemäß« (3,8) sollen sie erbringen? Vor allem folgende Passagen sind als Handlungsanweisungen an reiche und angesehene Christen (zumal) zu verstehen: Lk 19,1-10; 3,10-14; verschiedene Aussagen über das Almosen-Geben, aber auch Apg 20,33-35 und vor allem, auch wenn das zunächst überraschen mag, die lk Fassung des Feindesliebe-Gebotes Jesu (Lk 6,27-49).

1. Halber Besitzverzicht: Lk 19,1-10; 3,10-14

In der Erzählung vom vorbildlichen Verhalten des reichen Oberzöllners Zakchäus (19,1-10) ist der Zusammenhang mit der Gruppe der Reichen unmittelbar gegeben. Zakchäus wird als Oberzöllner (architelōnēs) und reicher Mann (plousios) eingeführt (19,2). Zugleich ist er aber auch ein »Sünder« (19,7). Wir haben hier also den Fall vor uns, daß ein Reicher zugleich als Sünder von Jesus gesucht und gefunden wird. Die Kennzeichnung des Zakchäus als »Sünder« entspricht durchaus der Meinung des Lk. Doch bei ihm gehören die Zuwendung Jesu zu den Sündern und deren Umkehr zusammen. Und diese Umkehr denkt er sich genauso konkret wie das voraufliegende Vergehen des Sünders konkret ist. Deshalb bringt Zakchäus sein Vergehen, soweit es auf der Ebene des Rechtes liegt, in Ordnung. Er will vierfach zurückzahlen, wo er etwas betrügerisch erworben hat (19,8). Damit erfüllt er die Strafandrohung, die im römischen Recht auf Diebstahl steht. Doch darüber hinaus gibt er nun aber auch die *Hälfte* seines Besitzes den Armen (19,8).
Diese Erzählung vom reichen Oberzöllner ist im Sinne des Lk auf zwei Ebenen anzuwenden. Einerseits ist sie ein Beispiel für die Umkehr eines sündigen Menschen vor Gott, die jeder Mensch

nötig hat. Andererseits ist sie konkrete Umkehr eines *reichen* Mannes, d.h. ein Fingerzeig für reiche Christen, wie sie sich verhalten sollen. Man beachte, daß Jesus den Oberzöllner *nicht* in die Nachfolge ruft. Damit wird also zweifellos dessen Verhalten zu einem Paradigma dessen, was Lk von den reichen Christen erwartet.

Warum verzichtet der Oberzöllner nun aber gerade auf die *Hälfte* seines Besitzes? Die Relation zum völligen Besitzverzicht der Jünger mag hier durchaus eine Rolle spielen, doch reicht sie zur Erklärung des halben Besitzverzichtes des Reichen nicht aus. Es sind zwei andere Motive, die die lk Forderung nach einem halben Besitzverzicht erklären können. Vor allem ist es die konkrete Sozialutopie des Lk, die auf innergemeindlichen Besitzausgleich zwischen wohlhabenden und bedürftigen Christen zielt, die die Vorstellung vom Verzicht auf die Hälfte des Besitzes nahe legt. Darauf werden wir später zurückkommen. Hier soll das Vorbild, an dem Lk seine Forderung für die Reichen orientiert hat, zur Sprache kommen. Nämlich die in der »Standespredigt« des Täufers (3,10-14) begegnende Anweisung: »Wer zwei Untergewänder hat, gebe dem, der keines hat und wer Speise hat, tue ebenso« (3,11). Eine Interpretation des Zusammenhangs dieser Anweisung kann drei verschiedene Ebenen der Aussage dieses Textes aufweisen. Auf der vorlukanischen Stufe meint diese Anweisung konkret die Solidarität der Ärmsten der Armen untereinander. In der lk Interpretation wird sie als Anweisung für das wohltätige Verhalten der kleinen Leute verstanden. Darin ist sie aber zugleich Vorbild für das Maß der Wohltätigkeit, das Lk von den reichen Christen erwartet.

Der V. 11 der Standespredigt des Täufers ist vorlukanisch. Denn hier wird die soziale Situation der armen Leute Palästinas vorausgesetzt, die schon Glück haben mußten, wenn sie zwei Untergewänder (chitōn) hatten. Im Sinne von Jesaja 58,7 (Hungrigen brich dein Brot, Nackte kleide) wird hier nunmehr zur Solidarität der Ärmsten der Armen untereinander aufgerufen. Es werden nicht Wohlhabende symbolisch zum Almosengeben aufgefordert. Wenn jemand dieser Armen tatsächlich zwei Untergewänder hat (ein sauberes für den Sabbat, eines für den Alltag), der soll dem, der keines hat, eines abgeben. Ebenso wenn jemand Speise hat, die zur Not auch für zwei reicht, soll er mit dem Hungrigen teilen. Die hier vorausgesetzte soziale Situation schließt eine lk Redaktion dieses Verses aus. Lk geht großzügig gar mit dem Besitz von »Mänteln«/ himation um.

Aus literarischen und sozialgeschichtlichen Gründen wird man die

beiden anderen Anweisungen der Standespredigt an Zöllner und Soldaten nun aber der lk Redaktionsarbeit zuschreiben müssen. Den Sinn von V. 11 im Lk muß man aus diesem Zusammenhang verstehen.
»Es kamen aber auch Zöllner, um sich taufen zu lassen, und sagten zu ihm: Meister, was sollen wir tun? Er sprach zu ihnen: Fordert nicht mehr, als was euch verordnet ist. Es fragten ihn aber auch Soldaten: Und was sollen wir tun? Und er sprach zu ihnen: Begeht gegen niemanden Gewalttat noch Erpressung und begnügt euch mit eurem Solde« (3,12-14). Auf lk Redaktion deuten einige literarische Eigenheiten. Es fällt auf, daß nur hier in der Evangelientradition Begriffe begegnen, die sonst nur noch Paulus kennt (z. B. Soldaten/strateuomenoi; Sold/opsōnion). Zumal die erneute Einleitung der Zöllnerfrage mit deren Taufbegehren zeigt die Handschrift des Lk. Die Einleitung der voraufgehenden Bußpredigt des Täufers erwähnte dieses Begehren schon für die Volksmenge (3,7). Lk liegt offenkundig daran zu notieren, daß die Zöllner bei Johannes um die Taufe bitten. Denn 7,29 bemerkt wiederum nur er, daß sich die Zöllner von Johannes taufen ließen (anders Mt 21,32). Schließlich passen diese Forderungen aus sozialgeschichtlichen Gründen nicht zur voraufgehenden Bußpredigt des Täufers und dem sie abschließenden V. 11. In der ältesten Jesustradition wird von der Solidarität Jesu bzw. seiner Anhänger mit den Zöllnern berichtet – von Soldaten ist gar nicht die Rede. Doch eine Bußforderung an die Zöllner begegnet dort nicht. Die armen Anhänger Jesu, die Nahrung und Kleidung nur in einem notdürftigen Sinne besessen haben, sind wegen der Handelszölle oder sonstiger Steuern kaum mit den Zöllnern in Berührung gekommen. Und es ist auch kaum zu erwarten, daß diese Armen als »Objekte« der Soldaten in Frage kamen, die von ihnen gewaltsam etwas gestohlen hätten. Beide Gruppen von kleinen Leuten – Zöllner wie Soldaten – haben wohl eher in der konkreten Erfahrung, die Lk bzw. Mitglieder seiner Gemeinde kennen, eine Rolle gespielt. Gegen eine selbständige Überlieferung spricht die Tatsache, daß diese Verse an die voraufgehende Predigtsituation anknüpfen. Es ist also sehr naheliegend, diese Verse der lk Redaktion zuzuschreiben.
Dann aber ist die lk Interpretation der Standespredigt des Täufers insgesamt als ethische Anweisung an kleine Leute anzusehen. Sie werden zur Solidarität untereinander gemahnt. Wichtiger aber ist Lk die konkrete Forderung an Zöllner und Soldaten, ihr illegitimes Verhalten aufzugeben. Umkehr für die kleinen Zöllner und Soldaten heißt also konkret *Abkehr* von ihren ungesetzlichen Machenschaften. Eben dies tut auch der reiche Oberzöllner. Doch er soll

nun auch das Erpreßte entsprechend den Vorschriften des Rechtes vierfach erstatten. Wohltätigkeit der kleinen Leute heißt konkret Solidarität und Hilfsbereitschaft den noch Bedürftigeren gegenüber. Doch im Verhältnis zur »plebs«, die gleichsam ihren Mangel solidarisch ausgleichen soll, wird Wohltätigkeit beim Reichen arithmetisch explizierbar als halber Besitzverzicht. Lk differenziert also die konkreten Leistungen, die der Buße gemäß sein sollen, entsprechend der sozialen »Leistungsfähigkeit« des zur Buße gerufenen Sünders. Der dahinterstehende Gedanke: Jeder nach Maß seiner Möglichkeiten, ist Lk auch sonst geläufig. In der Apg berichtet er, daß die Christen in Antiochien beschlossen haben, jeder von ihnen solle nach Maßgabe seiner Mittel zu einer Unterstützung der Brüder in Judäa beitragen, denen eine Hungersnot drohte (11,27-30). Der hier geschilderte Umgang des Lk mit einer Barmherzigkeitsforderung, die ursprünglich den armen Leuten Palästinas gegolten hat, wirft ein Licht auf das soziale Evangelium des Lk überhaupt. Er wendet die ursprüngliche Intention der Solidarität in der Not auf die konkrete Situation seiner Gemeinde an und verbindet sie mit seinem Interesse an der Umkehr der Sünder. Diese Umkehr bemißt sich hinsichtlich der Abkehr vom illegitimen Verhalten des Sünders bzw. der erwarteten Wohltätigkeit konkret am sozialen Stand des jeweiligen Sünders. Lk bietet also keine undifferenzierte »Almosen«-Ethik. Er entwickelt geradezu eine *soziale Ethik*. In deren Zentrum stehen die wohlhabenden Christen. Das Stichwort »Almosen« verführt uns fälschlich zu der Annahme, daß es hier um kleine Gaben geht, die dem Geber nicht wehtun, dem Empfänger wenigstens die gröbste Not lindern. Tatsächlich denkt sich Lk auch das »Almosengeben« viel umfassender.

2. Wohltätigkeit gegen Arme (Almosengeben)

Der Begriff »Almosen«/eleēmosynē findet sich im NT außer Mt 6,1-4 *nur* noch im Evangelium des Lk bzw. in der Apg (Lk 11,41; 12,33; Apg 3,2.3.10; 9,36; 10,2.4.31; 24,17). Schon von diesem statistischen Befund her leuchtet ein, daß Lk die mit diesem Begriff gemeinte Sache für wichtig hält. Ihm geht es darum, seiner Gemeinde die barmherzige Wohltätigkeit als ein zur christlichen Existenz gehörendes Verhalten überhaupt erst einmal einzuschärfen. Dieses ist in einer hellenistischen Gemeinde von Christen durchaus nicht selbstverständlich. Der Vergleich mit den genannten Versen bei Mt zeigt, daß dieser in seiner Gemeinde wohl die übliche jüdische Almosenpraxis voraussetzen kann. Dies ist bei Lk

nicht der Fall. Und geht es im Zusammenhang der Armenpflege in jüdischen Synagogen bzw. auch bei Mt um eine Wohltätigkeit vor allem an Glaubensgenossen, so denkt Lk bei dem Begriff »Almosen« an das wohltätige Verhalten an bettelarmen *Nicht*-Christen.
Mit diesem Begriff ist für Lk zunächst und vor allem der Empfängerkreis – nämlich bettelarme Menschen – bezeichnet. Besonders anschaulich wird dies in der Geschichte von der Heilung eines lahmgeborenen Bettlers geschildert (Apg 3,1-11). Dieser Lahme erbittet von den Vorübergehenden Almosen. Deutlich ist dieser Zusammenhang aber auch dadurch, daß die Forderung, seinen Besitz zu verkaufen und ihn als Almosen zu geben, mit jener, ihn den Armen (ptōchoi) zu geben, abwechseln kann (vgl. 12,33 und 18,22). Solche Almosen müssen aber nun nicht nur in Geld-, sondern können auch in Sachleistungen bestehen (vgl. Apg 9,36). Freilich hat Lk an einer Spezifizierung der Almosengaben kein besonderes Interesse. Ihm kommt es darauf an, *daß* Almosen gegeben werden bzw. begriffen wird, daß das Almosengeben eine *christliche Frömmigkeitsübung* ist und zur Existenz eines Glaubenden notwendig hinzugehört (vgl. Lk 11,39-41 und Apg 10,1 ff.). Im Zusammenhang der Aufforderung an die Pharisäer: »Doch gebet, was darin ist, als Almosen – und siehe, alles ist euch rein« (Lk 11,41) und der Kennzeichnung des vorbildlichen frommen Hauptmann Kornelius bleibt offen, was nun konkret mit den Almosen gemeint ist. Der Begriff »Almosen«/eleēmosynē kann von Lk sehr variabel gebraucht werden; er meint die kleine Gabe an den Bettler ebenso wie die Wohltaten des Hauptmanns Kornelius am Volk (Apg 10,2). Es kann dazu aufgefordert werden, den ganzen Besitz als Almosen zu geben bzw. das Almosengeben überhaupt als eine Frömmigkeitsübung eingeschärft werden. Wir werden darum bei der Variabilität dieses Begriffes im Lk gut daran tun, ihn umfassend im Sinne von *Wohltätigkeit* zu verstehen. Allerdings muß eine Einschränkung gemacht werden. Jesus Sirach faßt diesen Begriff noch weitergehender, freilich im Sinne der Wohltätigkeit unter *Gleichgestellten:* »Nicht sind Wohltaten am Platze bei dem, der immer darauf aus ist, Böses zu tun, und bei dem, der nicht Wohltätigkeit (eleēmosynē) vergilt« (Sirach 12,3). Lk gebraucht diesen Begriff gerade *nicht* im Sinne des auf Wiedervergeltung hoffenden Gutestun unter Gleichgestellten. Bei ihm meint die Wohltätigkeit im Sinne von »eleēmosynē« die Pflicht des Christen, mit den *Ärmsten* der Armen barmherzig zu sein.
Eine organisierte Armenpflege wie bei den Juden oder auch in späteren christlichen Gemeinden scheint Lk nicht zu kennen. Spuren einer solchen Organisation sind allenfalls in der Erzählung

von der Jüngerin Tabitha zu erkennen, die Kleidung für Arme herstellt. Vielleicht hängen diese mangelhaften Nachrichten über eine organisierte Armenpflege damit zusammen, daß Lk hier an arme Nicht-Christen denkt, also in diesem Fall auch keine gemeindliche Armenpflege organisiert werden mußte, die Barmherzigkeit mit nichtchristlichen Armen Sache des einzelnen Christen war. Daß Lk an *arme Nichtchristen* als Empfänger der Almosen-Gaben denkt, geht nicht nur daraus hervor, daß bei ihm die Armen sozusagen *Objekte* dieser Hilfe sind. Vor allem ist daran zu denken, was dieser mehr »objektivierende« Umgang mit den armen Almosenempfängern ebenfalls nahelegt, daß es in der Gemeinde des Lk gar keine bettelarmen Menschen (ptōchoi) gegeben hat. Denn dann wäre völlig unverständlich, daß Lk damit drohen kann, daß genau diese Gruppe anstelle der ursprünglich Eingeladenen als eschatologischer »Ersatz« in der himmlischen Basileia am Mahle teilnehmen wird (14,21-24). Ein Theologe wie Lk, der ein so ernstes Interesse an der Barmherzigkeit mit diesen Armen hat, kann wohl nicht, wenn sie zu seiner Gemeinde gehören, die er vor Augen hat, mit ihnen als einer nicht ursprünglich eingeladenen Gruppe, die anstelle der Angesehenen am himmlischen Mahl teilnehmen wird, argumentieren. Und es gehört in diesen Zusammenhang, daß Lk jene markinische Geschichte von der Salbung Jesu in Bethanien als Geschichte von der großen Sünderin erzählt (Mk 14,2-11/Lk 7,36-50). Der Vorwurf, daß die Frau kostbare Salbe verschwendet hat, die um 300 Denare verkauft und der Erlös den Armen hätte gegeben werden können, wird bei Mk durch Jesus zurückgewiesen: »Lasset sie, was betrübt ihr sie? Sie hat eine gute Tat an mir getan. Denn die *Armen habt ihr ja allezeit bei euch* und sooft ihr wollt könnt ihr ihnen Gutes tun. Mich habt ihr nicht allezeit« (Mk 14,6f.). Lk übernimmt diese Verse wohl nicht nur darum nicht, weil sie seiner Tendenz zur Barmherzigkeit mit den Armen hinderlich ist. Immerhin wird hier ja eine *gute Tat* an Jesus mit dem *Gutes tun* an Armen in einen mißdeutbaren Zusammenhang gebracht. Wichtiger für die Tatsache, daß Lk diesen Text nicht übernimmt, ist wohl die Feststellung: Arme habt ihr allezeit bei euch. Eine solche Feststellung Jesu muß Lk streichen, weil es eben in seiner Gemeinde keine Armen gibt. In der lk Gemeinde gibt es wohl kleine Leute, aber eben keine Bettelarmen (ptōchoi). Das Stichwort »arm«/ptōchos kommt in der Apg auch nicht mehr vor, wohl aber der Begriff »bedürftig«/endeēs (4,34). Schließlich kann der lk Gebrauch des Begriffes »Unterstützung«/diakonia unsere These noch einmal untermauern, daß Lk beim Stichwort »Almosen« an Wohltätigkeit gegenüber armen Nichtchristen

denkt. Denn die tägliche Versorgung mit Nahrungsmitteln in der Jerusalemer *Urgemeinde* sowie die Unterstützung der vom Hunger bedrohten *Christen* in Judäa (Apg 6,1ff.; 11,29) umschreibt Lk mit *diesem* Begriff, nicht aber mit dem Begriff »Almosen«. Andererseits wird die Unterstützung, die Paulus seinem *Volk* (also nicht der Urgemeinde) zukommen lassen will, wiederum »Almosen« genannt (Apg 24,17).
»Almosen«/eleēmosynē hat also Arme als Empfänger im Blick, die nicht zur Gemeinde der Christen gehören: Bettler, Blinde, Lahme, Krüppel z.B. Zu dieser Form der Wohltätigkeit gehört auch, daß man als Christ diese Menschen zum Mahl lädt. Wer so handelt, dem wird bei der Auferstehung der Gerechten wiedervergolten werden (Lk 14,7-14). Überblickt man das bisherige Material der paränetischen Forderungen des Lk, so zeigt sich, daß wir einmal die Forderung nach einem halben Besitzverzicht finden, daneben die Aufforderung, wohltätig gegen Arme außerhalb der Gemeinde zu sein. Die folgenden Texte zeigen nun, daß Lk aber auch dezidierte Vorstellungen von einer *innergemeindlichen* Liebestätigkeit hat.

3. Innergemeindliche Liebestätigkeit

Wo Lk die innergemeindliche Liebestätigkeit vor Augen hat, da ist wohl die Vorstellung leitend, die Paulus in seiner Abschiedsrede an die Ältesten von Ephesus ausspricht: »Silber oder Gold oder Gewand habe ich keines begehrt. Ihr wißt selber, daß für meine und der Meinen Bedürfnisse diese Hände gedient haben. In allem habe ich euch gezeigt, daß man so arbeitend sich der Schwachen annehmen soll, und der Worte des Herrn Jesus zu gedenken, denn er hat gesagt: Seliger ist geben als bekommen« (Apg 20,33-35). Sich der wirtschaftlich Schwachen (asthenountes) annehmen in Ausführung des Herren-Wortes: Geben ist seliger denn nehmen – diese Formulierung des Paulus ist geradezu als Programmwort über die lk Vorstellung der innergemeindlichen Liebestätigkeit zu setzen. Denn daß es hier um ein innergemeindliches Verhalten geht, zeigt der Zusammenhang, in dem diese Forderung steht: Paulus hält eine Abschiedsrede vor einem ausgewählten Kreis von Christen (Älteste), in der er auch zur Wachsamkeit gegenüber äußeren Angriffen auf die Gemeinde wie gegenüber innergemeindlichen Irrlehrern aufruft (V. 28-31). Und er verweist auf sein Vorbild. Er hat weder Geld noch Kleidung begehrt, sondern für sich *und für seine Mitarbeiter* gearbeitet. Die gewichtigste Darstellung dieser innergemeindlichen Liebestätigkeit ist in jenem Teil der Feldrede Jesu zu finden, der mit dem Gebot der Feindes-Liebe eingeleitet wird. Auf ihn soll nun näher eingegangen werden.

Die lukanische Interpretation der Feindesliebe. Der mit dem Feindesliebe-Gebot eingeleitete Redeteil der Feldrede Jesu ist, wie schon gezeigt wurde, an eine Juden und Heiden umfassende Volksmenge gerichtet, die wohl die spätere Kirche repräsentieren soll (6,17). Dieser Abschnitt ist schon durch seine Rahmenverse (6,27a; 7,1) als ein einheitlicher Zusammenhang kenntlich gemacht, der die V. 27-49 umfaßt. Diese Rede ist im Lk weder aus der historischen Situation Jesu, noch der der Logienquelle zu verstehen, obwohl zentrale Elemente aus diesem Überlieferungszusammenhang stammen. Vielmehr muß diese Rede wie auch die übrigen von uns behandelten Texte aus dem Kontext des Lk bzw. der sozialen Situation der Gemeinde, die er vor Augen hat, interpretiert werden. Lk legt das Feindesliebe-Gebot in diesem Zusammenhang als Paränese an wohlhabende und angesehene Christen aus. Sie sollen ihren Mitchristen Gutes tun, auch wenn diese sie hassen. Sie sollen wohltätig sein, ohne dafür Wiedervergeltung zu erhoffen, indem sie z. B. leihen, ohne das Geliehene zurückzufordern, borgen, ohne auf volle Rückerstattung des Geborgten zu hoffen, Schulden erlassen. Diese These mag zunächst befremdlich erscheinen, da wir uns üblicherweise unter Feindesliebe eine spezifische Form des sozialen Verkehrs von Menschen vorstellen, nicht aber ein auf Schulden- und Darlehens-Probleme zugespitztes Sozialverhalten. Unsere Interpretation ergibt sich aus folgenden Beobachtungen:

a) In V. 35 faßt Lk *seine* Interpretation der Feindesliebe noch einmal zusammen: »Vielmehr liebet eure Feinde und tut Gutes und leiht, ohne etwas zurückzuerwarten. Dann wird euer Lohn groß sein, und ihr werdet Söhne des Höchsten sein; denn er ist gütig gegen die Undankbaren und Bösen«. Lk ordnet hier also völlig disparate Zusammenhänge – Feindesliebe und Gutes tun bzw. Geld verleihen (daneizein) – nebeneinander. Mt dagegen bewahrt den ursprünglichen Sinn der Feindesliebe, wenn er diesem Gebot die Mahnung zur Seite stellt: »Und bittet für die, welche euch verfolgen« (Mt 5,44). Lk bringt seine Interpretation auf das wohltätige Verhalten hin schon in der Einleitung der Rede unter: »Liebet eure Feinde, *tut Gutes denen, die euch hassen«* (V. 27b). An diesen Korrekturen an dem aus der Logienquelle übernommenen Zusammenhang, der ursprünglich nur das Problem der Feindesliebe thematisiert hat, zeigt sich deutlich die Interpretationsabsicht des Lk. Sein Interesse ist eine Aufforderung zum Gutes tun. Dafür spricht auch die Häufung entsprechender Begriffe aus der hellenistischen

Ethik gerade in diesem Redeabschnitt »Gutes tun«/kalōs poiein bzw. agathopoiein; »gut« bzw. »guter Mensch«/agathos bzw. agathos anthrōpos; aber auch der Begriff »Schatz guter Werke«/thēsauros agathos. In den Schlußversen (V. 47-49) wird dann noch einmal zum Tun aufgefordert. Schließlich hebt Lk die von ihm formulierten Verhaltensregeln von einer anderen ethischen Praxis ab, die – wie Lk sagt – unter den »Sündern« gilt (V. 32-36). Es kann also keinerlei Zweifel daran bestehen, daß Lk das Feindesliebe-Gebot Jesu auf das Problem des *Gutestun* hin auslegt.

b) Der programmatische Satz aus der Einleitung dieser Rede Jesu über die Feindesliebe, der die lk Version anzeigt: »Tut Gutes denen, die euch hassen«, ist nun aber so allgemein formuliert, daß er zwei Fragen aufwirft: Einmal die Frage danach, welche konkreten Wohltaten Lk erwartet. Aber auch die, wer dieses Verhalten in die Tat umsetzen soll und wer die Empfänger solcher Wohltaten sind. Grundsätzlich ist klar, daß Lk *Christen* anredet. Das Bekenntnis zu Jesus als dem »Herrn«/kyrios wird ebenso vorausgesetzt (V. 47) wie die Vorstellung von Gott als Vater (V. 34), die im Zusammenhang des Kyrios-Bekenntnisses nur Christen haben können. Es ist aber auch unmittelbar evident, daß die Adressaten dieser ethischen Mahnungen *Überlegene* sind, solche Christen also, die sich das überhaupt »leisten« können, was hier verlangt wird: Z. B. ein Darlehen geben, ohne auf volle Rückerstattung zu hoffen (V. 34). Und daß hier nicht nur wirtschaftlich Überlegene, sondern sich auch moralisch überlegen fühlende Christen angesprochen werden, zeigen die V. 39-42. Alle drei Bildworte (vom Blindenführer, vom Meister, von dem, der aus seines Bruders Auge den Splitter ziehen will) sprechen Christen an, die sich für etwas Besseres halten als die übrigen. Ihr eigener Anspruch, den übrigen Christen überlegen zu sein, wird ironisch aufgegriffen. Und daß sie sich anderen *Christen* überlegen fühlen, zeigt zumal das Bildwort vom Splitter im Auge des *Bruders.*

Lk redet also wohlhabende und angesehene Christen an, daß sie wirtschaftlich Schwächeren in der Gemeinde Gutes tun sollen. Doch reicht es noch nicht aus, wenn wir die Empfänger dieser Wohltaten als die *wirtschaftlich* Schwächeren bezeichnen. Diese befinden sich wirtschaftlich *und gesellschaftlich* auf einer niedrigeren Stufe als die angeredeten Christen. D. h. Lk fordert hier nicht dazu auf, daß die Wohlhabenden unter den angesehenen Christen ihren gleichfalls angesehenen, aber in wirtschaftliche Not geratenen Mitchristen Gutes tun sollen. Dem widersprechen schon die genannten bildhaften Vergleiche. Es geht um ökonomisch bedürftige und in den Augen der Angeredeten geringer geachtete Brüder.

c) Die bisherige Auslegung kann auch die Begründung, die Lk für seine Forderungen anführt, bestätigen. Besonders anschaulich wird dies in den V. 32-34:

»Und wenn ihr liebt, die euch lieben; welchen Dank (charis) habt ihr? Denn auch die Sünder lieben die, welche sie lieben. Und wenn ihr Gutes tut denen, die euch Gutes tun; welchen Dank habt ihr? Auch die Sünder tun dasselbe. Und wenn ihr denen leiht, von denen ihr zurückzuempfangen hofft; welchen Dank habt ihr? Auch die Sünder leihen den Sündern, damit sie das gleiche zurückerhalten«.

Die hier beschriebene Ethik, von der Lk die von ihm geforderten Verhaltensregeln abgrenzt, kennzeichnet den sozialen Verkehr unter *Gleichgestellten*, wie er damals üblich ist. Genau diese Praxis setzt Lk selbst bei den Einladungen zum Gastmahl voraus und kritisiert sie (vgl. 14,12-14). Anstelle der Verwandten, Freunde und reichen Nachbarn soll der Einladende die Bettelarmen zu Tisch bitten. Diese haben nicht, ihm *wiederzuvergelten* (antapodounai), darum wird ihnen dann bei der Auferstehung der Gerechten wiedervergolten werden. Hier wie im Zusammenhang der »Feindesliebe« erwartet Lk, daß diese übliche Praxis der Wiedervergeltung unter Gleichgestellten durchbrochen wird. Anstelle dieses ethischen Verhaltens soll der angesehene und wohlhabende Christ »Gutes tun« und »leihen«, ohne zurückzuerwarten (V. 35). Und auch im Zusammenhang der »Feindesliebe« winkt dieser Durchbrechung der üblichen Praxis himmlischer Lohn (V. 35). Die übliche Praxis unter Gleichen repräsentiert z. B. Jesus Sirach:

»Wer Barmherzigkeit übt, leiht seinem Nächsten, und wer ihm aufhilft, beobachtet die Gebote. Leihe deinem Nächsten zur Zeit, wo er's nötig hat, und gib du es wieder zurück deinem Nächsten zur bestimmten Frist. Halte Wort und erweise dich als zuverlässig ihm gegenüber, so wirst du zu allen Zeiten dessen, was du brauchst, habhaft werden können« (29,1 ff.).

Lk identifiziert die übliche Praxis der Wiedervergeltung unter Gleichen als ein Verhalten der »Sünder«/hamartōloi. Doch liegt ihm nicht daran, das von ihm geforderte ethische Verhalten nun als ein christliches Proprium dem Verhalten von »Heiden« gegenüberzustellen. D. h. es geht ihm nicht um einen abstrakten ethischen Anspruch von Christen im Unterschied zu Nicht-Christen. Der Begriff »hamartōlos« trägt bei Lk auch sonst nie diesen Bedeutungsinhalt. Und auch hier werden ja die Sünder durch ihr Sozialverhalten gekennzeichnet. Sünder meint hier den Zustand der menschlichen Existenz *vor* der Umkehr/metanoia und keine spezifische Abgrenzung gegenüber Heiden.

Lk fordert also zur Durchbrechung einer damals üblichen ethischen Praxis auf, wonach man unter Gleichgestellten Gutes tat, in der Hoffnung, ebenso wiedervergolten zu bekommen vom Empfänger.[41] Er erwartet von den angesehenen und wohlhabenden Christen, auch unterhalb ihrer eigenen sozialen Klasse Gutes zu tun. Denn sonst sind sie *blinde* Blindenführer, die sich den von ihnen Verachteten überlegen fühlen, aber selbst die Forderung Jesu nicht begriffen haben: Barmherzig zu sein. Sind in 14,12-14 bettelarme Nichtchristen die Nutznießer des geforderten Verhaltens, so im Zusammenhang der lk Interpretation der Feindesliebe bedürftige, von den Angeredeten verachtete Christen.

d) Daß es sich hier um Bedürftige als Empfänger handelt, nicht aber um Arme, zeigen die konkreten Forderungen des Lk. Die angesehenen und wohlhabenden Christen sollen Geld verleihen (daneizein), auch wenn sie nicht erwarten können, das gleiche (ta isa) wiederzubekommen (V. 34). Es geht hier nicht um das professionelle Leihgeschäft, das Lk auch kennt (vgl. 19,23). Denn das Problem der Zinsen bzw. eines Gewinns steht nicht zur Debatte. Vielmehr geht es um ein nichtgewerbsmäßiges Darlehen auf Risiko hin, d.h. unter der Gefahr, das gleiche (ta isa) nicht wiederzubekommen. Jesus Sirach mahnt in dem oben erwähnten Text zur Solidarität unter Gleichen, die in Zeiten der Not einander leihen sollen. Er erwartet Vergeltung für einen solchen Geber, wenn dieser dann selbst in Not ist. Unter dieser Voraussetzung soll man auch einmal auf Risiko hin leihen und Geduld haben, wenn der Darlehensempfänger es nicht zur festgelegten Frist zurückzahlen kann (vgl. Sirach 29,1 ff.). Lk setzt voraus, daß der Darlehensnehmer *nicht* (voll) zurückerstatten kann, denkt nicht an die außergewöhnliche Situation, daß jemand wirtschaftlich in Not geraten ist, sondern an solche, die es aufgrund ihrer wirtschaftlichen Lage überhaupt nötig haben, ein Darlehen zu nehmen und nicht (voll) zurückerstatten können. Der Gläubiger hat denn auch keine irdische Wiedervergeltung für eigene Notzeiten zu erwarten, sondern ihm wird von Gott wiedervergolten werden.

Auf derselben Ebene argumentiert V. 30: »*Jedem,* der dich bittet, gib *(immer wieder), und von dem, der dir das Deine nimmt, fordere es nicht zurück*«. Die lk Zusätze gegenüber Mt 5,42 sind hervorgehoben. Lk setzt eine Situation voraus, in der der Geber das Geliehene nicht zurückbekommt, der Empfänger damit nach den gültigen Bestimmungen faktisch Diebstahl begeht. Obwohl der Geber also das Recht und auch gegebenenfalls die Zwangsmittel hätte, das Geliehene zurückzufordern, soll er darauf verzichten. Darüber hinaus verändert Lk auch dadurch, daß er zum wiederholten Geben (didou) auffordert – und zwar soll der Angesprochene jedem (panti) geben. Lk wiederholt die Aufforderung zum Geben: »Gebet, so wird euch gegeben werden; ein gutes, vollgedrücktes, gerütteltes, überfließendes Maß wird man in euren Schoß geben. Denn mit welchem Maß ihr meßt, mit dem wird euch wiedergemessen werden« (V. 38). Hier wird noch einmal deutlich, daß er die Wiedervergeltung für das Geben von Gott erwartet. Von daher kann man denn aber auch – zumal im Zusammenhang der bisherigen Interpretation – erwarten, daß auch in V. 30 das Wiedervergeltungsprinzip unter Gleichen durchbrochen wird. Lk fordert einerseits Verzicht auf die rechtlich mögliche Zurückforderung des Geliehenen, andererseits soll der Angeredete nicht nur innerhalb seiner sozialen Schicht geben, sondern jedem, der ihn bittet – also auch dem von ihm gering geachteten Bruder. Schließlich soll er *Schulden* erlassen (V. 37c), wie man aus der Konsequenz unserer bisherigen Beobachtungen wohl die Formulierung dieses Verses verstehen muß, in der grundsätzlich vom »freigeben«/apolyein die Rede ist.

Lk bezieht also die Feindesliebe-Forderung auf das wohltätige Verhalten von Christen untereinander. Er redet angesehene und wohlhabende Christen mit diesem Gebot darauf an, den von ihnen verachteten bedürftigen Brüdern Gutes zu tun, auch wenn diese sie hassen. Sie sollen »barmherzig«/oiktirmōn sein, wie der Vater im Himmel barmherzig ist (V. 36). Dieses von ihm erwartete ethische Verhalten durchbricht die übliche Praxis der Wohltätigkeit unter Gleichen. Dieser Interpretationsvorgang ist bei Lk nicht außergewöhnlich. Auch das Nächstenliebe-Gebot legt er in vergleichbarer Weise aus. D. h. dort kommt es ihm wie beim Feindesliebe-Gebot einmal darauf an, daß er zum *Tun* dieses Gebotes aufruft (vgl. 10,28). Zum andern wird das Problem diskutiert, wer denn der Nächste (plēsion) ist. Lk denkt von dem aus, der in Not geraten ist. Der Samariter, der dem unter die Räuber gefallenen Menschen hilft, war diesem der Nächste (vgl. 10,36f.). Er hat ihm Barmherzigkeit erwiesen. Auch im Feindesliebe-Gebot wird von dem aus gedacht, der in Schwierigkeiten ist; auch hier wird zur Barmherzigkeit aufgefordert. Im gewissen Sinne steht auch hier das Problem des »Nächsten« zur Debatte – und zwar durch die gängige Praxis der Wiedervergeltung von Wohltaten unter Gleichen repräsentiert. Bestimmt schon die Barmherzigkeit das Nächstenliebe-Gebot, so regiert sie erst recht das Verhalten, das Lk im Zusammenhang des Feindesliebe-Gebotes Jesu diskutiert.

Lk hat das Bild einer Gemeinde vor Augen, die in einer Stadt des römischen Kaiserreiches (freilich nicht in Palästina) als eigene Gemeinschaft lebt. Zu dieser gehören offenkundig weder Mitglieder der Oberschicht, noch aber auch Angehörige der Klasse der Elenden (Bettler usw.). Dennoch sind die Spannungen innerhalb der lk Gemeinde gravierend. Sie werden einerseits durch materielle Unterschiede bestimmt. Neben Reichen gibt es auch Bedürftige, kleine Leute wie Zöllner, Handwerker usw. Und es gibt auch soziale Spannungen. Angesehene Christen blicken mit Verachtung auf die kleinen Leute herab, zumal wenn sie im Geruch illegaler Verhaltensweisen stehen (Zöllner, Soldaten). Wie überhaupt in der römischen Kaiserzeit üblich, sind die sozialen Unterschiede nicht mit den materiellen unbedingt identisch. Ein Reicher – wie der Oberzöllner Zakchäus – kann durchaus zu den Verachteten gehören.

Entsprechend der sozialen Situation seiner Gemeinde formuliert Lk seine christliche Sozial-Ethik. Grundsätzlich gilt die Forderung nach Barmherzigkeit mit den Elenden und Bedürftigen. Sie wird zumal unter dem Stichwort »Almosen«/eleēmosynē allen Christen eingeschärft und meint in diesem speziellen Falle die Hilfe für die Ärmsten der Armen – die wohl nicht zur Gemeinde selbst gehören. Sie sind »Objekte« der Wohltätigkeit, aber nicht mehr wie in der ältesten Tradition Subjekte der christlichen Botschaft. Wir sind gewöhnt, caritative Hilfe als Tropfen auf den heißen Stein den Forderungen nach grundsätzlicher Veränderung der gesellschaftlichen Lage, die solche Elenden produziert, gegenüberzustellen. Mag das für unsere historische Situation angemessen sein, der Lage des Lk wird eine solche Konfrontation nicht gerecht. Caritative Barmherzigkeit war in seiner Umwelt – anders als in Palästina und den jüdischen Diaspora-Gemeinden – außergewöhnlich. Hier galt es also, erst einmal ein Bewußtsein für solche Barmherzigkeit zu schaffen.

Neben dieser allgemeinen Forderung nach Mitleid mit denen, die in Not sind, die wohl auch – nach Maßgabe der Möglichkeiten – für die kleinen Leute unter den Christen gilt, erwartet Lk von diesen vor allem, daß sie ihr illegitimes Verhalten aufgeben. Ihre Umkehr soll sich zumal in der Abkehr von ungesetzlichen Machenschaften manifestieren.

Im *Zentrum* der sozialen Botschaft Jesu im Lk stehen die Anweisungen an die Reichen und Angesehenen. Ihnen wird gerade im Falle des verachteten Oberzöllners Zakchäus ein Beispiel vor Augen geführt, dem sie nachfolgen sollen: Halber Besitzverzicht. Nicht für sich Schätze sammeln, sondern reich sein in bezug auf Gott, d. h. wohltätig sein und sich der Schwachen annehmen, das gilt den Wohlhabenden. Und zwar gilt dies zumal auch in bezug auf die Bedürftigen innerhalb der Gemeinde. Hier wird der halbe Besitzverzicht zu einem Orientierungsmaßstab für die Reichen. Detaillierte Forderungen schildert dann die lk Interpretation der Feindesliebe. Jedem soll der Wohlhabende geben, nicht zurückfordern, Geld leihen auf Risiko hin, Schulden erlassen, nämlich den christlichen Brüdern, die von ihm gering geachtet werden und ihn hassen. Nur so werden die angesehenen und wohlhabenden Christen ihrem Anspruch gerecht, die Führer der Blinden zu sein. Denn das heißt: Barmherzig zu sein wie der Vater im Himmel barmherzig ist. Wir hatten erwähnt, daß Lk als ausgesprochen »sozialistisch denkender« Schriftsteller eingestuft wurde.[42] Nun ist natürlich die Übertragung moderner Sozialutopien und politischer Programme auf antike Verhältnisse immer problematisch. Immerhin scheint uns diese Charakterisierung des lk Interesses – wenn schon in Kategorien gedacht wird – angemessener als jene, die ihn als Evangelisten der Armen versteht. Dies ist er zweifellos *so* nicht. Denn weder stehen die Armen (als Bettelarme) im Mittelpunkt seines Interesses, noch aber ist sein Sozialprogramm eine undifferenzierte Almosen-Ethik. Mit größerem Recht könnte man Lk den Evangelisten der Reichen nennen. Nun aber nicht als deren Seelsorger, der die Botschaft: Jesus-Hoffnung der Armen ihnen mundgerecht serviert. Vielmehr in dem Sinne, daß er ein außergewöhnlich scharfer Kritiker der Reichen ist und an deren Umkehr interessiert. Diese ist nur durch radikale Verzichtleistungen (halber Besitzverzicht) bzw. unbequeme Einzelanweisungen (Leihen auf Risiko hin, Schulden erlassen, Geben) möglich. Darüber hinaus hat Lk ein konkretes soziales Ziel vor Augen: Einen *innergemeindlichen Besitzausgleich*. Lk ist weit davon entfernt, ein politisches Programm für den umfassenden gesellschaftlichen Besitzausgleich zu entwerfen. Gleichwohl denkt er programmatisch – und zwar bezogen auf die christliche Gemeinschaft. Seine eigene Utopie einer materiell und sozial ausgeglichenen christlichen Gemeinde formuliert er in seiner Darstellung der ersten christlichen Gemeinde in Jerusalem.

Die Textbasis bilden jene umstrittenen Passagen der Apg (2,41-47; 4,32-37), die unter dem Stichwort »Liebeskommunismus« bekannt sind. Beide Texte bieten weder einen historisch-getreuen Bericht über die Jerusalemer Urgemeinde, noch sind sie aber auch einfach Idealisierungen des Lk. Auf der Basis nicht mehr genau zu rekonstruierender Nachrichten über die Urgemeinde entwirft Lk hier das

Bild einer christlichen Gemeinde, wie er sie sich vorstellt. D. h. die hier beschriebenen Zustände reflektieren die Lage der lk Gemeinde und wenden sie positiv zu einem nach Meinung des Lk anzustrebenden Zustand seiner eigenen Gemeinde. Die Darstellung der Urgemeinde zeigt also, wie es sein sollte an dem, was damals nach Meinung des Lk war. Sie zeigt aber auch, was gegenwärtig nicht ist. Der Zustand der Jerusalemer Urgemeinde beschreibt also *nicht irgendeinen denkbaren* Idealzustand (gleichsam ins Blaue hinein). Die Idealisierungen haben ihren konkreten Hintergrund in den Defiziten der gegenwärtigen Gemeinde des Lk – jedenfalls wie Lk sie sieht.

Es ist häufig darauf hingewiesen worden, daß Lk in den Berichten über die Urgemeinde alttestamentliche und griechische Gemeinschaftsideale kompiliert. Das Stichwort »Gemeinschaft«/koinōnia, die Bemerkungen über den gemeinschaftlichen Gebrauch des Besitzes – z. B. »sie hatten alles gemeinsam«/panta koina –, aber auch die Beschreibung der ideellen Gemeinschaft – z. B. »ein Herz und eine Seele/kardia kai psychē mia – begegnen, wenn auch nicht immer alle zugleich bei griechischen Philosophen (vgl. nur Plato und Aristoteles).[43] Alle drei Stichworte bietet neben Lk dann auch Jamblich in seiner Lebensbeschreibung des Pythagoras.[44] Die Vorstellung, daß kein Bedürftiger unter ihnen war (4,34), kann durchaus Deuteronomium 15,4 zum Vorbild haben.[45] Tatsächlich schildert Lk aber die idealen Zustände der Urgemeinde so, daß der hellenistische Leser hier an das griechische Ideal der Freundes-Gemeinschaft denken kann. Freilich kommt die Interpretation nicht weiter, sofern sie die beschriebenen Zustände mit vergleichbaren Vorstellungen analogisiert. Denn Lk beschreibt in diesem Sinne auch kein unerreichbares Ideal. Er will Geschehenes darstellen, wenngleich in den Vorstellungsbahnen griechischer Sozialutopien. Er hält dieses Geschehene seiner eigenen Gemeinde als Spiegel vor und hofft darauf, daß sie sich daran orientiert.

Für dieses Interesse des Lk spricht, daß die – nicht explizit ausgesprochene – Auflösung dieser Freundesgemeinschaft nicht nur äußere Gründe hat. Vielmehr sind äußere Einwirkungen (vgl. 8,1: Vertreibung der Gemeindemitglieder) mit innergemeindlichen Erosionen verbunden. Diese aber tragen nun einen für das soziale Evangelium des Lk typischen Charakter. Unmittelbar nach dem zweiten Bericht über die idealen Zustände in der Urgemeinde und in deutlichem Kontrast zum vorbildlichen Verhalten des Barnabas schildert Lk das negative Beispiel von Ananias und Sapphira (5,1-11). Die Geldgier dieser beiden Christen stellt die Liebesgemeinschaft in Frage. In diesem Sinne muß wohl auch das »Murren« der

»Hellenisten« gegen die »Hebräer« wegen der Tatsache, daß deren Witwen bei der täglichen Versorgung übersehen wurden, gedeutet werden (6,1 ff.). Man wird sich wohl vorzustellen haben, daß diese Witwen der »Hellenisten« bei Gemeinschaftsspeisungen Bedürftiger übersehen, d. h. nicht berücksichtigt wurden. Und dies geschah wohl nicht aus böser Absicht. Die Tatsache, daß diese Witwen zu den »Hellenisten« gehört haben, deutet vielmehr darauf, daß sie zu einer Jerusalemer Gruppe von Menschen zu zählen sind, die durchaus nicht – grundsätzlich – zu den Bedürftigen zu rechnen sind. Zweifellos geht es bei der Gegenüberstellung von »Hellenisten« und »Hebräern« um eine sprachliche Differenz. Die einen sprachen griechisch, die anderen aramäisch.[46] Doch scheint sich dahinter auch eine soziale Unterscheidung – jedenfalls grundsätzlich – zu verbergen. Denn in der römischen Provinz gehörten die griechisch sprechenden Nachbarschaftsgemeinden meistens zu den Wohlhabenderen und Angesehenen. Dafür spricht, daß diese meistens als erste das römische Bürgerrecht verliehen bekommen haben.[47] Wenn man diesen Sachverhalt auch für den lk Bericht über die Gegensätze zwischen griechisch sprechenden und aramäisch sprechenden Christen unterstellt, so wären es also hier die Angesehenen und Wohlhabenden, die wie die wohlhabenden Christen Ananias und Sapphira durch ihr Verhalten die ideale Gemeinschaft in Frage gestellt haben. Es sind denn auch genau die hier verhandelten zwei negativen Beispiele, die positiv den idealen Charakter der Urgemeinde ausmachen:

– gemeinschaftlicher, nicht privater Gebrauch des Besitzes;
– ideelle Gemeinschaft (Einmütigkeit) der Urgemeinde.

Der Begriff »Liebeskommunismus« ist irreführend. Lk gebraucht zwar vieldeutige Umschreibungen der Besitzgemeinschaft (panta koina z. B.), doch ist die gemeinte Sache eindeutig: Der Privatbesitz kam der ganzen Gemeinde zugute. Die Besitzenden haben ihren Besitz (Grundstücke und Häuser) verkauft und den Erlös in Geld den Aposteln übergeben. Davon wurde denen gegeben, die es nötig hatten, so daß kein Bedürftiger mehr in der Gemeinde war (4,34 f.). Das Verkaufen wie die Verteilung des Erlöses werden als einmalige, abgeschlossene Handlungen umschrieben. Demnach ist nicht anzunehmen, daß es von Fall zu Fall geschah – immer wenn einer etwas nötig hatte. Jedenfalls geschieht dieser Verkauf und die Verteilung im Interesse des Besitzausgleiches zwischen den Christen. All dies geschah – wie an der Geschichte von Ananias und Sapphira deutlich wird – auf freiwilliger Basis. Man kann und darf sich nicht ausmalen, wie dieser Besitzausgleich im einzelnen vor sich gegangen sein soll. Lk liegt daran, *daß* er *verwirklicht* worden

ist. Er denkt sich diesen Ausgleich offenbar einfach arithmetisch. Die Besitzenden verzichten auf so viel, daß es in der Gemeinde weder Reiche noch Bedürftige gibt.
Der zweite wichtige Aspekt ist die *Einmütigkeit* der Urgemeinde. Sie ist eine Gemeinschaft, in der es – anfangs – keine sozialen Spannungen mehr gab: Ein Herz und eine Seele. Sie sind immer beisammen, sind im Tempel einmütig beim Gebet. Abwechselnd von Haus zu Haus feiern sie das Abendmahl (2,46). Von Haus zu Haus soll wohl sagen: Abwechselnd in den Häusern der christlichen Nachbarn (denn 3000 bzw. 5000 Christen passen kaum in ein Haus).[48] Auch hier hat Lk wohl einen Mißbrauch seiner eigenen Gemeinde vor Augen, hinter dem sich dasselbe Problem wie hinter der positiven Darstellung der Einmütigkeit verbirgt: Die sozialen Spannungen zwischen den Angesehenen und den von ihnen Verachteten. Dies ist die Situation der lk Gemeinde; in der Urgemeinde war man ein Herz und eine Seele. In der lk Gemeinde trifft man sich nur in einzelnen Häusern der christlichen Nachbarschaft (weil die Angesehenen nicht in die Häuser der Verachteten gingen?), in der Urgemeinde trifft man sich abwechselnd von Haus zu Haus. Wie wichtig Lk das Abendmahl als Gemeinschaftsmahl ist, deutet er schon im Evangelium an. Dort formuliert nur Lk anläßlich der »Stiftung« des Abendmahles durch Jesus: »Und er nahm den Kelch, sprach das Dankgebet darüber und sagte: Nehmet hin und *teilet ihn unter euch*« (22,17). In der Urgemeinde gehörte nach Darstellung des Lk das »Abendmahl« mit einem Sättigungsmahl zusammen. Dieses Sättigungsmahl – so betont er – verlief mit »Jubel« und »Lauterkeit des Herzens« (Apg 2,46). »Lauterkeit«/aphelotēs soll heißen: »schlicht«, also im Sinne der Sättigung, nicht als Völlerei oder Trinkgelage (vgl. Lk 21,34; 1 Kor 11,20 ff.). Der »Jubel« der Gemeinde darf im Zusammenhang des lk Werkes verstanden werden wie das Freudenfest nach der Heimkehr des verlorenen Sohnes, an dem auch der ältere Bruder teilnehmen soll (vgl. Lk 15,23.32; s. auch Lk 19,6). Die Gemeinschaft in Freude ist für Lk die anschauliche Darstellung der Solidarität der Christen untereinander. Die Realität seiner Gemeinde ist das »Murren« gegeneinander (vgl. Lk 5,30 15,1 f.; 19,7). Die Darstellung des Lebens der Urgemeinde ist – wie man sieht – unmittelbar auf die konkrete Situation der eigenen Gemeinde des Lk bezogen.
Die Hoffnung der Armen, die damals in Palästina Botschaft der Jesusnachfolger war, mußte Lk in seine so veränderte soziale Situation übersetzen. Bei ihm wird nun Nachfolge Jesu in der Solidarität derer konkret, deren soziale und materielle Realität eigentlich nur Haß und Zerstörung produzieren kann.

Anmerkungen

Abkürzungen und Umschriften griechischer Wörter folgen dem Exegetischen Wörterbuch zum Neuen Testament, Stuttgart 1978ff., bzw. W. Bauer, Wörterbuch zum Neuen Testament, Berlin, 5. Aufl. 1958

Zu Kapitel 1

1 Z. B. Josephus, Bell 5,449-451: Massenkreuzigung von jüdischen Flüchtlingen durch Titus vor Jerusalem; Josephus, Bell 2,75 (Ant 17,295): Massenkreuzigung von 2000 Aufständischen durch Varus; Bell 2,241 (Ant 20,129): Kriegsgefangene in Caesarea durch Quadratus. Für weitere Informationen s. M. Hengel, Mors turpissima crucis, in: Rechtfertigung, Festschrift für E. Käsemann, Tübingen 1976, S. 125-184.

2 R. Bultmann, Das Verhältnis der urchristlichen Christusbotschaft zum historischen Jesus, in: Exegetica, Tübingen 1967, S. 453.

3 M. Kähler, Der sogenannte historische Jesus und der geschichtliche, biblische Christus (1892), München, 4. Aufl. 1969.

4 E. Käsemann, Das Problem des historischen Jesus, in: Exegetische Versuche und Besinnungen, Bd. 1, Göttingen 1960, S. 187ff.

5 Die Methode ihrer Ermittlung wird unten S. 29f. beschrieben.

6 L. Friedländer, Darstellungen aus der Sittengeschichte Roms, Bd. 1-4, Leipzig, 10. Aufl. 1922 (Nachdruck Aalen 1964); – A. v. Harnack, Die Mission und Ausbreitung des Christentums, Bd. 1-2, Leipzig, 4. Aufl. 1924.

7 Besonders J. Jeremias, Jerusalem zur Zeit Jesu, Göttingen, 3. Aufl. 1969.

8 F. Belo, Lecture matérialiste de l'évangile de Marc, Paris[3] 1976, S. 327ff. Vgl. G. Casalis, Theologia Practica 13, 1978, S. 61ff.

9 Es wäre natürlich wichtig, auch Mk und Mt auf die Eigenart ihres Weges in der Jesusnachfolge hin zu analysieren. Dies würde aber den Umfang dieses Buches zu sehr erweitern.
Ganz ohne Anmerkungen ging es nicht: Sie sollen die Überprüfbarkeit gewährleisten und dem interessierten Leser Hinweise geben, wo er weitere Informationen zu den angeschnittenen Fragen bekommt. Auseinandersetzungen mit modernen Interpretationen der jeweiligen Texte können nur in Ausnahmefällen explizit geführt werden. Dem daran interessierten Leser, der unterschiedliche Exegesen einzelner Texte vor sich hat, ergeben sich aus unserer Darstellung im allgemeinen auch die Begründungen für unsere interpretatorischen Entscheidungen. Die Untersuchung ist aus gemeinsamer Arbeit entstanden und wird von uns gemeinsam verantwortet. Geschrieben wurden Kapitel 1 und 2 von Luise Schottroff und Kapitel 3 von Wolfgang Stegemann.

10 Wie heute in der Bibelwissenschaft verbreitet angenommen wird.

11 G. Bornkamm, Jesus v. Nazareth, Stuttgart 1956, S. 74.

12 H. Braun, Gott, die Eröffnung des Lebens für die Nonkonformisten. Erwägungen zu Mk 2,15-17, in: Festschrift f. E. Fuchs, Tübingen 1973, S. 97ff.

13 Bornkamm, S. 74.

14 H. Braun a. a. O. und H. Braun, Jesus, Stuttgart 1969, besonders S. 144.

15 G. Bornkamm, S. 72.

16 Zum »portorium« s. unten. Der Begriff »telōnēs«/Zöllner kann auch in einem sehr viel weiteren Sinn gebraucht werden für jeden, der irgendeine Staatspacht innehat. Z. B. könnte auch ein Fischer, der vom Staat das Recht zu fischen pachtet und zur Abgabe von 25% des Ertrages verpflichtet ist, »Zöllner« heißen; s. R. Taubenschlag, The Law of Greco-Roman Egypt in the Light of the Papyri, Warschau[2] 1955, S. 664f. Zur weiteren Information über die Situation der Zöllner s. besonders O. Michel ThWNT VIII, S. 88ff. und F. Vittinghoff, Pauly/Wissowa 43, 1953, Sp. 346ff.

17 Zu den Zöllnervergehen s. u. S. 19f.

18 Corpus iuris civilis, Dig 39,4,9; Übersetzung aus C.E. Otto, B. Schilling, C.F.F. Sintenis, Das Corpus Iuris Civilis, Bd. 4, Leipzig 1832.

19 Josephus, Bell 2,287.292.

20 S. die Edition der verschiedenen Fassungen in: H. Gressmann, Vom reichen Mann und armen Lazarus, ABA Berlin 1918, S. 70ff.

21 Die Terminologie »telōnēs«/»architelōnēs« in dem genannten Sinne ist sonst nicht, der Sachverhalt, der zur Unterscheidung von Ober- und Unterzöllnern nötigt, jedoch breit bezeugt, s. z. B. bSab 78b.

22 F. Vittinghoff, Pauly/Wissowa 43, 1953, Sp.348.

23 Eine weltliche Analogie zu Mt 23,23 par., der Verzehntung von Gartenkräutern.

24 Aramäischer und griechischer Text des »Tarifs«: CIS II,3, 1926, nr. 3913; griech. Text: Dit., Or II, 629; die Zitate stammen aus der deutschen Übersetzung des aram. Textes v. S. Reckendorf, Der aramäische Theil des palmyrenischen Zoll- und Steuertarifs, ZDMG 42, 1888, S. 370ff. Hier zeigt sich deutlich, daß unser Begriff »Zoll« bei weitem nicht abdeckt, was in den hier in Frage kommenden Zusammenhängen darunter verstanden worden ist. Man kann also *auch* unsere »Umsatzsteuer« als ein Analogon heranziehen.

25 Tacitus, Ann XIII, 51.

26 Dies nimmt M. Rostowzew, Geschichte der Staatspacht, (1902) Rom 1971, S. 343f. 480 an; s. dazu auch Taubenschlag, S. 553; D. Nörr, Die Evangelien des Neuen Testaments und die sogenannte hellenistische Rechtskoine, Zeitschrift der Savigny-Stiftung für Rechtsgeschichte, Romanist. Abt. 78, 1961, S. 134.

27 Die Rechtsfälle bzw. Erstattungssätze Lev 5,20ff.; Ex 21,37ff.; 2. Sam 12,6 passen sowenig auf Lk 19,8, daß man Lk 19,8 nicht als freiwillige überpflichtmäßige Erstattung gemessen an alttestamentlichen Regelungen ansehen sollte (Billerbeck II,250), sondern als einen dem römischen Recht entsprechenden normalen Rechtsvorgang.

28 bNed 28a; vgl. bBQ 113a; wohl auch bSanh 25b; dazu s. noch unten.

29 Pollux, Onom IX, 32.

30 Plutarch, de curiositate 7 (Mor 518 E).

31 Philostrat, vita Ap I, 20.

32 Xenophon, Oicon IV, 2f.; Übersetzung aus: K. Meyer, Xenophons »Oikonomikos«. Übersetzung und Kommentar, Marburg 1975, S. 18.

33 Pollux, Onom VI, 128.

34 S. dazu schon oben Anm. 28.

35 Die Legende vom Zöllner(sohn) Ma'jan, Billerbeck II, 231f., und Josephus, Bell 2,287.292.

36 s. die in Anm. 35 genannte Legende.

37 bSanh 25b, Übersetzung Goldschmidt.

38 J. Jeremias, Zöllner und Sünder, ZNW 30, 1931, S. 293-300, bes. S. 300. Vgl. ders., Jerusalem zur Zeit Jesu, Göttingen, 3. Aufl. 1969, S. 337ff., bes. S. 346.
39 R. Meyer, Der 'Am hā – 'Āreṣ Ein Beitrag zur Religionssoziologie im ersten und zweiten nachchristlichen Jahrhundert, Judaica 3, 1947, 169-199.
40 J. Jeremias, ZNW 30, S. 294.
41 J. Jeremias, ZNW 30, S. 295.300.
42 H. Herter, Die Soziologie der antiken Prostitution im Lichte des heidnischen und christlichen Schrifttums, Jahrbuch für Antike und Christentum 3, 1960, S. 79.
43 Für die Fundorte des Tarifs von Palmyra s. Anm. 24.
44 Bordelle sind auch für Caesarea und Sebaste belegt: Josephus, Ant 19,357.
45 Dig 5,3,27 § 1.
46 Auch Söhnen konnte das passieren: Quintilian, Inst 7,1,55.
47 Für weitere umfassende Information s. den oben genannten Aufsatz von H. Herter.
48 S. z. B. Aristophanes, Plutos 511.532ff. Die Penia spricht: »Ich setze zur Seite mich dem Handwerksmann als gebietende Frau und dräng' ihn, sich emsig zu rühren. Damit er der Not und dem Darben entgeh' und das Leben sich friste durch Arbeit« (Übersetzung Ludwig Seeger).
49 In der jüdischen Armenpflege spielt die Unterscheidung zwischen ortsansässigen Armen und fremden Bettlern eine wesentliche Rolle. Die fremden Bettler sollen nur das allernötigste Essen bekommen; Billerbeck II,644; s. bes. Pea VIII,7.
50 Friedländer I,159f.
51 Übersetzung aus Flavius Josephus, De bello judaico, hrsg. v. O. Michel und O. Bauernfeind, Bd. 1, München, 2. Aufl. 1962.
52 Weiteres Material über wirtschaftliche Zusammenhänge der Aufstände: Bell 4,241; 7,438. Zur wirtschaftlichen Situation Palästinas im ersten Jahrhundert s. besonders S. Applebaum, Economic Life in Palestine, in: The Jewish People in the First Century (Compendia Rerum Judaicarum ad Novum Testamentum, sect. I), Assen/Amsterdam 1976, S. 631ff.
53 Bell 3,179; 6,195; 6,204.
54 Dazu s. u. S. 64.
55 Für den methodischen Ansatz, der hier gegenüber der ältesten Jesustradition angewendet wird, s. auch L. Schottroff, Das Magnificat und die älteste Tradition über Jesus von Nazareth, EvTh 38, 1978, S. 298ff.
56 Alle Nachweise für Traditionsstufen, die Q vorausliegen, s. u. in Kap. 2.
57 Die älteste Text*gestalt* des Einzeltextes braucht meist nicht ausführlich diskutiert zu werden. Die Argumentationen für die älteste Textgestalt, die in der Formgeschichte sehr intensiv verhandelt worden sind, wären i.w. Wiederholungen. Dem interessierten Leser vermittelt z. B. der Kommentar von H. Schürmann, Das Lukasevangelium, Freiburg 1969, einen gründlichen Einstieg in die Argumente, die bei der Rekonstruktion der Textgestalt eine Rolle spielen.
58 Armut ist in den Seligpreisungen im Sinne einer ökonomischen und gesellschaftlichen Situation zu verstehen, nicht als ethische oder religiöse Haltung. Lk 6,20f. ist keine Paränese, auch nicht implizit. Grundlegend in dieser Frage: E. Percy, Die Botschaft Jesu, Lund 1953, und L.E. Keck, The Poor among the Saints in the New Test., ZNW 56, 1965, S. 100ff.; 57, 1966, S. 54ff.; E. Bammel ThWNT VI, S. 885ff. Das

entscheidende Argument für den Sinn des Wortes »arm« in Lk 6,20f. liefert der unmittelbare Kontext der zweiten und dritten Seligpreisung. Die Begriffstradition außerhalb des Neuen Testaments ist so differenziert, daß aus ihr kein zwingender Schluß auf die Wortbedeutung abzuleiten ist. Allerdings wird man im Blick auf die breite und differenzierte Begriffstradition generell sagen müssen, daß auch in Texten, in denen Armut = Demut oder Armut = Frömmigkeit verstanden wird, die Frommen oder die Demütigen zugleich auch Arme (im ökonomischen Sinn) waren.

59 S. das Material bei R. Bultmann, Das Evangelium des Johannes, Göttingen 1956, S. 386f.

60 S. z.B. Lk 22,30.

61 S. dazu besonders K.G. Reploh, Markus – Lehrer der Gemeinde, Stuttgart 1969, S. 191-201.

62 J. Wellhausen hielt V. 25b für sekundäre Zufügung (J. Wellhausen, Das Evangelium Marci, Berlin 1909, S. 81). Einige Exegeten halten das Wort plousios/Reicher für nachträgliche Ersetzung eines ursprünglichen anthrōpos/Mensch, s. z.B. N. Walter, ZNW 53, 1962, S. 210; ähnlich E. Jüngel, Paulus und Jesus, Tübingen 1967, S. 183; W. Harnisch, in: Festschrift E. Fuchs, Tübingen 1973, S. 167.

63 Dazu s. unten S. 101.

64 So J. Schniewind, Das Evangelium nach Markus, Göttingen 1949, S. 139; J. Jeremias, Die Gleichnisse Jesu, Göttingen, 7. Aufl., 1965, S. 33, Anm. 4.

65 Z. B. Hesiod, Werke und Tage, V. 1ff.; Sir 10,8ff.

66 Materialsammlungen zu diesem Thema z.B. bei B. Gatz, Weltalter, goldene Zeit und sinnverwandte Vorstellungen, Hildesheim 1967, S. 48-51.

67 Die Rangbezeichnung »die Ersten« findet sich z.B. Mk 6,21; für weiteres Material s. W. Michaelis ThWNT VI, 869.

68 H. Gressmann, Vom reichen Mann und armen Lazarus, ABA Berlin 1918.

69 Übersetzung E. Brunner-Traut, Altägypt. Märchen 1965[2], S. 192ff. (s. auch Gressmann a.a.O. im Anhang S. 62ff. Übersetzung von G. Möller). Der Papyrus in demotischer Schrift stammt aus der 2. Hälfte des 1. Jh. n. Chr.

70 Eine Grabinschrift der ägyptischen Spätzeit zitiert nach H. Bonnet, Reallexikon der ägyptischen Religionsgeschichte, Berlin 1952, S. 340.

71 E. Percy, S. 93ff.

72 H. Bolkestein, Wohltätigkeit und Armenpflege im vorchristlichen Altertum, Utrecht 1939, S. 409.

73 H. Gressmann, S. 57.

74 Z. B. A. Jülicher, Die Gleichnisreden Jesu, Tübingen 1910, Bd. 2, S. 635f.

75 Für Detailargumente s. L. Schottroff, Das Magnificat a. a. O.

76 S. z.B. E. Bammel ThWNT VI, 906 zu Lk 16,19ff.: Die Geschichte sei vorneutestamentlich. Weitere Urteile in dieser Richtung s. u. S. 46.

77 So z.B. L. Goppelt ThWNT VI, 16, Anm. 35; J. Becker, Untersuchungen zur Entstehungsgeschichte der Testamente der zwölf Patriarchen, Leiden 1970, S. 324, Anm. 3, bezweifelt die christliche Herkunft der Interpolation unter Hinweis auf Stellen aus aeth. Henoch 92ff. Aeth. Henoch 92ff. bietet jedoch nur eine *Motiv*parallele, denn dort geht es nicht um die Wendung der *sozialen* Geschicke (s. u.), und trägt deshalb für XII Test. Juda 25,4 nichts aus.

78 Übersetzung A. Wünsche, Aus Israels Lehrhallen IV, Leipzig 1909, S. 218f. (= Jellinek, Bet ha Midrasch III, 22,34).

79 Übersetzung A. Wünsche a.a.O. S. 219; vgl. Billerbeck III, 656f. Zu diesem Textstück s. E. Percy, S. 75f.

80 Dazu s. E. Bammel ThWNT VI, 899-902; E. Percy, S. 74-77; Billerbeck I, 818ff. M. Hengel, Eigentum und Reichtum in der frühen Kirche, Stuttgart 1973, S. 27-30.

81 Die Umkehrung der *sozialen* Geschicke wird für aeth. Henoch 94ff. häufig angenommen, s. z.B. P. Volz, Die Eschatologie der jüdischen Gemeinde, Tübingen 1934, S. 126f.; M. Hengel, Eigentum, S. 26; anders Percy, S. 65-68. Die Zitate aus aeth. Henoch im folgenden stammen aus der Übersetzung G. Beer, in: E. Kautzsch, Die Apokryphen und Pseudepigraphen des Alten Testaments Bd. 2, Tübingen 1900.

82 S. dazu das Material in K. Koch, Was ist Formgeschichte, Neukirchen, 2. Aufl. 1967, S. 9.

83 S. dazu E. Käsemann, in: Exegetische Versuche und Besinnungen, Bd. 2, Göttingen 1964, S. 99.

84 R. Bultmann, Die Geschichte der synoptischen Tradition, Göttingen 1958[4], S. 133.

85 Lucian, Totengespräche 3f., Übersetzung Ch.M. Wieland.

86 Zur Sünderliebe bei Lukas s. u. S. 113ff. und oben S. 25.

87 S. dazu schon oben S. 26.

88 Es kann auf sich beruhen bleiben, wieweit Lukas auch Verfasser von Sondergut ist, das die Freundschaft Jesu zu Zöllnern und Sündern darstellt. Die Eigenart der lukanischen Deutung ist auch für denjenigen evident, der annimmt, Lk habe ältere Tradition verwendet. Er gibt dem Thema einen besonderen Sinn, der *so* nur im Lukasevangelium anzutreffen ist.

89 S. dazu auch unten S. 79.

90 S. dazu J. Jeremias, Die Gleichnisse Jesu, S. 126, Anm. 2.

91 S. dazu oben S. 23.

92 Besonders anschaulich zeigt das bSanh 111 a/b:
»Als Moše in die Höhe stieg, traf er den Heiligen, gepriesen sei er, dasitzen und ›Langmut‹ schreiben. Da sprach er zu ihm: Herr der Welt, langmütig für die Frommen! Er erwiderte ihm: Auch für die Frevler. Jener entgegnete: Mögen die Frevler untergehen! Da erwiderte er ihm: Du sollst nun sehen, was du verlangt hast. Als darauf die Jisraéliten sündigten, sprach er zu ihm: Hast du etwa nicht zu mir gesagt: langmütig nur für die Frommen!? Dieser sprach vor ihm: Herr der Welt, hast du etwa nicht zu mir gesagt: auch für die Frevler!? Hierauf deutet der Schriftvers: möchte sich doch nun deine Macht, o Herr, groß erzeigen, wie du gesprochen hast.« (Übersetzung Goldschmidt). S. dazu auch E. Sjöberg, Gott und die Sünder im palästinischen Judentum, Stuttgart 1939, besonders S. 113.

93 Man darf Mk 2,17 nicht mißverstehen derart, als sei mit der negativen Satzhälfte die Position der Gegner gekennzeichnet (Gott ist für die Gerechten da und das heißt: *nicht* für die Sünder). Mk 2,17 hat dieselbe Logik wie Mk 2,27: Es ist auch *nicht* Meinung der Pharisäer, daß der Mensch für den Sabbat gemacht ist. Beide Sätze versuchen durch die Gegenüberstellung die Position, die sie vertreten, nur zu verdeutlichen. Es sind *keine polemischen* Sätze.

94 Dazu s. L. Schottroff, Die Erzählung vom Pharisäer und Zöllner, in: Neues Testament und christliche Existenz, Festschrift f. H. Braun, Tübingen 1973, S. 439ff.

95 S. dazu auch oben S. 18.
96 S. dazu bes. O. Michel, ThWNT VIII, 104. J. Jeremias, Der Gedanke des »Heiligen Restes« im Spätjudentum und in der Verkündigung Jesu, ZNW 42, 1949, S. 184-194. H. Braun, Spätjüdisch-häretischer und frühchristlicher Radikalismus Bd. 2, Tübingen 1957, S. 18ff.

Zu Kapitel 2

1 Im folgenden werden Texte der Logienquelle immer nur mit der Stellenangabe für den Fundort bei Mt zitiert. Um zu kennzeichnen, daß das Zitat die Rekonstruktion des Textes der Logienquelle aus der Parallelüberlieferung bei Mt und Lk meint, steht hinter der Stellenangabe »Q«.
2 Zur Lage der unselbständigen Landarbeiter und der Kleinbauern s. A. Ben-David, Talmudische Ökonomie Bd. 1, Hildesheim 1974, S. 58-72. Zum Existenzminimum S. 291-320. H. Kreissig, Die landwirtschaftliche Situation in Palästina vor dem judäischen Krieg, Acta Antiqua 17, 1969, S. 223ff., bes. S. 249f.
3 Lucian, Gallus 22; Sir 34,1-2; Plutarch, De cupiditate divitiarum (Mor 523Cff.) passim.
4 Zu dem Ideal des einfachen Lebens in der Antike s. besonders H. Hommel, Das hellenische Ideal vom einfachen Leben, in: Studium generale XI, 1958, S. 742-751; R. Vischer, Das einfache Leben, Göttingen 1965.
5 Epictet, diss III, 26.
6 Lucians Dialog »fugitivi«, aus dem die Angaben stammen, bietet noch weiteres wichtiges Material zu diesen Fragen.
7 A. Ben-David, S. 300f.
8 bSota 48b, Übersetzung aus S. Krauß, Die Instruktion Jesu an die Apostel, Angelos 1, 1925, S. 101 (s. auch Billerbeck I, 439).
9 Übersetzung des Q-Textes von A. v. Harnack, Beiträge zur Einleitung in das Neue Testament, II. Sprüche und Reden Jesu, Leipzig 1907.
10 Zur Schuldhaft s. D. Nörr, bes. S. 136ff.
11 M. Rostovtzeff, Gesellschaft und Wirtschaft im römischen Kaiserreich, Bd. II, Leipzig (1929), S. 65: »In der Regel bleibt das Dorf während des ersten und zweiten Jahrhunderts schweigsam«.
12 R. Bultmann, ThWNT IV, 595,12ff.
13 Die Begründungen für diese Rekonstruktion sind seit Harnacks Rekonstruktion mehrfach gegeben worden und brauchen hier nicht wiederholt zu werden. Eine Argumentensammlung z. B. bei S. Schulz, Q. Die Spruchquelle der Evangelisten, Zürich 1972, jeweils z. St.; zu Lk 12,4f. s. E. Schweizer, ThWNT IX, 646.
14 A. v. Deissmann, Licht vom Osten, Tübingen, 4. Auflage 1923, S. 234f.
15 Diogenes Laertius I, 51; Übersetzung O. Apelt. Für weitere Motivparallelen s. R. Vischer, S. 156f.
16 Zu diesen anthropologischen Problemen s. bes. G. Dautzenberg, Sein Leben bewahren, München 1966, S. 94.
17 Die Rekonstruktion basiert i. w. auf den überzeugenden Argumenten von P. Hoffmann, Studien zur Theologie der Logienquelle, Münster 1972, S. 236-311. Für die Q-Fassung der Botenrede wird im folgenden mit einem Pfeil noch zusätzlich auf die Fundorte der Parallelüberlieferungen verwiesen.
18 Billerbeck I,574.

19 Ben-David, S. 310-312; S. Krauss, Talmudische Archäologie, Leipzig 1910, I, S. 134-136.161.167f.604.

20 Beispiele aus der Forschungsgeschichte für solch ein Deutungsverfahren bei P. Hoffmann, Studien, S. 320ff. Methodisch ist dem Verfahren von P. Hoffmann voll zuzustimmen.

21 S. besonders J. Renger, Flucht als soziales Problem in der altbabylonischen Gesellschaft, in: Gesellschaftsklassen im Alten Zweistromland und in den angrenzenden Gebieten – XVIII. Rencontre assyriologique internationale, München, 29. Juni bis 3. Juli 1970, Abh. Bayr. Ak. d. Wiss. phil.-hist. Kl. N.F., H.75, München 1972, S. 167-182. Unter dem Stichwort »soziale Entwurzelung« findet sich bei G. Theißen, »Wir haben alles verlassen« (Mc. X 28), in: Novum Testamentum XIX, 1977, S. 161-166, einiges Material zur Flucht aus ökonomischen Gründen in Palästina. Wichtige Belege für Nichtseßhaftigkeit aus sozialen Gründen in Palästina im ersten Jahrhundert sind Josephus, Ant 18,36ff. und Josephus, Bell 3,532ff. Im übrigen beschreibt Lk 15,14 genau den Vorgang einer Verarmung: Tagelöhnerarbeit, die den Mann nicht mehr ernährt, er verläßt seinen Platz und sucht woanders nach Nahrung.

22 Neben Kynikern, die tatsächlich ihre Ideale zu leben versuchen, gibt es auch »Kyniker«, die nur von diesen Idealen schwärmen oder andere, die das gesellschaftliche Ansehen der kynischen Wanderphilosophen ausnutzen, indem sie deren Pose übernehmen.

23 Lucian, Cynicus 6-8; Übersetzung Ch.M. Wieland.

24 P. Hoffmann, Studien, S. 326ff.

25 Zur Auseinandersetzung mit seiner politischen Einordnung der Feindesliebe in Q s. auch u. S. 80f.

26 G. Theißen, Wanderradikalismus, ZThK 70, 1973, S. 245-271; s. auch G. Theißen, Soziologie der Jesusbewegung, München 1977; G. Theißen, »Wir haben alles verlassen« (Mc. X 28), in: Novum Testamentum XIX, 1977, S. 161-196.

27 Vgl. Soziologie, S. 19.

28 Vgl. 2 Kön 4,29.

29 Vgl. 2 Kön 4,14-17.

30 Vgl. Gen 19,12ff.

31 Übersetzung aus P. Hoffmann, Die Versuchungsgeschichte in der Logienquelle, Biblische Zeitschrift 13, 1969, S. 209.

32 So Billerbeck I,87.

33 Daß die Versuchungsgeschichte ein späteres hellenistisches Stadium des Logienquellenchristentums zeige wegen der LXX-Benutzung, ist nicht überzeugend, denn LXX-Spuren können aus der literarischen Nachgeschichte, der Überlieferung des *Textes* stammen. Außerdem ist der inhaltliche Zusammenhang der übrigen Q-Texte mit diesem Text zu deutlich. »Monō« Mt 4,10Q hat unabhängig von der Frage LXX oder nicht inhaltliche Gründe in der Gottesvorstellung von Q – wie gezeigt. Gute Information zu dieser Frage s. in P. Hoffmanns Rezension zu S. Schulz, Biblische Zeitschrift 1975, S. 104-115. Zu der nicht unbedingt hellenistischen Prägung des Titels Gottessohn s. P. Hoffmann, Versuchungsgeschichte, S. 212.

34 Josephus, Bell 6,311-313; Übersetzung Michel-Bauernfeind.

35 Zur Rekonstruktion s. die Argumente bei S. Schulz, S. 442f.

36 Wie oft in Gleichnissen darf man den Einleitungssatz nicht pressen. Im Kontext der Logienquelle ist von der Sache her evident, daß dieses Geschlecht mit den Kindern verglichen wird, die auf die Zurufe der

anderen nicht reagieren. Zu dieser Deutung s. z. B. D. Zeller, Die Bildlogik des Gleichnisses Mt 11,16f./Lk 7,31f., ZNW 1977, S. 252-257.

37 P. Hoffmann, Studien, S. 188.

38 Die Logienquelle hat keine positive Beziehung zur Tradition der Liebe Jesu zu Zöllnern und Sündern, s. dazu auch unten Anm. 48.

39 Als ein Beispiel für eine metaphorische Deutung von Mt 10,38Q s. S. Schulz, S. 432f. Die nichtmetaphorische Deutung, die hier vertreten wird, ergibt sich aus dem realen historischen Zusammenhang, in den die Logienquelle gehört und den wir vor allem aus Josephus kennen.

40 Josephus, Bell 6,300ff. zeigt eine Zusammenarbeit von jüdischen Führern und Römern bei der Folterung eines unbequemen Propheten. Kreuzigungen durch Römer auf Betreiben von jüdischen Kollaborateuren sind also durchaus wahrscheinlich.

41 Josephus, Bell 2,338.417ff. Die hier angesprochene politische Einordnung der Logienquelle findet sich bei P. Hoffmann, Studien, S. 74ff.; S. 332; M. Hengel, War Jesus Revolutionär?, Stuttgart 1970, S. 22; O.H. Steck, Israel und das gewaltsame Geschick der Propheten, Neukirchen 1967, S. 239.

42 ponēroi stand hier schon in Q, s. Lk 6,35.

43 Und eine »Bettlerweisheit« ist Mt 7,7-11Q ganz bestimmt nicht. G. Theißen hat hier gar zu schnell den ersten Satz von seinem unmittelbaren Kontext und vom Kontext in Q isoliert und auf die Situation der Wanderpropheten bezogen (s. G. Theißen, Wanderradikalismus, S. 260 u. ö.).

44 Zur Rekonstruktion des Feindesliebegebotes in Q s. L. Schottroff, Gewaltverzicht und Feindesliebe, in: Festschrift für H. Conzelmann, Tübingen 1975, S. 213f.

45 Dazu s. W. Schottroff, Der altisraelitische Fluchspruch, Neukirchen 1969, besonders S. 206-210.

46 Vgl. Mt 3,9Q; Mt 22,1-14Q. Zur Diskussion, welche Bedeutung die Heidenmission für Q hat, s. die Kontroverse D. Lührmann, Die Redaktion der Logienquelle, Neukirchen 1969, und S. Schulz, Q. Die Spruchquelle der Evangelisten, Zürich 1972, jeweils zu den hier genannten Texten.

47 Martin Luther King, Liebet eure Feinde, in: M. L. King, Kraft zum Lieben, Übers. v. H.G. Noack, Konstanz 1964, S. 70f.

48 In der Logienquelle muß das verirrte Schaf als Metapher für die Juden angesehen werden, die die Jesusbotschaft ablehnen. U. E. ist die Logienquelle an den Zöllnern und Sündern in Israel nicht weiter positiv interessiert. Sie haben von Jesu Sünderliebe (also der ältesten Jesustradition) gehört vor allem durch Vorwürfe, die Jesus deshalb gemacht werden (s. o. zu Mt 11,19f.Q). Auch das Gleichnis vom großen Gastmahl in Q ist nicht auf die Heimholung von Zöllnern und Sündern zu beziehen, sondern auf die Einladung der Heiden, nachdem die geladenen Gäste (Israel) nicht gekommen sind. S. Schulz hält (im Gegensatz zu der hier vorgetragenen Deutung) das verlorene Schaf für eine Metapher für Zöllner und Sünder (s. besonders S. 379).

49 Josephus, Bell 6,300-309; Übersetzung aus Flavius Josephus, De bello judaico, hrsg. v. O. Michel und O. Bauernfeind, Bd. II,2, Darmstadt 1969. Dazu s. besonders R. Meyer, Der Prophet aus Galiläa, Leipzig 1940, S. 46-48, und die entsprechenden Anmerkungen in der Edition Michel/Bauernfeind.

1 R. von Pöhlmann, Geschichte der sozialen Frage und des Sozialismus in der antiken Welt, München 1925, Bd. 2, S. 470.
2 H.-J. Degenhardt, Lukas, Evangelist der Armen, Stuttgart 1965.
3 C. Rogge, Der irdische Besitz im NT, Göttingen 1897.
4 Z. B. durch die Beziehung der Seligpreisung der Armen auf die Jünger, dazu s. u. S. 91 ff.
5 Es fällt immer wieder auf, daß bei Lk verschiedenartige Forderungen, z. B. voller Besitzverzicht, halber Besitzverzicht, aber auch Almosengeben nebeneinanderstehen.
6 S. dazu o. S. 55.
7 H. Schürmann, Das Lukasevangelium, Freiburg 1969, S. 325.
8 Zur Kennzeichnung synoptischer Parallelen wird das Zeichen / benutzt.
9 Z. B. H. Schürmann, S. 324.
10 So die These von Degenhardt, S. 39.44 u. ö.
11 H. Conzelmann, Die Mitte der Zeit, Tübingen 1964[5], S. 218, sieht richtig, daß die Armut der Jünger ein vergangenes Phänomen ist, rechnet aber nicht grundsätzlich mit einer für Lk und seine Gemeinde aktuellen Bedeutung. »Auch heute *kann* gefordert sein, alles zu verlassen«. »Nicht Imitatio, sondern Nachfolge, deren konkrete Form der Zeit entspricht, bestimmt das ethische Denken«. Zur Kritik des heilsgeschichtlichen »Schemas«, das Conzelmann im lk Doppelwerk vermutet, s. Chr. Burchard, Der dreizehnte Zeuge, Göttingen 1970.
12 Daß Lk grammatische Korrekturen bewußt vornimmt, zeigt in diesem Zusammenhang 5,32 deutlich. Hier setzt Lk das Perfekt, weil das »Gekommensein« Jesu noch andauert, während Mk 2,17 im Aorist formuliert.
13 Zur Auslegung dieses Verses bei Lk s. o. S. 36.
14 S. z. B. Conzelmann, S. 218 f. und neuerdings W. Schmithals, Lukas, Evangelist der Armen, in: Theologia viatorum XII, 1973/74, S. 153-167.
15 Lk 18,35-43 – Heilung eines blinden Bettlers – ist keine Jüngergeschichte. Zwar wird gesagt, daß dieser Blinde nach seiner Heilung Jesus »nachfolgte« (V. 43), doch diese Nachfolge ist die Reaktion auf die Heilung, nicht die spezifische *Jünger*nachfolge.
16 S. o. S. 66 f.
17 Zum Ideal des einfachen Lebens in griechisch-römischer Literatur s. die Literatur o. S. 57 Anm. 4.
18 Die Mahnung, sich vor einem schweren Vorhaben genau zu prüfen, findet man auch bei Epictet, diss III,22.
19 Anders in der sokratischen Überlieferung, vgl. H. Hommel, Herrenworte im Lichte sokratischer Überlieferung, ZNW 57, 1966, S. 1-23.
20 Epictet, diss III,22.
21 Epictet, diss III,22; Übersetzung W. Capelle.
22 Epictet, diss III,22; Übersetzung W. Capelle.
23 Diogenes Laertius VI,87 f.; Übersetzung O. Apelt.
24 Lucian, de morte Peregrini.
25 Vgl. dazu Lk 5,11.28; 14,26; 18,29; 9,1-6.23-27.51-62; 10,1–16.
26 Vgl. dazu Helm, Artikel Kynismus, Pauly/Wissowa 23, Sp.3-24.
27 S. dazu auch o. S. 64 f.
28 Zur Deutung dieser Geschichte in der ältesten Tradition s. o. S. 48-51.
29 S. dazu L. Schottroff, Das Gleichnis vom verlorenen Sohn, ZThK 68, 1971, S. 27 ff.

30 H. Hommel, Menanders »Dyskolos« – Schmuck und Flicken am Gewand des Misanthropen, in: Festschrift zum 65. Geburtstag von W. Mönch, Heidelberg 1971, S. 13-68.
31 S. das Material bei G. Delling, ThWNT V, 266 ff.
32 Plutarch, de cupiditate divitiarum 7.
33 Zu den Getreidepreisen und ihrer Bedeutung für die Antike s. Prov 11,26. Von Cicero stammt der Satz: »Das Getreide hat nur bei Mißernten einen Preis; ist die Ernte reichlich ausgefallen, so verkauft es sich unvorteilhaft« Cicero, Verr. II,3,227.
34 Vgl. zu 12,21 auch Philo, de spec. leg. IV,73.
35 Zu diesem Problem auf der Ebene der Logienquelle s. o. S. 79.
36 J. Jeremias, Gleichnisse z.St.
37 Plinius, ep. IX,37.
38 Friedländer I, Kapitel IV zum geselligen Verkehr.
39 Dazu Platon, Kriton 53 A.
40 S. dazu auch schon o. S. 46 f.
41 Vgl. W.C. van Unnik, Die Motivierung der Feindesliebe in Lukas VI 32-35, in: Nov. Test. VIII, 1966, S. 234-300.
42 S. dazu o. S. 89 Anm. 1.
43 Zu den Parallelen bei Platon und Aristoteles s. D.L. Mealand, Community of Goods and Utopian Allusions in Acts II-IV, JTS 28, 1977, S. 96-99.
44 Jamblich, vita Pyth. XXX, 167 f.
45 Vgl. aber auch Seneca, ep XC,38: »in quo pauperem invenire non posses«.
46 Das hat zuletzt M. Hengel, Zwischen Jesus und Paulus. Die »Hellenisten«, die »Sieben« und Stephanus (Apg 6,1-15; 7,54-8,3), ZThK 72, 1975, S. 151 ff, bewiesen.
47 Vgl. dazu U. Kahrstedt, Kulturgeschichte der römischen Kaiserzeit, München 1944, S. 45 f. u. ö.
48 Apg 2,40; 4,4.

Bibelstellen (Auswahl)

Doppelüberlieferungen bei Mt und Lk werden nur mit der Mt-Stelle genannt